KB260647

소통의 정치학

정병화 지음

국립중앙도서관 출판시도서목록(CIP)

소통의 정치학 = Communication politics / 정병화. -- 서울 : 한누리미디어, 2012
　　p. ;　 cm

ISBN 978-89-7969-424-6 93340 : ₩15000

정치학[政治學]
소통(통하다)[疏通]

340.4-KDC5
320.02-DDC21　　　　　　　　　　　　　　　　　　CIP2012002293

소통의 정치학

정 병 화 지음

한누리미디어

소통의 정치학

I. 서 론

I. 서 론

1. 소통의 학문적 배경: 주관주의에서 상호주관성으로

근대 역사는 주관주의(subjectivism)에 의해서 이끌려 왔고, 인간 주관성에 대한 끊임없는 탐구는 인간의 주관성이 역사적이고 사회적임이 받아들여졌다. 하지만 이 같은 역사적이고 사회적인 인간주관들 사이에서 '어떻게 상호주관성(intersubjectivity)[1]이 성립하는가?'에 대해서는 당연히 논의되어야 함에도 불구하고, 상호주관성 문제에 대한 논의는 20세기에 이르기까지 잠복되어 있었다. 이 같은 잠복의 원인은 무엇일까?

첫째, 인간주관의 역사성과 사회성이 산출할 수밖에 없는 다양성의 배후에 불변의 '보편적 자아'(Universal I)가 은폐되어 있으며, '보편적 자아'에 대한 발견은 피상적인 다양성을 극복―다양성이 보편성에로의 환원―할 수 있다고 하는 믿음 때문이다. 데카르트(L. Descartes)에서 칸트(I. Kant)에 이르는 전통은 이러한 믿음을 공유하고 있다. 데카르트의 주체는 인간의 인식론적 한계를 극복하는 인간의 상으로, 칸트의 주체는 인간의 신체를 지배하는 인간이성의 위대함을 보여준다.

둘째, 역사성과 사회성 속에서 나타나는 다양한 인간주관들 간에는 진화론적 선후(先後)가 있으며, 이 중 진화의 최종 결과로서의 인간주관이 궁극

---

1) 원래 상호주관성 문제란 둘 이상의 주관이 특정 대상에 대해서 의미론적 상호일치를 의미한다. 하지만 정치학적 관점에서 볼 때 상호주관성 문제란 다원주의에 기초한 새로운 사회적 가치와 규범의 형성과 관련된다. 특히, 민주주의와 관련한 상호주관성 문제는 새로운 가치와 규범의 '민주적 정당성'(democratic legitimacy)과 직접적인 관련성을 가진다.

적이고 목적론적인 인간주관으로 규정된다. 결국, 다양한 인간주관은 이 같은 '궁극적 인간주관'(Ultimate I)으로 수렴한다. 헤겔(F. Hegel)이나 마르크스(K. Marx)의 변증법적 전통에 서 있는 사람들은 그 세부적인 차이점에도 불구하고 이 같은 믿음을 공유하고 있다.

이와 같은 믿음이 상호주관성 논의에 장애가 되고 있었지만, '엄밀한 학'으로서의 철학을 추구했던 후설(E. Husserl)에게서 드디어 이 문제는 제대로 평가되고 그 해답이 시도되었다.

후설은 자신이 시도하는 현상학(phenomenology)이 세계에 대한 적절하고 객관적인 해명이고자 한다면, 인간주관의 인식내용의 상호주관성이 통찰되어야 한다고 생각했다.

만일 이 같은 상호주관성을 해명하지 못한다면 자신의 철학이 '유아론'(solipsism)이라는 비난을 받을 수 있다는 점을 잘 알고 있었다. 그는 이 같은 유아론이라는 혐의에 대항해서 현상학적 해명이 필요하다고 생각했다.

후설은 『성찰』과 『유럽학문의 위기와 초월적 현상학』이라는 자신의 철학이 유아론이 아니며, 주관주의에서도 상호주관성이 가능하다는 것을 보여주고자 시도했다. 후설은 현대 서구사회를 합리주의의 실패에 기인한 위기로 파악하고 주체와 객체라는 이분법적 틀을 극복하고 상호주관성을 획득함으로써 현대의 위기를 해결하고자 하였다. 하지만 상호주관성 문제에 대한 후설의 접근 역시 인식론적 주관성에서 출발함으로써 주관주의의 한계를 벗어나지 못했다. 후설 역시 주관성을 강조하는 근대성의 맥락에서 현대의 위기를 극복하고자 했기 때문이다.

데카르트에서 후설에 이르는 주관주의의 '보편적 자아' 개념이 안고 있는 치명적인 한계인 '도덕적 유아론'이 근본적으로 논증해야 할 상호주관성 문제는 '후기-구조주의(post-structuralism)'에 의한 '보편적 자아' 개념에 대한 '해체전략(deconstruction strategy)'으로 인하여 정치(학) 전면에 등장하게 되었다. 특히, 후기구조주의의 전통적 주관주의에 대한 해체전략은 상호주관성 문제에 대한 학문적 접근에 많은 방법론적 전환점을 제공하였다.

첫째, 보편적 자아에 대한 후기구조주의 해체전략은 주관주의의 보편적 자아를 '생활세계(life-world)' 혹은 구조에 매개된 '맥락적 주체'(con-text I)로 전환시켰다. 인간을 둘러싸고 있는 물질적 환경을 탈화함으로써 산출되는 보편적 자아는 후기구조주의 해체전략에 의해서 생활세계 혹은 구조에 의해서 산출된 주체로 전환되었다. 이러한 전환은 보편적 자아 내지 선험적 자아에 대한 근본적인 물음을 제기하였다. '인간의식은 구조—밖에 존재하는가?' 아니면 '인간의식은 단지 구조의 구성물인가?'

둘째, 전통적인 주관주의는 구조나 생활세계를 인간 합리성의 발현체로 제시한다. 이 입장에서 구조나 생활세계는 어떠한 '한계적 예들(critical instances)' 도 가지지 않는 완전한 완성체, 즉 '보편적 자아의 발현체' 로서의 의미를 지닌다. 반면에 후기구조주의는 구조 혹은 생활세계의 불완전성을 강조한다. 후기구조주의 입장에서 구조 혹은 생활세계는 세계에 대한 다양한 담론들을 전제로 우연히 선택된 특정 담론의 제도화에 따름 아니다. 결국 후기구조주의의 구조 개념은 보편적 자아의 필연적 현실태로서의 구조 개념에 심각한 의문을 제기한다. '구조는 보편적 자아의 발현체인가?' 아니면 '우연한 선택적 산물인가?'

셋째, 전통적인 주관주의 입장에서, 다원주의는 경험적인 신체에 의해서 산출된 혼돈과 무질서의 상징으로 보기 때문에 반드시 극복해야 할 대상이다. '다원주의의 극복' 은 보편적 자아로의 즉발적 전환 내지 환원에 기초하고 있다. 반면에 후기구조주의는 다원주의를 특정한 구조 내지 생활세계가 통시적 차원에서 배출할 수밖에 없는 이질성으로 본다. 후기구조주의 입장에서 구조 혹은 생활세계는 즉자적으로 불완전하다. 그리고 이러한 '즉자적 불완전성' 의 지속은 그 구조의 한계적 예들을 산출할 수밖에 없다. 이제 다음과 같은 물음, 즉 '다원주의는 무질서의 상징인가?' 아니면 '다원주의

는 불완전한 구조가 통시적 차원에서 가질 수밖에 없는 필연적 현상인가?'

전통적인 주관주의의 유아론적 한계와 전통적인 주관주의에 대한 후기구조주의의 도전 속에서, 하버마스(J. Habermas)의 의사소통이론(the theory of communicative action)이 자리매김한다.

하버마스의 의사소통이론은 주관주의의 유아론적 한계와 후기구조주의의 '통약불가능성(incommensurability)'에 대한 극복으로 제시된다. 하버마스에게 있어 인간 합리성은 주관주의에서 보여주는 보편적 자아의 선험적 합리성이 아니라 의사소통적 합리성(communicative rationality, 意思疏通合理性)으로 제시되고, 생활세계는 주체에 대해서 맥락(context)적이지만, 다른 한편으로 의사소통 참여자들이 끌어다 쓸 수 있는 신념들의 저수지로 재구성된다.

그렇다면 '과연 하버마스의 의사소통이론이 주관주의의 한계인 도덕적 유아론을 극복하고 있는지, 다시 말해서 그의 의사소통이론이 상호주관성 문제에 대한 타당한 해법으로 기능하는가?' 물론, '보편화용론(universal pragmatism)'에 근거한 하버마스의 의사소통이론은 전통적인 주관주의의 한계를 어느 정도 극복한 것으로 보여진다. 하지만 주관주의의 한계가 도덕적 유아론에 있다는 점과 이러한 유아론의 한계가 상호주관성 문제와 연결된다는 점에서 하버마스의 의사소통이론은 단지 '보편적 자아의 개인적 양심 고백을 상호성이라는 개념으로 재구성한 것은 아닌가' 라는 강한 의구심이 든다.

하버마스의 의사소통이론에서 보여주는 상호주관성 문제에 대한 해법은 동질적이고, 지배로부터 자유로우며, 의사소통을 촉진시키는 '이상화된 생활세계(ideal life-world)'에 토대해 있다. 하지만 실제 생활세계에 대한 과도한 추상화가 생산하는 결과물들과 이로써 연역되는 제 개념들이 결국 현실적 차원에서 정치공동체 구성원에게 이론적·실천적 유용성 내지 자명성을 가질 수 있는가? 더 이상 정당화가 불가능한 이상화된 생활세계에서 출발하는 하버마스의 의사소통이론은 정치의 이상화[2]를 기획할 뿐만이 아니라 실제적 차원에서 하나의 이데올로기(ideology)적 담화로 변질될 가능성이 매우 높다.

반면에 포스트-구조주의자인 샹탈 무페(Ch. Mouffe)는 실제 생활세계에 토대하여 상호주관성 문제에 접근한다. 그의 경합모델(agonistic model)은 동질성이 담보된 추상화된 생활세계가 아니라 이질성이 지배적인 실제 생활세계에 기초해 있다. 무페는 '사회적인 것'(the social)이 산출할 수밖에 없는 다양한 이질성에 주목함으로써, 무페의 생활세계는 동질성이 담보된 이상화된 생활세계가 아니라 다양한 이질성이 병존하는 갈등과 모순의 생활세계이다. 다시 말해서 무페의 생활세계는 중심과 주변이라는 틀 속에서 제시되는 헤게모니 지향적인 생활세계로 그려진다.

그렇다면 헤게모니 지향적 생활세계에 토대한 무페의 경합모델은 정치를 어떻게 기술하고 있는가? 무페는 헤게모니 지향적인 생활세계에 토대하여 다양한 이질성들 간에 형성된 '적대'(antagonism)를 '경합'(agonism)으로 전환시킨다. 이러한 전환에 기초하여 무페는 다양한 이질성 간의 상호주관성 문제를 '실용적 근거(pragmatic ground)' 라는 모호한 개념으로 접근한다. 다시 말해서 '누가 판단하는가' 라는 문제에 있어서 무페 역시 선험적 관점을 그의 경합모델에서 허용하고 있는 것이다.

위에서 언급된 상호주관성 문제에 대한 두 가지 접근의 불충분성에 기초하여 상호주관성 문제를 세계-내-존재(being in the world)로서 인간의 필연적 세계 귀속성뿐만이 아니라 세계에로의 존재(being to the world)로서 인간의 개방성을 강조하는 메를로 퐁티(M. Merleau-Ponty)의 실존철학적 입장에서 새롭게 다루고자 한다. 상호주관성 문제에 대한 실존철학적 입장은 다음의 두 가지 '실존적 사실'(the existential fact)의 교차적 분석에 기

---

2) 이러한 정치의 이상화를 이동수는 '정치의 철학에의 종속' 이라고 기술하였다. 이동수, "정치와 정쟁: 근대적 정치관을 넘어서", 『철학과 현실』제61권(2004), p.56.

초해 있다.

첫 번째 실존적 사실은 구조—밖에는 특권화된 인간의 선험적 주관성이나 물질적 토대가 존재하는 것이 아니라 인간과 세계와의 치밀한 체험적 상호관계가 존재한다.[3] 이 실존적 사실이 구조의 원래적 의미(the original meaning)뿐만이 아니라 구조의 반성과 재생산에 대한 당위론적 측면을 제시한다. 두 번째 실존적 사실은 '제약(constraint)으로서의 구조'이다. 구조라는 것이 인간과 세계와의 체험적 상호관계의 결과물이라는 점에서, 구조는 인간과 세계와의 체험적 상호관계를 전제로 한다. 하지만 구조는 가역적으로 제도라는 틀 속에서 인간과 세계와의 특정한(particular) 체험적 상호관계를 지속시킨다. 이러한 세계에 대한 인간의 특정한 체험적 작용의 지속이 '정치적인 것'(the political)의 출처이다. 다시 말해서 제약으로서의 구조는 한편으로 특정한 체험적 상호관계의 지속을 담보한다는 점에서 '제약'이지만, 다른 한편으로 정치적인 것을 산출한다는 점에서 '계기'(momentum)이다.

상호주관성 문제에 대한 실존철학적 입장의 접근은 궁극적으로 '정치적인 것'과 '정치적 행동'을 새롭게 다룬다.

첫째, 정치적인 것의 의미를 재 고찰한다. 특히 '정치적인 것'은 위에서 언급된 두 가지의 실존적 사실의 교차 지점에서 형성된다. 공시적 차원에서 이루어지는 구조의 운동성에 대한 고려는 정치공동체 구성원의 '정치적 삶'(political life)과 '정치적 입장'(political position)을 구분시킬 뿐만이 아니라, 양자의 상호관계를 명확히 한다. 둘째, 정치적 행동의 의미를 재고찰한다. 정치적인 것에 기초하여 정치적 행동(political action)의 범위와 조건을 기술한다. 특히, 이것은 소통을 위한 공적 영역의 구성과 관계한다.

---

3) 여기서 기술되는 '체험'은 18세기 경험론에서 제시하는 경험 개념 즉, 주체와 객체의 엄격한 분리를 전제로 하여 감각기관을 통한 사물의 단편적인 관념(idea)과 인상(impression)에 의하여 경험이 성립된다고 보는 그런 개념이 아니다. 경험 개념과 달리, 체험은 주체와 객체의 구분 없이 두 요소가 통일된 전체 속에서 작용함으로써만 의미를 가진다.

2. 소통의 제도적 배경: 간접민주주의의 특징과 한계

비효율, 무질서 등과 결부, 공포와 멸시의 대상으로서 학문의 논의에서 잊혀지기도 하였던 민주주의[4]는 근대적 함의의 정치체제가 확립되는 18세기 시민혁명 이후 현실적 대안으로 다시 등장하게 되었다. 하지만 근대 민주주의는 고대 민주주의 원리가 그대로 적용될 수 없었다. 거대한 사회, 성문화된 법 제정의 증대, 정치를 구성하는 시민들의 폭발적인 증가, 체계의 합리화 등으로 인해 대의제가 필수적인 원리로 활용되었다.[5]

직접민주주의에 대한 현실적 대안의 형태로 제시된 간접민주주의는 '과연 민주적 정당성(democratic legitimacy)을 확보하고 있는가?' 이 물음[6]과 관련된 벤하비브(S. Benhabib)의 언급은 간접민주주의가 처한 현실을 그대로 반영한다. 민주사회들이 직면한 공공선(public goods), 특히 정당성, 경제적 복지, 집합적 정체성의 확보라는 문제에서 정당성이 가장 의미있는 것이라고 본다. 왜냐하면 경제적 복지의 달성과 권위주의적인 정치적 지배가 양립할 수 있는 것처럼, 반민주주의적인 체계도 민주적인 체계보다 집합적 정체성을 성공적으로 보장할 수 있기 때문이다.[7]

같은 맥락에서 기든스(A. Giddens)는 '민주주의의 민주화(democratising of democracy)'를 주장했다. 왜냐하면 20세기 후반 민주주의의 역설현상

---

4) 민주주의는 고대 그리스의 정치공동체까지 소급해야 그 개념적 어원을 살펴볼 수 있을 만큼 오랜 동안 인류의 역사와 함께 호흡해 왔다. 민주주의는 '인민에 의한, 인민을 위한' 정치 원리로 정리될 수 있다. 민주주의는 흔히 '인민에 의한 인민의 지배' 또는 '정부와 피지배자의 동등성' 으로 정의되기도 한다. Ch. Mouffe, The Return of the Political (London: verso, 1993), p.118.
5) 베버(M. Weber)에 의하면, 직접민주주의와 간접민주주의는 엄연히 다른 원리이다. "직접민주주의는 지배의 유형인 반면, 간접민주주의는 지배 정당화의 실제적 형식이다." M. Weber, Economy and Society (Vol. 3) (New York: Bedminster Press, 1969), p.951.
6) 벤하비브와 마찬가지로 거트만은 '민주주의는 토대가 필요한가?' 라는 자문 뒤에 '민주주의는 토대가 아닌 정당화를 필요로 한다' 고 자답한다. A. Gutman and D. Thompson, Democracy and Disagreement (Boston: Harvard University, 1996), pp.340~347.
7) S. Benhabib, Democracy and Difference: Contesting the boundaries of the political (New York: Princeton University Press, 1996), p.67.

(paradox of democracy), 즉 민주주의가 전세계로 확산되는 동시에 성숙한 민주사회에서 민주적인 과정에 대한 환멸이 확산되었기 때문이다.[8] 결국, 간접민주주의는 민주적 정당성을 확보하기가 힘들다는 것이 지금에 와서는 통설이 되었다. 그러면, 왜 간접민주주의적 방식은 민주적 정당성을 확보하기가 어려운가. 여기서는 그 이유에 대해서 간략하게 두 가지로 제시하고자 한다.

첫 번째, 간접민주주의의 이론적·방법론적 가설인 합리적 선택이론 (rational choice theory)이다. 합리적 선택이론은 투표로 선호를 표현하는 유권자들이 합리적으로 자신의 결정을 내리고 이 결정이 정책으로 반영된다고 본다. 그러나 합리적 선택이론은 개인의 선호만을 고려하고 사회의 공공성을 고려하지 않는다.[9]

두 번째, 간접민주주의와 관료제와의 공생관계를 들 수 있다. 이러한 공생관계는 투표로 선출된 대표자들이 민주주의 제도를 운용하는 과정에서 정치적 계산에 입각한 형태를 보인다. 관료제의 팽창은 정치적 이해관계를 따지는 대표자들에 의해 촉발되기 때문에, 간접민주주의 방식 하에서 관료제의 팽창은 필연적이다.[10]

이러한 기능적 관료제의 팽창은 정치공동체 구성원의 정치적 활동을 목적 합리적 행위만을 강조하는 방향으로 한층 더 가속화시킨다. 이러한 가속화는 결국, 정치공동체 구성원의 본원적 특징인 '공적 이성(public reason)'의 쇠락을 유도한다. 따라서 시민사회와 국가와의 단절[11]을 전제로 한 간접민주주의는 절차상의 정당성은 확보하고 있을지는 몰라도 내용적 측면에

---

8) A. Giddens. 2000. Run away world. http://www. lse. ac. uk/Giddens/00-01-04

9) 이에 엘스터(J. Elster)는 합리적 선택이론에 기초한 간접민주주의를 "민주주의에 대한 경제이론"이라고 보았고 이것의 시초를 슘페터(J. Schumpter)에서 찾았다. J. Elster, "The Market and the Forum: Three Varieties of Political Theory", Deliberative Democracy (Cambridge: Cambridge University Press, 1998), p.25.

10) 민주주의제도 작동상의 변화 없이 관료제의 개혁만 갖고는 성과를 내기 어렵다. 임성호, "민주주의와 관료제: 관료제의 비대화 및 병폐의 정치적 원인," 『한국과 국제정치』 제14권(1998), p.29.

서 볼 때, 그것의 정당성을 확보하지 못하고 있다.[12]

하지만 간접민주주의에 대한 이와 같은 비판이 자동적으로 직접민주주의에 대한 옹호를 이끌어 내지는 못한다.[13] 즉 간접민주주의를 비판한다고 해서 단순히 직접민주주의로 회귀하자는 것은 아니다. 위에서 언급된 간접민주주의에 대한 비판의 핵심은 직접민주주의로 돌아가자는 것이 아니라 어떻게 하면 소통을 통하여 '직접성'을 확보할 것인가라는 '민주적 정당성'에 맞춰져 있다.[14]

---

11) 시민사회와 국가와의 완전한 단절이란 근대 이후 정치적인 영역을 국가적 차원으로 환원시킨데 기인한다. 이러한 맥락에서 한나 아렌트는 『인간의 조건』에서 근대 이후 시민사회와 국가의 단절을 사회에 의한 공적 영역의 소멸로 기술한다. "근대세계에서 평등의 승리는 사회가 공적 영역을 정복했으며, 그 특성과 차이는 이제, 개인의 사적인 문제가 되었다는 사실을 다만 정치적, 법적으로 인식시켜 주는 사태일 뿐이다. 이런 근대적 평등은 사회에 내재하는 순응주의(conformism)에 기초하고 있으며, 또 행위(behavior)가 인간관계의 최고 양태인 행동(action)을 대체했기 때문에 가능하다." H. Arendt, Human Condition (New York: Anchor, 1959), p.41. 하버마스의 경우에는 이를 다음의 두 가지 차원에서 논의하고 있다. 1. 법 내적인 차원과 2. 법과 정치와의 차원이다. 법 내적인 차원에서는 실정법과 자연법의 단절이다. 이에 하버마스는 실정법과 자연법 모두 전통적인 윤리적인 삶과 구분되는 탈관습적인 즉, 근대성을 그 본질로 가지고 있지만 양자의 논의는 완전히 독립된 논의가 아니라 상호보충적인 관계를 맺고 있는 상이한 행위규범이라 주장하면서, 양자를 담화윤리의 원칙을 통해서 매개시키고자 한다. J. Habermas, Between Facts and Norms: Contributions to a Discourse Theory of Law and Democracy (Cambridge: MIT Press, 1998), p.109. 법과 정치와의 단절이다. 이것에 대해서 하버마스는 인민주권론(popular sovereignty)을 추적한다. 헌법의 기본적인 정당성과 그 권위는 곧 인민으로서 사회구성원들의 지지를 통해서 나와야 한다는 인민주권론의 논의는 선거와 의회제의 탄생을 통해 구체적으로 현실화되었다. 따라서 의회주권론이라고 명명할 수 있는 이러한 주권론은 하버마스가 보기에는 의견과 의지의 형성의 과정으로서 정치적 자율성의 에토스를 망각한 것이다. Ibid., pp.150, 176~186.

12) 인민 주권과 관련된 허스트의 간접민주주의에 대한 비판은 이를 명확히 한다. 첫 번째, 가장 중요한 모순은 시민의 의지를 대변하는 결정과정에 있다. 투표자들은 선거에서 정책이 아닌 정당과 인물을 선택한다. 선거는 시민의 의지 표현이 아니라 조직화된 정당에 대한 선택에 불과하다. 두 번째, 법이 일반적이고 보편적으로 적용되어야 함에도 불구하고 종종 제한된 집단의 이익이나 손해를 목적으로 한다. 세 번째, 대표성이 순환적이다. 한정된 팩키지 내에서만 선택해야만 하는 정치적 메카니즘은 모순적이다. P. Hirst, Representative Democracy and It' s Limits (London: Polity Press, 1990), pp.25~27.

13) N. 보비오, "대의제 민주주의와 민주주의의 확장," 『현대민주주의론 II』 (서울: 창작과 비평사, 1992), pp.69~70.

14) 허스트는 "만일 우리가 더 민주적인 사회를 원한다면 인민투표라는 형식으로부터 도출되는 선거 독재의 권위가 아니라 한층 더 효과적인 광범위한 정치적 경쟁과 토론이 필요하다." P. Hirst, op. cit., p.34.

II. 하버마스의 의사소통이론

II. 하버마스(J. Habermas)의 의사소통이론

하버마스의 의사소통이론은 정치학적 맥락에서 정치적 동물로서의 인간적 특질을 제시한다. 사회적 가치와 제도에 대한 지속성과 반복성에 대한 반테제(anti-thesis)로서 제시되는 그의 의사소통이론은 정치공동체 구성원에 의한 기존 사회적 가치와 제도에 대한 문제제기, 그것에 대한 논증, 그리고 새로운 사회적 가치와 제도의 형성으로 제시된다. 이는 곧 '기술적인 것'(the technical)에 대한 '정치(politics)'의 복원이며, 사회적 가치와 제도에 대한 비성찰적이고 비반성적인 수준에서 성찰적이고 반성적인 수준에로의 전환이다.

그렇다면 하버마스 의사소통이론은 정치의 복원을 어떻게 재구성하고 있는가? 이를 위해서 하버마스 의사소통이론을 구성하는 두 축인 '보편화용론'(Universal Pragmatics)과 '이상적 담화상황'(ideal speech act)을 살펴볼 것이다. 그리고 이러한 고찰을 통하여 상호주관성 문제에 대한 하버마스 의사소통이론이 타당한지를 논증하고자 한다. 결론적으로 말하자면 하버마스 의사소통이론에서 제시하는 보편화용론과 이상적 담화상황과 같은 개념들로는 불충분하다는 것이다. 특히 하버마스 의사소통이론이 칸트(I. Kant)의 '정언명법'(categorical imperative)의 한계점을 그대로 답습하고 있다는 점에서 그러하다.

칸트가 규범적 방향 설정의 원천으로 정립했던 것은 도덕적 주체의 자율성(autonomy)이었다. 그 때 문제가 되었던 것이 '도덕적 유아론(moral solipsism)'의 위험이었다. 이러한 도덕적 유아론의 위험을 하버마스는 의

사소통적 합리성(communicative rationality)이 함의하는 상호주관적 주체
들의 정립을 통해서 이를 해결하고자 했다. 하지만 칸트의 도덕적 자아는
이미 동일한 도덕적 타자를 전제로 하고 있다는 점에서 오히려 진정한 문제
는 칸트가 도덕적 자아가 정언명령의 요구에 따라야 하는 자기 구속성은 확
립했을지는 몰라도 그것이 자신과 타자 일반에 대해서 도덕적 구속력을 갖
는다는 점을 확실히 보여주지 못했다는 점에 있다. 이러한 점에서 하버마스
의사소통이론 역시 사정은 그렇게 나아 보이지 않는다.

1. 보편화용론과 이상적 담화상황

하버마스는 의사소통적 합리성의 토대를 세우기 위해서 보편화용론을 전
개한다. 하버마스는 비판사회이론의 이론적 · 실천적 적합성을 위해서 의
식철학(philosophy of consciousness)적 틀에서 벗어나 언어철학(linguistic
philosophy)으로의 패러다임 전환을 실행했다. 인간 이성의 인지적이고 도
구적인 측면을 보다 포괄적인 의사소통 합리성의 일부로 여기는 새로운 시
각을 제시하였다.

그래서 탐구의 초점은 인지적이고 도구적인 합리성(cognitive-
instrumental rationality)으로부터 의사소통적 합리성(communicative
rationality)으로 옮겨진다. 의사소통적 합리성의 패러다임에서는 객관세계
의 어떤 것과 단독적인 주체(solitary subject)간의 관계가 중요한 것이 아니
라, 바로 그 어떤 것을 이해하는 과정에서 달성되는 상호주관적 관계가 중
요하다.[15]

하버마스는 의사소통에 내재해 있는 의사소통적 합리성을 밝혀냄으로써
사회비판의 규범적 정당화의 토대를 확보하고자 한다. 하버마스는 합리성

---

15) J. Habermas, The Theory of Communicative Action. (Vol. I.): Reason and The Rationalization of
   Society, tr. T. McCarthy (Boston: Beacon Press, 1984), p.392.

의 의미를 확장하고 이에 근거해 다수의 합리성 측면으로 이루어진 합리성의 형식을 언어적 의사소통의 수준에서 제시하고자 한다. 하버마스의 보편화용론은 의사소통행위의 일반적인 가정 또는 가능한 이해의 보편적 조건의 재구성을 시도한다. 그리하여 가능한 모든 의사소통의 조건을 합리적으로 재구성함으로써 성공적인 대화상황에서 필연적으로 전제되는 요소들을 밝히고 대화가 갖는 보편적 타당성의 근거를 해명하는 것을 목표로 삼는다.

이와 같은 목적을 달성하기 위한 하버마스의 시도는 오스틴(J. Austin)과 설(J. Searl)의 발화행위이론(speech act theory)에서 전개된다. 발화행위이론이 보편화용론의 기초를 형성하기 때문에 이들의 발화행위이론에 대한 우선적 이해가 필요하다.

발화행위이론은 진술의 실행적 측면에 주목한다. 다시 말해서 우리가 어떤 것을 말함으로써 무엇인가를 실행하게 되는 점에 관심을 갖는다는 것이다. 이 점을 설은 언어 행위의 비언표적인 힘(illocutionary force)[16]이라고 기술하였다. 비언표적인 힘은 사상(事象)에 대한 단순한 기술(記述)을 넘어서서 말하는 사람과 듣는 사람 사이에 말하는 사람이 의도한 상호적인 인간관계를 성립시키는 능력을 의미한다. 다시 말해서 비언표적 행위로써 말하는 사람은 듣는 사람이 받아들이거나 거부할 수 있는 일종의 제안을 하는 셈이다. "국이 뜨겁다"라고 내가 경고할 때, 상대방이 나의 경고를 받아들일 수도 있지만 그것을 개의치 않을 수도 있기 때문이다. 만약 상대방이 나의 경고를 수긍하면 나와 그 사람 사이에는 어떤 인간적인 관계가 성립하게 된다. 이처럼 오스틴과 설은 의사소통 행위가 성공하거나 실패하는 이유의 핵

---

16) 오스틴은 언어행위를 세 가지의 측면으로 구분한다. 1. 언표내적인 행위(locutionary act), 2. 비언표적 행위(illocutionary act), 3. 언표효과적 행위(perlocutionary act)가 그것이다. 예를 들면, "국이 뜨겁다"의 언표내적인 측면은 음식으로서의 국의 상태에 대한 단순한 기술이다. 비언표적인 측면은 "국이 뜨겁다"는 문장이 경고로 말해질 때 갖는 실천적인 힘이다. 화자 A가 이 경고를 말함으로써 청자 B가 그 경고를 수긍한다면 A와 B는 상호적 인간관계로 진입하게 된다. 언표효과적 측면은 그렇게 해서 성취된 결과를 의미한다. A의 경고를 수용함으로써 B는 혀를 데는 것을 피할 수 있게 된다.

심이 비언표적 힘에 있다고 보았다. 하버마스 역시 의사소통 행위가 성공하는 상황을 다음과 같이 기술하고 있다. "듣는 사람이 언표된 문장의 뜻을 이해할 뿐만이 아니라 동시에 말하는 사람이 의도한 상호관계 속에 진입하는 것이다"[17] 발화행위이론적 시각에서 의사소통 가능성에 대한 조건은 비언표적 힘에 대한 청자의 수용과 거부의 여부에 달려 있다.

그렇다면 발화행위이론에서는 비언표적인 힘의 근거를 어디서에서 구하는가. 오스틴의 경우 언어행위의 비언표적인 힘의 근거를 제도, 관습, 혹은 특정한 문화에서 구한다.

오스틴에 있어서 언어행위의 부적절함(inappropriateness)이란 제도적으로 제한된 발화행위에서 발견된다. 예컨대 세례식이나 결혼·형량의 선고 등의 언어행위에서 부적절함이 발견되는 경우는 말하는 사람이 관습적 규칙을 위반할 때이다. 제도적으로 제한된 발화행위가 수용될 수 있느냐의 여부는 그 행위가 화자와 청자들 사이에 전제되어 있는 규칙에 근거하고 있느냐에 달려 있다. 가령 재판정에서 피고가 판사의 발화행위가 법조계의 규칙과 관습, 법률체계에 충실한 경우 판사의 판결을 수긍하는 것과 같다.

이에 반해 하버마스는 어떤 조건이 '제도적으로 제한되어 있지 않은 발화행위'를 가능케 하는지에 관심을 갖는다. 즉, 담화상황[18]에서 청자가 제도적으로 제한되어 있지 않은 화자의 주관적인 발화행위를 어떻게 신뢰할 수 있는가? 이를 해명하기 위해서는 설의 논의가 도움을 준다. 설에 의하면, 제도적으로 제한되어 있지 않은 발화행위가 수용되려면 반드시 만족시켜야 하는 네 가지의 조건들이 존재한다. 그 조건들은 각기 '명제 내용' (propositional condition), '예비적 규칙' (preparatory condition), '본질적

---

17) J. Habermas, "What is Universal Pragmatics?" in Communication and the Evolution of Society, tr. T. McCathy (Boston: Beacon Press, 1979), p.59.

18) 하버마스는 일상적인 의사소통 상황과 담화 상황을 구별한다. 일상적인 의사소통의 상황은 의사소통 당사자들이 공통적으로 전제된 합의를 배경으로 하여 의사소통의 행위가 무성찰적·무반성적으로 교환되는 상황을 지칭하는 데 반하여, 담화적 상황이란 문제된 효력 주장에 대한 논증적 정당화가 시도되는 성찰적이고 반성적인 상황이다.

규칙'(essential condition), '진지성의 규칙'(sincerity condition)이다. 여기서 설이 제시한 "나는 P를 약속한다"라는 진술을 예로 삼아 이 네 가지의 조건들이 무엇인지 살펴보자.[19]

명제 내용은 말 그대로 P를 의미한다. 예컨대 나의 미래 행동에 대한 언급이 명제 내용에 서술되어야만 내가 약속이라는 말을 쓸 수 있을 것이다. 예비적 규칙은 특정한 언어행위를 가능케 하는 일반적인 제한상황을 의미한다. 듣는 사람이 말하는 사람의 A라는 행위를, A라는 행위를 하지 않을 때보다 좋게 생각하고 또 말하는 사람과 듣는 사람 모두에게 말하는 사람이 앞으로 A라는 행위를 할 것이라는 것이 불분명한 경우에만 비로소 약속이라는 언어행위가 가능해지는 것이다. "내가 내일 너를 극장에 데려가겠다"는 약속의 예를 생각해 보라. 약속이라는 언어행위가 성립되려면 먼저 예비적 규칙이 충족되어야 한다.

진지성의 규칙은 말하는 사람의 심리에 특정한 제한을 가한다. 말하는 사람이 A를 하려고 의도할 경우에만 약속이라는 말이 사용되어져야 한다. A를 할 생각이 없으면서 A를 약속하는 것은 진지성의 규칙에 대한 위반이다. 본질적 규칙은 표현된 진술들이 어떤 종류의 제안으로 간주되어야 한다는 사실을 지칭한다. 약속은 A라는 행위에 대한 의무를 충족시키겠다는 제안으로 간주되어야 한다는 것이다. 본질적 규칙은 수행적 동사(이 경우 "약속한다"라는 동사)의 다른 표현에 지나지 않는다. 말하는 사람이 듣는 사람과 특정한 연대 관계를 맺어서 듣는 사람이 말하는 사람을 신뢰할 수 있을 때 비로소 언어행위가 성공했다고 말할 수 있다.

그러나 발화행위가 갖는 비언표적 힘이 어떻게 듣는 사람으로 하여금 말하는 사람을 신뢰하게 하는가. 듣는 사람으로 하여금 말하는 사람과의 상호 관계에 진입하도록 만드는 비언표적 힘의 근거는 무엇인가. 제도적으로 제

---

19) J. Searle, Speech Acts (Cambridge: Cambridge University. Press, 1969), pp.57~71.

한된 경우 비언표적 힘의 근거는 규범, 관습, 제도 등에서 구할 수 있지만 제도적으로 제한되어 있지 않은 경우는 규범이나 관습체계의 구속력에 호소할 수 없다. 제도적으로 제한되어 있지 않은 언어행위의 비언표적 힘은 화자의 진지한 의도에 근거하게 되는데 문제는 청자가 어떻게 그의 주관적인 진지함(sincerity)을 신뢰할 수 있겠느냐 하는 것이다. 화자의 진술이 갖는 설득력이나 논리정연함의 기준은 주관적이고 자의적일 수 있기 때문에 이 같은 난점이 발생한다.

이러한 난점에 대해 하버마스는 의사소통 상황에서 화자에 의해 언급된 연대관계의 진지함을 고려할 때 청자는 자의적인 요소를 고려할 필요가 없다고 기술한다. 즉 청자가 화자에 대해서 갖는 신뢰는 이성적으로 근거지워질 수 있다고 주장한다.

비언표적인 행위를 통해 화자와 청자는 효력 주장을 제기하며 그 효력 주장을 상호 검증하려 한다. 이 검증의 과정이 비합리적으로 진행되지 않는다. 왜냐하면 효력의 성격은 인식적이어서 검사될 수 있기 때문이다. 화자가 청자에게 비언표적으로 영향을 끼칠 수 있고 그 반대의 경우도 가능한 까닭은 언어행위 자체 내에 검증 가능한 효력 주장이 진술적으로 표출되기 때문이다. 다시 말해서 양자의 상호 유대는 이성적 근거를 지닌다.[20]

의사소통 행위에 참여하는 사람들은 제기된 효력 주장을 상호 검증함으로써 대화자는 상호 간의 이해에 도달한다. 그러면 네 가지 효력 주장에 대한 구체적인 내용을 살펴보자. 첫째, 이해 가능성이다. 의사소통 행위에 있어 상대방이 기술하는 내용을 이해할 수 없을 때는 그 진술이 정확히 무엇을 뜻하는가를 서로의 합의에 의해 정확히 규정할 필요가 있다. 이 단계를 거치지 않고서는 성공적인 의사소통이 이루어지지 않는다. 두 번째는 진리성이다. 진술된 내용에 대해서는 이해하지만 그것이 참인가에 대한 확신을

---

20) J. Haberams, "What is Universal Pragmatics?", p.63.

가질 수 없을 때는 진술의 진리성을 조사해 보아야 한다. 세 번째는 진실성이다. 대화자의 발언 태도가 진지하지 못할 때는 그의 성실성이 문제될 수 있을 것이다. 네 번째는 정당성이다. 상대방 진술의 규범적 정당성이 미심쩍을 때에도 그것을 상호 조사해 볼 필요가 있다.

하버마스에 따르면 이러한 네 가지 타당성 요구는 성공적인 의사소통 행위에 언제나 전제되어 있는 것이다. 그러나 발화행위의 기능이 방해받고 배경적 합의[21]가 흔들릴 때 이러한 타당성 요구 중에서 하나나 그 이상이 주제화된다. 이때 의사소통행위를 유지해 나가기 위해서는 이렇게 주제화된 타당성 요구가 해소되어야 할 것이다.

그런데 이러한 네 가지 타당성 요구가 해소되는 방식이 모두 동일한 것은 아니다. 우선 진리성과 정당성은 담화적으로 해소되어야 한다. 예를 들어 경찰의 심문이나 정신과 의사와 환자의 분석적 대화는 서로 대등한 위치에서 진리를 추구한다는 의미에서의 담화라고 할 수 없다. 진실성은 이와 달리 행위 연관 속에서만 해소될 수 있다.

진실성은 당사자와의 충분한 상호작용 중에 그의 행위를 통해 밝혀질 것이다. 한편 이해가능성은 이중적인 지위를 지닌다. 만약 대화 당사자 간에 언어의 형성 규칙이 불분명해서 서로의 발화를 이해할 수 없다면 이는 담화적으로 해소되어야 할 것이다. 그러나 이해가능성은 자유로운 의사소통이 가능한 경우에는 사실상 이미 해소된 요구를 표현한다는 점에서 진리성과 정당성과 다르다. 따라서 이해가능성은 의사소통 내에서 제기되는 요구라기보다는 의사소통 자체의 조건으로 보자는 것이 하버마스의 생각이다.

여기서 네 가지의 타당성 요구 중에서 진리성과 정당성이 왜 담화적으로 해소되어야 하는지에 대해서 살펴보자. 다시 말해서 하버마스가 진리성과 정당성과 관련하여 합의론을 수용하게 된 이유가 무엇인가?

---

21) 여기서 언급된 '배경적 합의' 란 본문에서 언급된 네 가지 타당성 요구의 상호 인정을 지칭한다. 따라서 성공적인 의사소통의 가능성은 이러한 '배경적 합의' 가 전제되어 있다.

하버마스에 따르면 가령 진리잉여론(眞理剩餘論)은 'p라는 진술과 p는 참이다' 라고 하는 진술간의 차이를 구분하지 못하고 있다. 'p는 참이다' 라는 진술은 p와 달리 p에 대한 메타언어적 확인인 것이다.[22] 또 진리상응론(眞理相應論)은 진술을 참으로 만들어 주는 것은 사실뿐이라는 이론이다. 그런데 하버마스에 따르면 사실은 주장하는 것이지 경험하는 것이 아니다. 만약 사실이 경험하는 것이라면 사람들마다 서로 다른 사실을 인식하게 될 것이고 이러한 사실은 진리를 검증하는 데 사용될 수 없는 것이기 때문이다. 아울러 진리상응론은 진술과 실재 사이의 상응관계를 다시금 진술을 통해 규정해야 한다는 난점을 갖고 있다.[23]

이 외에도 하버마스에 따르면 초월적 진리론(超越的 眞理論)은 경험의 객관성을, 진리모사설(眞理模寫說)은 감각적 확실성을, 진리명증론(眞理明證論)은 비감각적 확실성을, 주의주의적 진리론(主意主義的 眞理論)은 믿음의 확실성을, 진리선언론(眞理宣言論)은 진실성을, 진리결과론(실용주의)은 올바름을, 그리고 분석적 진리론(分析的 眞理論)은 이해가능성을 각각 진리로 혼동하고 있다.[24]

반면에 합의론은 다음과 같은 장점을 가지고 있다.[25] 첫 번째, 합의론은 형이상학적 진리론이나 실증주의적 진리론과 달리 실천적 담화들과 이론적 담화들 사이에 존재하는 논리적 차이점들을 없애지 않고서도 진리성과 정당성을 모두 담화를 통해 해소할 수 있는 타당성 요구들로 설명할 수 있다. 두 번째, 합의론은 초월적인 진리론과 달리 우리가 경험과 정보를 얻고 행위를 수행하는 체계와 문제화된 타당성 요구를 해명하는 담화들을 구별할 수 있다. 세 번째, 합의론은 진리모사설, 진리명증론, 주의주의적 진리론

---

22) J. Habermas, "Wahrheitstheorien," Vorstudien und Erganzungen zur Theorie des kommunikativen Handelns (Frankfurt: Suhrkamp, 1984), p.130.
23) ibid., pp.132~133.
24) ibid., pp.149~159.
25) ibid., pp.149~151.

과는 달리 단순히 주관적인 확실성 체험들과 상호주관적인 타당성 요구들을 구별할 수 있다. 네 번째, 합의론은 진리선언론, 진리결과론, 분석적 진리론 등과 달리 담화적 타당성 요구와 비담화적 타당성 요구들을 구별할 수 있다.

지금까지 진리성과 정당성이라는 두 타당성 요구에 공통적으로 적용되는 부분, 즉 왜 우리가 합의론을 받아들여야 하며 논증의 합의도출 능력이 어디에 근거하고 있는가를 살펴보았다. 이제, 두 타당성 요구의 차이점에 대해 살펴보자. 흔히들 진리성과 정당성의 차이를 전자가 사실로서 확인할 수 있는 것인 반면에 후자는 사실로 확인할 수 없는 것이라는 점을 들고 있다. 그러나 위에서 언급한 것처럼 하버마스는 양자 모두 사실로 확인할 수 없으며 단지 담화적으로 해소될 수 있을 뿐이라고 주장한다.

그럼에도 불구하고 양자 간에 차이가 존재한다면 그것은 무엇일까. 하버마스에 따르면 그것은 진리성이 개별적인 언어행위의 형식과 연결되어서도 검증될 수 있는 반면에 규범적 타당성은 비사적인(impersonal) 형식으로만 검증될 수 있다는 데 있다.[26]

예를 들면 '철수는 도둑질을 했으니 감옥에 가야 마땅하다' 라는 발화의 명제적 내용은 그 자체로 진리 여부를 검토하게 되지만 그와 관련된 발화수반적 행위의 정당성을 검토하기 위해서는 그것이 함축하는 규범, 즉 '도둑질을 한 사람은 감옥에 가야 한다' 라는 규범적 타당성을 검토해야 한다는 것이다. 그리고 그런 면에서 진리성과 정당성은 서로 구별되는 논증 형식을 갖는다는 것이다.

하버마스가 이렇듯 합의론을 주장한다고 해서 가능한 모든 합의가 타당하다고 주장하려는 것은 아니다. 우리가 현실적으로 경험하는 합의는 강요나 기만에 의한 것인 경우가 많고 그러한 합의들이 규범적 비판의 기준이

---

26) ibid., pp.146~147.

될 수 없다는 것은 너무나 자명하기 때문이다. 그래서 하버마스는 규범적 비판의 기준으로 수용될 수 있는 합의는 적어도 다음과 같은 네 가지 선행 조건을 충족시킨 상태에서 이루어지는 것이어야 한다고 주장함으로써 합의의 규범성을 확보하고자 한다.[27]

첫 번째, 잠재적인 모든 담화 참여자들은 의사소통적 발화행위를 행할 동등한 기회를 가져야 한다. 두 번째, 모든 대화 참여자들은 해석이나 주장, 권고, 설명, 정당화 등을 제시하고 또 그것들의 타당성을 문제 삼거나 정초, 반박할 동등한 기회를 가져야 한다. 세 번째, 담화에 참여할 수 있는 화자들은 행위자로서 표현적 발화행위를 행할, 즉 자신의 기분이나 느낌, 바람들을 표현할 동등한 기회를 갖는 사람들로 한정해야 한다. 네 번째, 담화에 참여할 수 있는 화자들은 행위자로서 규제적 발화행위를 행할, 즉 명령하거나 저항하고, 허용하거나 금지하고, 약속을 하거나 약속을 파기하고, 해명하거나 해명을 요구할 동등한 기회를 갖는 사람들로 한정해야 한다.

첫 번째 조건은 누구나 주장과 반주장, 또는 질의와 응답에 의해서 논의를 시작하고 지속할 수 있도록 하기 위한 것이며, 두 번째 조건은 주제화나 비판에 어떤 선입견이 작용하는 것을 방지하려는 것이다. 세 번째 조건은 담화 참여자가 스스로와 다른 사람들에게 진실하지 못하면 진정한 합의가 이루어질 수 없다는 맥락에서 각 대화자의 진실성을 요구하는 조건이며, 네 번째 조건은 이렇듯 세 조건을 충족시킨 대화상황에서 내려진 결론들의 상호적 실행가능성을 보증하는 조건이다.

물론 이러한 네 가지 조건들은 현실적인 담화의 조건이라거나 특정한 타당성을 도출하기 위한 조건으로 주장된 것은 아니며, 주제화된 타당성 요구를 검증하기 위한 조건으로 제시된 것들이다.

이상에서 하버마스 의사소통이론의 한 축인 보편화용론을 살펴보았다.

---

27) ibid., pp.177~178.

보편화용론이 가능한 모든 대화상황에서 나타나는 일반적 구조를 체계적으로 재구성하여 가능한 모든 의사소통의 조건을 합리적으로 재구성함으로써 성공적인 대화 상황에서 필연적으로 전제되는 요소를 밝히고 대화가 갖는 보편적 타당성의 근거를 해명하는 것을 목표로 삼는다는 것을 위에서 제시하였다.

보편화용론은 제도적으로 제한되어 있지 않은 담화상황에서 대화 당사자 간의 자발적 합의 가능성에 대한 이론적 토대를 제공한다. 다시 말해서 보편화용론은 담화상황에서 화자의 주관적인 발화행위를 청자가 어떻게 신뢰할 수 있는가에 대한 이론적 근거를 제공하여 준다. 이 근거는 바로 네 가지 타당성 요구에 대한 대화 당사자들 간의 상호 검증에 기반한다. 따라서 하버마스에게 있어 담화 개념은 문제된 네 가지의 타당성 주장에 대한 논증적 정당화를 의미한다. 타당성 요구를 성공적으로 상호 검증함으로써 대화자는 상호간의 이해를 성취할 것이다. 이와 같이 상호 이해, 공유된 지식, 서로 간의 신뢰와 조화에 이르는 것이 하버마스 담화 개념의 궁극적인 목표이다. 이로부터 모든 대화자들에게 공평한 토론과 참여의 기회가 보장되는 이상적 담화상황이 상정된다. 그것은 의사소통 행위의 모든 참가자들에게 모든 정보와 지침, 주장, 규약들이 공평하게 배분되는 것을 의미할 것이고, 여기서 순수한 상호주관성이 성립된다. 따라서 하버마스가 제시한 이상적 담화상황은 제도적으로 제한되어 있지 않은 담화 상황에서 대화 당사자 간의 자발적 합의를 이루기 위한 외적 조건으로 기능한다.

그러나 이러한 이상적 담화상황은 분명히 하나의 이념이고 이상화이기 때문에 현실적 대화상황에서 이러한 이념에 도달한다는 것은 거의 불가능하다. 그렇다고 할지라도 이러한 사실이 이상적 담화상황의 이념적 가치를 감소시키지는 못한다고 하버마스는 주장한다. 왜냐하면 이 이념에 근거해서 구조적으로 왜곡되어 있는 의사소통의 체계를 비판할 수 있기 때문이다. 따라서 하버마스가 제시한 이상적 담화상황은 단순한 경험적 현상이거나 상상의 소산이 아니다. 실제적인 상호주관성이 아무리 일그러져 있더라도, 모든 언어는 궁극적으로 진리의 이념을 지향하기 때문에 이상적 담화상황의 표준은 가능한 모든 언어 구조에 필연적으로 내재해 있다.[28]

다시 말해서 구조적 왜곡에서 자유로운 의사소통 상황은 우리가 선택하거나 거부할 수 있는 자의적 이념이나 규범이 아니고, 우리의 언어 구조 안에 본질적으로 내재해 있는 지향성인 것이다.

2. 동질성에 토대한 정치의 이상화

하버마스 의사소통이론이 칸트의 정언명법과 다른 점은 도덕과 인륜의 조합으로서 제시된다는 점이다. 이는 의사소통적 일상적 실천 속에 정초된 반사실적 이념의 사실적 영향을 통해 도덕과 인륜의 긴장을 완화시킨다는 점이다. 그리고 개인의 양심 고백으로 제시되는 칸트의 정언명법에 대해서 하버마스 의사소통이론은 대화적 합의를 강조하고 있다. 다시 말해서 하버마스 의사소통이론은 심정 윤리학으로서의 칸트의 정언명법을 보편화용론으로부터 도출된 (일반적인 논증내에 자리잡은)타당성 검증이라는 형식으로 논증의 전제를 이끌어낸다.

과연 위에서 언급된 것들이 칸트의 정언명법의 궁극적 한계점을 극복했느냐의 문제, 다시 말해서 칸트의 정언명법이 가지는 근본적인 한계점인 '규범적 명제에 대한 정치 공동체 구성원이 가지는 그것의 정당성이라는 문제에 있어서 하버마스 의사소통이론이 극복하고 있느냐?' 일단 하버마스 의사소통이론은 실천 규범에 대한 언어 맥락적 관계를 통해서 즉 인륜성의 매개에 의해서 도덕적 규범을 산출한다는 의미에서 헤겔(G. W. F. Hegel) 적이다. 그리고 개인의 심정 윤리에서 도출되는 도덕적 규범을 구성원 상호

---

28) J. Habermas, "Toward a Theory of Communicative Competence," Inquiry 13(1970), p.372.

간의 타당성 검증을 통해서 도덕적 규범의 근거를 설정하고 있다는 점에서 칸트의 정언명법을 넘어서고 있다.

상호주관성 문제가 의견의 일치와 의견의 일치에 대한 정치공동체 구성원이 가지는 그것의 정당성까지 담보해야 한다는 점을 고려할 때, 하버마스 의사소통이론은 전자에 대한 칸트적 정언명법의 극복으로 밖에 볼 수 없다. 개인의 양심 고백의 수준을 구성원 상호간의 타당성 검증으로 치환한 하버마스 의사소통이론은 개인의 주관적 확신을 보편화시키는 것의 위험성에 대한 보완책으로서만 제시될 수 있다.[29] 단지 이 점이 칸트의 정언명법과 하버마스 의사소통이론 간의 차이점을 분명히 하고 있다.

그러나 위에서 제시된 칸트의 정언명법과 하버마스 의사소통이론의 차이점 또한 칸트의 정언명법이 동일한 도덕적 타자를 전제한다는 의미에서, 하버마스 의사소통이론이 배경언어의 동질성을 전제한다는 의미에서, 칸트의 정언명법이 가지는 한계점인 도덕적 유아론의 한계점은 별 의미가 없어 보인다. 특히, 상호주관성 문제와 관련하여 문제제기하고자 하는 점은 바로 도덕적 규범에 대한 정치공동체 구성원이 가지는 정당성 문제에 있다.

이 점은 칸트의 정언명법의 한계점이자 또한 칸트의 정언명법의 극복으

---

29) 이와 같은 점이 칸트의 정언명법에 대해서 하버마스가 취하는 비판의 핵이다. 도덕적 유아론에 대한 위험이다. 칸트 정언명법의 규칙은 특정한 주관이 내리는 도덕적 판단을 절대화함으로써 정치적 구체화에 있어서 파멸적인 결과를 초래할 수 있다는 것이다. 이러한 도덕적 유아론이 가지는 위험에 대한 헤겔의 극복 방안과 헤겔의 극복 방안에 대한 하버마스의 비판을 살펴봄으로써 하버마스 의사소통이론의 위상을 정확히 자리매김할 수 있다. 도덕적 유아론에 대한 헤겔의 극복 방안은 바로 구체적인 인륜성에의 매개를 통해 칸트의 추상적인 도덕성의 한계를 극복하고자 한다. 인륜성의 구체적인 표현으로서 가족, 시민사회, 국가는 다양한 주체들이 상호주관적으로 매개되고 교통하는 공동체적 장소이기 때문에 처음부터 한 개인이나 집단의 선의지가 절대화되는 것을 막을 수 있다는 것이다. 이에 대한 하버마스의 비판은 국가라는 일시적이고 구체적인 실체에 직면하여 도덕적 간격을 지양하려고 하는 헤겔식의 해법은 주어진 것을 추후에 이성적인 것으로 간주하는 것으로 이는 곧 근본적으로 현실에 대한 윤리적 긴장관계를 상실한다는 것이다. 이러한 구도 속에서 제시되는 것이 하버마스의 의사소통 이론이다. 칸트가 출발로 삼고 있는 이성의 사실에 대한 논의는 근본적으로 이성적 직관에 근거하고 있기 때문에 그 논거가 취약하다. 따라서 하버마스의 의사소통 이론은 이성의 사실성을 공개적으로 검증 가능한 상호주관성의 지평으로 확장시킴으로써 칸트의 한계를 극복하려고 한다.

로 제시되는 하버마스 의사소통이론의 본질적인 한계점이다. 도덕적 합리성을 규정하는 제 원리의 기초를 직접적인 정당화가 불가능한 행위주체의 선의지에 근거하고 있기 때문이다.

여기서는 다음의 두 가지가 논증될 것이다. 첫 번째, 칸트의 정언명법에 대한 하버마스 의사소통이론이 가하는 비판의 핵심인 '도덕적 유아론'이 과연 칸트의 정언명법에 대한 비판으로서 타당한가? 두 번째, 칸트 정언명법의 궁극적인 한계점을 하버마스 의사소통이론이 극복하고 있느냐에 대한 논증으로 제시된다. 이러한 논증을 통해서 첫 번째, 상호주관성 문제에 대한 하버마스 의사소통이론이 지니는 불충분성을 입증하고, 두 번째, 칸트 정언명법의 대안으로서 제시되는 하버마스 의사소통이론이 실상 별 의미가 없다는 점, 다시 말해서 주관주의적 분석틀 자체가 상호주관성 문제에 관련하여 적합하지 못한다는 점을 제시한다. 이를 위해서 하버마스 의사소통이론의 핵심이라 할 수 있는 보편화용론과 이상적 담화상황에서 보여주는 주관주의적 경향을 제시한다.

칸트의 정언명법과 하버마스 의사소통이론이 보여주는 외적 차이점은 칸트의 정언명법이 개인의 양심적 차원에 머물러 있는 반면에, 하버마스 의사소통이론은 대화 당사자 간의 타당성 요구와 그 타당성 요구에 대한 대화 당사자 간의 검증으로 제시된다. 그런데 실상, 칸트의 정언명법이 동일한 도덕적 타자를 전제한다는 점에서, 그리고 하버마스 의사소통이론의 경우에도 대화 당사자 간의 동질적 배경언어를 전제한다는 점에서 칸트 정언명법에 대한 하버마스의 비판적 논점인 도덕적 유아론은 별 의미가 없어 보인다. 이를 입증하기 위해 이상적 담화상황 하에서 일어나는 대화 당사자 간의 타당성 요구와 타당성 요구에 대한 검증 과정을 고찰해 보겠다. 이러한 타당성 요구과 타당성 요구에 대한 검증의 과정은 논증의 형식으로 진행된다. 이는 곧 의사소통의 상호이해가 논증의 형식으로 진행됨을 의미한다. 따라서 하버마스 의사소통이론을 이해하기 위해서는 근거제시로서의 논증의 구조를 밝혀야 한다.

합리적 논증의 구조는 무엇인가. 의사소통의 가능 근거로서의 논증의 논리는 무엇인가? 하버마스는 논증의 힘을 단순한 형식논리적 차원에 머무르는 연역 논리와도 구분하고 나아가 단순히 경험적 차원에서 확보가능한 명증과도 구분한다. 논증의 논리가 엄격한 연역과 구분되는 것은 논증에 있어 한 단계에서 다음 단계로의 이행이 순수 형식논리적인 개념 안에서 진행되는 것이 아니기 때문이다. 논증에서의 이행의 근본 양상은 논리적 필연성이나 불가능성을 따르는 것이 아니라, 타당성의 실용적 양상을 따른다. 따라서 논증 안에서 문제가 되는 것은 명제의 논리적 관계가 아니라 세계 안에서 발생하는 어떤 사실에 관한 정보인 것이다.[30]

'보다 나은 논증의 강압 없는 강압' 이란 논증의 연관 아래 놓인 명제들의 논리적 일관성으로 설명될 수 있는 것도 아니고 논증 밖에서 논증 안으로 들어오는 경험들의 명증성으로 설명될 수 있는 것도 아니다.[31]

그렇다면 논리적도 아니고 경험적도 아닌 논증의 강압이란 무엇인가? 논증의 어떤 성격을 통해 그런 강압이 발생하는가? 이에 답하기 위해 하버마스는 툴민(St. Toulmin)을 따라 논증의 강압을 규명하였는데 논증의 일반적인 구조는 다음과 같다.[32]

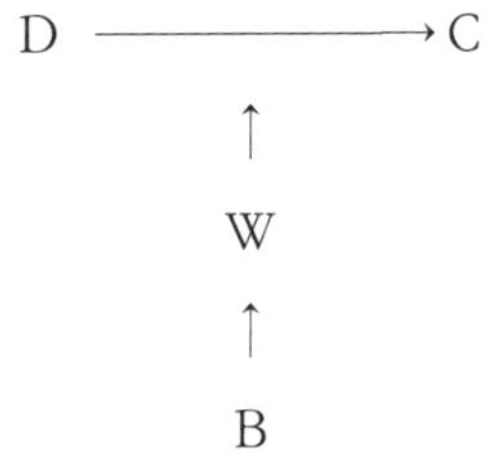

---

30) J. Habermas, The Theory of Communicative Action (Vol. I.), p.32 이하 참조.
31) J. Habermas, "Wahreitstheorien", p.161 이하 참조.
32) ibid., p.162.

여기에서 C(conclusion)는 타당성 요구를 충족시키기 위해 근거지움을 통해 이해 가능하게 되어야 하는 바로 문제가 되는 명제이다. D(data)는 그 타당성 주장을 뒷받침해 줄 자료이다. W(warrant)는 근거 관계를 정당화하기 위해 사용될 원리 또는 법칙으로서의 근거이다. B(backing)는 그 근거 자체가 다시 의존하는 명증성이다.

이러한 형식적 구조를 가지는 논증에 있어서 결정적인 것으로서 논증에 이해력을 제공하는 것은 바로 지지(B)와 근거(W)와의 관계이다. 왜냐하면 D에 근거하여 C를 주장하고자 하는 논증의 힘은 바로 그 관계를 정당화하는 근거(W)에 의거하며, 이 근거는 다시 그것을 지지하는 B에 기반을 두는 것이기 때문이다. 그러므로 논증의 힘은 바로 이 B에서 W로의 이행에서 비롯된다. 만일 B가 W를 정당한 것으로서 간주하기에 충분한 동기를 제공한다면, 그 W는 D에 입각한 C의 주장을 이해가능하게 설명해 준다.

그러나 그러한 동기는 어디에서 오는가? B에서 W로의 이행을 우리는 어떻게 정당화할 수 있는가? 명증에서 근거로의 이행은 귀납이나 보편화를 통해 정당화될 수밖에 없다. 따라서 B에서 W로의 이행의 정당성에 대한 물음은 곧 귀납적 논리일 수밖에 없다. 그런데 경험이란 원래 개별적인 경우 이외의 다른 어떤 것도 발견하지 못한다.

그럼에도 불구하고 D에 의해서 C를 설명할 수 있기 위해서는 하나의 일반적인 규칙에 의존해야 한다. 그리고 이 규칙 자체를 근거짓기 위해서는 다시 그것을 지지하는 개별적인 명증의 예를 필요로 하는 것이다. 이는 곧 특정 결론을 정당화하기 위해 사용되는 일반 규칙, 즉 주제화를 통해 명시적으로 표현되는 일반규칙은 바로 일상적인 비주제적 '선이해'(先理解)에 기반을 두고 있다는 것을 의미한다.

결국 논증이란 일상적 행위에 있어서 이미 자명한 것으로서 비주제적이고 함축적으로 전제되어 있던 타당성 요구를 명료화하고 주제화함으로써 성립하는 것이다. 그리고 그것의 설득력은 집단적으로 공유된 의미연관의 인식으로부터 얻어지는 것이다.[33] 이를 하버마스는 생활세계라고 칭하였다. 논증의 타당성 논리에 전제된 이 상호주관적으로 공유된 생활세계가 의사소통 행위를 뒷받침한다. 논증의 적합성은 곧 생활세계의 의미연관에 의존한다. 이런 의미연관은 언어적으로 분별된 이해구조이며 따라서 각 언어체계 안에서 드러난다. 한 언어체계 안에 함축적으로 전제된 배경적 인식은 결국 그 언어체계의 근본술어들로 환원된다.[34] 왜냐하면 근본술어는 더 이상 다른 언어로 정의될 수 없으며, 세계의 이해와 해석을 위해 근본적인 구성요소일 뿐만이 아니라 서로간의 의미연관 관계를 함축하기 때문이다.

그러므로 오직 그 논증 참여자가 비록 함축적일지라도 근본 개념에 대한 같은 이해를 가지고 있을 경우에만, 즉 같은 언어체계에 따라 사유하고 추론할 경우에만 논증의 강제 없는 강제가 가능하다. 따라서 하버마스 의사소통이론에서 보여주는 합리적인 의사소통 행위란 오직 동질적 언어체계 안에서만 가능하다.

논증의 강압이 동질적 언어체계의 전제 하에서 이루어진다는 점은 하버마스 의사소통이론이 규범적 진술에 대한 강한 인지주의적 경향을 띠고 있음을 나타낸다. 인지주의적 입장이란 규범적 진술이 서술적인 진술과 동일하게 진위판정이 가능하다는 입장을 가리킨다. 다만 종래의 인지주의적 경향과 하버마스 의사소통이론이 다른 점이 있다면, 하버마스의 경우에는 진술 내용에 따라 규범적 진술과 서술적 진술을 구분하는 것이 아니라 진술이 문제되는 성격에 따라 구분한다는 점과, 초월적이나 직관주의, 고전적 자연주의를 모두 거부하고 보편화용론에 근거하여 재구성적 인지주의를 주장한다는 점에서 종래의 인지주의적 입장과 다르다. 다시 말해서 하버마스의 경우 보편타당한 것으로서 진리개념을 부인하는 전략보다는 반성 이전의 수준과 반성 이후의 수준을 구분해서 보편타당한 진리개념을 옹호하는 전

---

33) J. Habermas, The Theory of Communicative Action (Vol. I.), p.35.

34) J. Habermas, "Wahrheitstheorien", p.166 이하 참조.

략을 택한다.[35]

하버마스 의사소통이론에서 보여주는 논증 형식의 전제는 동질적인 생활세계(배경언어)를 전제하고 있다. 이를 다시 입증시키기 위해서 하버마스가 제시한 이상적 담화상황의 여러 조건들을 재고찰함으로써 이론의 일치를 위한 전제가 대화 당사자간의 '동질적 배경언어' 라는 점을 확인하겠다. 하버마스가 제시하는 이상적 담화상황을 다시 정리해 보면 다음과 같다.

첫 번째, 이상적 담화상황에서는 지배자의 강제가 없으며 대화 참여자 사이에는 논거를 제시할 수 있는 기회가 균등하게 보장된다. 두 번째, 주어진 대화자의 역할이 교환 가능해야 한다. 세 번째, 더 나은 논증만이 구속력 있는 권위를 가진다.

하버마스 의사소통이론에서 이상적 담화상황은 보편화용론에 의해서 보장되고 보편화용론을 통해서 모든 가치 판단과 이데올로기적 담화에서 벗어난 순수하게 절차적인 의미에서 규범적인 것으로 정의되었다. 이는 동질적 배경언어에 대한 가정을 기초로 이상적 담화상황이 구성되었음을 제시한다. 이 점은 이상적 담화상황에서 제시되는 '대화 역할의 교환 가능성' 이라는 조건에서 입증된다.

"담화 윤리적인 일반화에 담긴 지혜는 오히려 다음과 같은 점에서 확인할 수 있다. 모든 당사자를 포괄하는 도덕적 논증이라는 의사소통 구조자체가 이미 모든 당사자들로 하여금 다른 사람과 역할을 교환하지 않을 수 없

---

35) 객관주의적 분석틀 내에서 배경언어의 상대주의에 대한 하버마스식의 해법은 신화적 세계상과 현대적 세계상을 구분하면서 현대적 세계상이 신화적 세계상보다 더 합리적이라고 주장하는 이유에 대한 분석에서 제시된다. 신화적 세계상의 명료화를 위한 전형으로서 하버마스는 아프리카 원주민들의 '마녀신앙' 을 제시한다. 하버마스는 신화적 세계상을 다음과 같이 특징지움으로써 그것을 현대적 과학적 세계상과 대립시킨다. 첫 번째, 전체화하는 사고(J. Habermas, The Theory of Communicative Action (Vol. I.), p.45.), 다양한 실재성 영역의 평준화, 다시 말해서 자연과 문화의 혼동(ibid., pp.47~48.). 두 번째, 언어와 세계, 내적 의미연관과 외적 사태연관의 구분 부족(ibid., pp.49~50.). 세 번째, 비판에 대한 패쇄성 내지 부족한 학습준비태도, 즉 전수된 의미체계에 대한 독단적인 의존성(ibid., p.61.) 이런 신화적 세계상에 대한 특징들은 인간 합리성의 반성적 비판 능력에 대립된다.

게 강제하고 있다는 것이다."[36] 이 같은 역할 교환은 만일 보편타당성 있는 즉 일반화 가능한 술어가 존재할 것을 전제로 한다.

이상적 담화 상황의 세 번째 조건 역시 동질적 배경 언어라는 전제하에 이상적 담화상황이 구성되었음을 입증시킨다. '더 나은 논증만이 구속력 있는 권위를 가진다' 라는 조건에서 더 나은 논증이라고 판단할 주체는 누구인가? 무엇이 우수한 논증인지를 결정하는가? 이러한 물음에 대한 대답은 한 명의 중립적인 관찰자가 이데올로기적 담화의 저 편에 있는 아르키메데스의 점에 서서 논쟁을 조정할 수 있다고 가정할 때에만 이 조건은 의미를 가진다. 따라서 하버마스가 모든 현실적인 요인을 추상화하려다가 "가장 중요한 문제를 지나쳐 버렸다"는 존 B. 톰슨의 주장은 정당하다.[37]

칸트 정언명법이 동일한 도덕적 타자를 전제한다는 점과 하버마스 의사소통이론이 동질적인 배경언어를 전제한다는 점에서 칸트 정언명법에 대한 하버마스 비판의 핵심인 '도덕적 유아론' 은 별 의미가 없어 보인다. 단지 이들의 차이점이 있다면, 칸트 정언명법이 개인의 주관적 확신에 근거해 있는 반면, 하버마스 의사소통이론은 대화 참여자간의 타당성 요구와 타당성 요구의 검증이라는 참여자 상호간의 대화적 관계에 근거하고 있는 점뿐이다. 칸트의 정언명법에서 보여주는 도덕적 자아는 이미 동일한 도덕적 자아를 전제로 하고 있었다는 점에서 칸트 정언명법의 진정한 문제는 칸트가 도덕적 자아가 정언명법의 요구에 따라야 하는 자기 구속성을 확립했을지는 몰라도 그것이 자신과 타자 일반에 대한 도덕적 구속력도 갖는다는 것을 확실히 보여주지 못했다는 점에 있다. 다시 말해서 칸트의 정언명법에서 보여주는 도덕적 합리성은 인간이 도덕적으로 행위하는 것에 대한 실제적 이유를 찾는 것에 실패한 것으로 볼 수 있다.

---

36) J. Habermas, "Replik auf Einwande," Vorstudien und Erganzungen zur Theorie des kommunikativen Handelns (Frankfurt : Suhrkamp, 1984), p.532.

37) J. B. Thompson, "Universal Pragmatics," Habermas: Critical Debates, eds. Thompson & Held (Cambridge: MIT Press, 1982), p.297.

따라서 이러한 칸트 정언명법의 한계점[38]에 대해서 하버마스 의사소통이론은 극복하고 있는가?[39] 다시 말해서, 의식철학으로부터 언어 철학적 패러다임으로의 전환을 통해 정치공동체 구성원간의 도덕규범의 합의를 정당화시키고 있는 하버마스 의사소통이론이 의견의 일치에 대해 정치공동체 구성원이 가지는 정당성까지 담보하고 있는가? 에 대한 문제로 요약된다. 이는 상호주관성 문제와 관련하여 중요한 의미를 가진다.

칸트가 『도덕 형이상학 정초』에서 보여준 것은 정언명법의 가능성으로부터 그 근거를 해명하는 작업을 통해 다만 자유의 이념에로, 그리고 최종적으로 예지계의 일원으로 이행하는 과정뿐이다. 이는 곧 도덕성 자체의 근거에 대한 더 이상의 정당화는 불가능하다는 것을 의미한다. 이러한 최종 도달점을 출발점으로 하여 시작되고 있는 저서가 『실천이성 비판』이다. 즉 이 저서에서는 순수한 이성, 즉 도덕적 이성이 왜 실천적일 수 있는지를 증명하려는 시도 자체를 부인하면서 도덕적 실천의 동기와 목적의 문제로 나아간다. 이러한 칸트적 이행은 하버마스에게도 엿볼 수 있다. 하버마스의 『지식과 관심』에서 보여주는 것은 그의 의사소통이론의 가능성을 위한 인간—

---

38) 칸트 정언명법의 한계점은 더 이상 정당화가 불가능한 전제(행위 주체의 선의지)에 의해서 구성되어졌다는 점이다. 칸트는 도덕적 의무의 근거를 정당하기 어려운 토대 위에서 또는 도덕적 구속력을 갖기 어려운 가정적 조망 하에서 행위의 합리성을 확보하고자 하였다. 이러한 점 때문에 칸트 정언명법의 한계점은 그것의 실천력에 있다.

39) 칸트 정언명법이 가지는 한계점에 대한 또 다른 시도가 롤즈(J. Ralws)의 「사회정의론」(J. Rawls, A Theory of Justice(Boston: Harvard University Press, 2000))이다. 롤즈는 목적 자체라는 인간과 인격 자체로부터 요구되는 도덕적 의무를 직접적으로 증명하는 부담을 피하고 이를 사회적 차원의 '공정성'(fairness)의 문제로 환원시켜 합리적인 선택이론을 원용하여 해결하고자 했다. 롤즈는 방법론적으로는 주관적 합리성(도구적 합리성)을 토대로 정의의 두 원칙이라는 객관적 합리성으로의 도덕성을 근거 짓는 홉스적 전략을 구사하고 있는 것처럼 보이나 내부적으로는 도덕성을 사회적 차원의 정의인 공정성으로 환원하고, 또 이를 위해 합리적 행위자에 원초적 입장(original position)이라는 도덕적 제약을 가한다는 점에서 칸트적이다. 이는 롤즈가 칸트의 전략이 가지고 있는 형이상학적 부담과 논리적 한계, 그리고 홉스적 전략의 도덕적 부적절성을 동시에 극복함으로써 도덕성과 합리성의 중재를 시도한 것으로 볼 수 있다. 이종은은 롤즈와 같은 맥락에서 칸트의 정언명법이 가지는 선험적 토대에 대한 증명의 부담을 피하여 도덕의 문제를 '형식적 유사성'에 입각한 '관용'의 문제로 대체한다.(이종은, "민주시민의 덕성: 그 지성적 토대에 관한 연구," 『한국정치학회보』제34권 제1호(2000).

주체의 본원적 선의지의 형태에 대한 기술로 나타난다. 여기서 보여주는 '해방적 관심'(emancipatory interest)이라는 개념이 그것이다. 이 개념 속에서 하버마스는 이론과 실천을 통합하고 있으며, 인간—주체의 궁극적 지향성이 자기 성찰과 반성에 근거한 해방적 관심에 있음을 강조한다. "자기 성찰에 있어서 지식 자체를 위한 지식이 비로소 자율과 책임에의 관심과 일치한다. 자기 성찰에의 추구는 곧 해방의 역동성이다. 이성은 이성에의 관심에 충실하며, 판명한 자기 성찰의 추구라는 해방적 관심에 복종한다."[40]

이러한 초(超)관심으로서의 해방적 관심에 입각하여 기술된 것이 하버마스의 『의사소통 행위이론』이다. 특히 보편화용론에서 이론적 명제와 실천적 명제에 대한 타당성 검증이 핵심이라는 점에서, 그리고 기술적 관심과 실천적 관심이 자기 성찰과 자기 반성으로 작동하는 해방적 관심에 의해서 검증된다는 점에서, 해방적 관심은 보편화용론에서 구체화된다. 선의지를 가진 도덕적 행위자라는 전제하에서 전개되는 칸트의 정언명법이나 해방적 관심에 의해서 전개되는 하버마스 의사소통이론은 공히, 정당화가 불가능한 전제들 위에서 구성된 것들이다. 이론적 일치에 대한 그것의 실천력이 선의지와 해방적 관심이라는 개념에 의해서 담보된다는 점에서, 그리고 이 두 개념이 정당화가 불가능한 토대 위에서 구성되어졌다는 점에서, 칸트의 정언명법이나 하버마스 의사소통이론은 이론의 일치가 가지는 그것의 실천력이라는 문제에 있어서 다 같이 무기력하다.

하버마스 의사소통이론에서 보여주는 이성 개념은 동일한 배경언어와 인간—주체와의 관계를 전제한다는 점에서 '약화된 이성' 개념이지만 하버마스의 의사소통 합리성 개념이 해방적 관심이라는 초(超)관심에 의해 구성되었다는 점에서 일상 어법에서 통용되는 이성과 의지라는 성격을 함께 갖는다. 따라서 하버마스의 의사소통 합리성은 동일한 배경언어라는 전제하

---

40) J. Habermas, Knowledge and Human Interest, tr. J. Shapiro (Boston: Beacon Press, 1971), p.197.

에서 타당성 요구에 대한 검증을 통한 도덕적 원리를 산출하는 근원이자, 해방적 관심에 의해 도덕적 원리를 통찰하는 능력과 기능을 가지며, 무엇보다도 해방적 관심에 의해서 부여된 도덕적 의지에 따라 도덕적 원리를 실천하는 행위능력이다.

결국, 하버마스 의사소통이론의 핵심적 전제는 첫 번째, 동일한 배경언어의 존재와 두 번째, 초(超)관심으로 대변되는 해방적 관심이다. 해방적 관심이라는 선험적 전제는 상호주관성 문제와 관련하여 하버마스 의사소통이론의 한계점을 반영한다. 결국, 주관주의적 분석틀이 가지는 한계점을 그대로 반영한다. 아리스토텔레스 이래로 유지되어 온 객관주의적 범주 개념은 'P 또는 −P'라는 방식으로 도식화된다. 이 범주는 명확한 경계선을 갖는 그릇과 같은 것으로 간주되며, 사물들은 그 안과 밖에 존재하게 된다. 따라서 이러한 범주의 관점에서 사물은 다만 한 범주의 성원이거나 비성원으로서의 지위만을 갖는다. 이러한 범주는 다음과 같은 특성을 갖는다.

첫 번째 범주는 그 성원들이 내재적으로 공유하는 속성들(properties)에 의해 결정되며, 따라서 여기에는 범주를 사용하는 범주자인 인간의 특성은 배제된다. 따라서 범주는 자연적이다. 두 번째 범주에 속하는 성원들은 성원의 자격의 측면에서 상호 차별 없이 동등한 것으로 이해된다. 세 번째 범주는 그 범주의 모든 성원, 그리고 오직 그 성원들에 의해 공유된 속성들을 규정하는 필요충분조건에 의해서 정의된다.

주관주의에 대한 이러한 특성은 이론적으로 정치공동체 구성원간의 선험적 동질성을 전제로 하고, 실천적으로 정치공동체 구성원의 도덕적 선의지를 전제로 한다. 하버마스 의사소통이론이 주관주의적 분석틀 내에서, 그리고 발화행위이론(speech act theory)적 관점에서 '제도적으로 제한받지 않는 의사소통행위'에 대한 재구성이었다는 점에서, 성원들 간의 '공유된 속성'이라는 측면은 성원들 간의 배경언어의 동질성으로 전환되었다. 그리고 정치공동체 구성원의 도덕적 선의지는 해방적 관심이라는 개념으로 제시되었다. 주관주의적 분석틀 내에서 하버마스 의사소통이론이 가지는 이론적 위상은 초월적 · 선험적 이성 개념에 대한 약화된 이성 개념으로의 전환에 있다. 언어 맥락적 이성이라는 하버마스의 이성 개념은 초월적 · 선험적 이성 개념이 안고 있는 문제점, 즉 도덕적 유아론에 대한 비판적 재구성으로 나타난다. 하지만 정치공동체 구성원들 간의 도덕적 규범에 대한 타당성 검증은 도덕적 유아론에 대한 타당한 대안으로 제시되지만 하버마스 역시 동질적 배경언어[41]를 전제한다는 점에서 도덕적 유아론에 대한 하버마스의 비판은 약화된다.

여기서 상호주관성 문제와 관련하여 주관주의적 분석틀이 가지는 진정한 문제는 이성 개념에 대한 강도(strength)에 있는 것이 아니라 정당화가 불가능한 개념들에 있다. 결국, 상호주관성 문제와 관련하여, 주관주의적 분석틀 내에서 이루어지는 상호주관성 이론은 인간-주체를 도덕적 선의지에 근거한다는 점에서, 그리고 정치공동체 구성원 각각의 동질성을 강조하는 점에서 타당성이 없다.

하버마스 의사소통이론에서 보여주는 이러한 보편화의 시도는 결국, 하버마스 의사소통이론이 강한 인지주의적 경향을 띠게 한다. 하버마스가 이상적 담화상황을 정의하면서 제시한 규범과 가치의 이분법은 이상적 담화상황과 실제적 담화상황 사이의 구분에 대체로 상응한다. 하버마스에 따르면 이상적 담화상황의 보편성은 보편화용론에 의해 보장된다. 의사소통상황은 보편화용론을 통해서 모든 가치판단과 이데올로기적 요인들에서 벗어난 순수하게 절차적인 의미에서 규범적인 것으로 정의된다.

---

41) 하버마스 의사소통이론의 전제인 배경언어의 동질성은 언어 혹은 문화의 중립성 내지 무당파성을 전제하고 있다. 이를 하버마스는 "언어의 비당파적 이념은 논증 구조 자체내에서 뿌리내린 것으로 어떤 부가적인 규범내용으로서 논증 구조에 덧붙일 필요가 없다." (J. Habermas, Moral Consciousness and Communicative Action, trs. C. Lenhardt and S. W. Nicholsen (Cambridge: Polity Press, 1990), p.31.)이는 합리성과 우연성이라는 맥락에서 언어와 문화를 합리성의 측면에서만 고려했음을 보여준다.

보편화 원칙(the principle of universalization)은 '좋은 것' 과 '정당한 것' , '가치 평가적 진술' 과 '규범적 진술' 을 칼처럼 양단한다. 문화적 가치 역시 어느 의미에서는 주체간 타당성을 가질 수 있는 것이 사실이다. 그러나 문화적 가치는 특수한 생활 형태 전체와 너무나 긴밀하게 얽혀 있기 때문에 그 본성상 엄격한 의미에서 규범적 효력을 발휘할 수 없다. 문화적 가치는 다만 보편적인 관심을 끌어들이기 위해서 규범이 되려고 애쓴다.[42]

이러한 하버마스 의사소통이론의 주관주의적 경향은 상호주관성 문제에 대한 주관주의적 접근이 가지는 한계와 맞닿아 있다. 실제적 상황에 대한 과도한 추상화가 생산하는 결과물들과 이로써 연역되는 제이론들이 결국, 실제적 차원에서 정치공동체 구성원들에게 실천적 유용성을 가지지 못한다는 것이다. 이렇듯 정당화가 불가능한 전제에서 출발하는 하버마스 의사소통이론은 결국, 실제적 상황에서 하나의 이데올로기적 담화로 변질될 가능성이 매우 높다. 이러한 가능성의 예를 하버마스 의사소통이론에서 제시되는 '체계에 의한 생활세계의 식민화' 에서 '생활세계의 복귀' 라는 테제에서 살펴보자.

체계 확장에 대한 하버마스의 정의와 체계의 확장의 논리로부터 공동체 구성원이 자유롭게 의사소통할 수 있는 공간을 어떻게 확보할 수 있을지에 대한 하버마스 자신의 논변을 검토한다. 이러한 검토 속에서 하버마스의 변증법적 논리가 '매개' 가 없는 규범 지향적 논리임을 입증한다. 이념소로서 제시된 생활세계로의 복귀는 이미 생활세계 개념에 대한 하버마스의 정의 그 자체에 기인한다. 양가성이 탈화된 그래서 어떠한 매개도 존재하지 않는 이념소로서의 생활세계는 처음부터 복귀를 예상할 수 있는 개념이다.

하버마스 의사소통이론의 생활세계/체계라는 이원적 분석틀의 성격상 하버마스의 체계의 확장을 이해하기 위해서는 두 개념적 틀 사이의 관계의

---

42) ibid., pp.64~68.

이해가 선행되어야 할 것으로 본다. 이를 위해서 하버마스가 이론적으로 이 두 개념적 틀을 가지고 사회사를 어떻게 구성[43]하고 있는가를 알아보는 것이 필요하다.

잉여 생산물의 교환이 진행되기 이전의 단계에서는 체계와 생활세계, 즉 체계 통합[44]과 사회 통합[45]은 서로 분리되지 않은 채로 있다. 그러나 잉여 생산물의 교환이 늘어나는 과정에서 이제 교환의 대상물은 잉여 생산물에 국한되지 않게 된다. 다시 말해서 교환을 통한 부의 획득과정이 자립화하게 하였고, 그것은 교환을 위한 상품의 생산을 유도하게 되었다. 교환을 매개로 해서 발생하는, 체계와 생활세계의 분화과정은 하버마스의 '사회진화'(social evolution)[46]의 출발점을 형성한다. 자신이 만든 상품과 서비스에 의한 자기욕구충족이라는 것이 더 이상 사회를 유지하는 규범이 될 수 없게 된다. 교환의 필요성을 인정하지 않던 부족사회에서의 규범은 인간 욕구의 증대로 말미암아 더 이상 유지되지 않는다.

그리고 교환과정은 타인과의 지속적인 관계를 형성시키고 그럼으로써 사회적으로 주어진 일을 처리하기 위한 기능의 특수화를 가져온다. 이 기능적 특수화란 '수직적 사회화'를 의미하며 이는 권력의 형성을 의미하게 된다.

---

43) J. Habermas, The Theory of Communicative Action (Vol. II.): Lifeworld and System, tr. T. McCarthy (Boston: Beacon Press, 1987), pp.153~197. 참조. 여기에서 하버마스는 체계의 복잡성 증대와 생활세계의 합리화 과정 사이에 성립하는 연관들을 분석하고 있다.

44) 이것은 삶의 물질적 기초를 재생산하는 문제에 연관된 것으로서 행동결과의 기능적 조직을 통해 의도치 않은 행위연관을 안정시키는 것을 뜻하며, "사회를 자기조정적 체계모델에 따라 표상하는 개념 전략"(ibid., pp.165~166.)을 채택한다. 이는 단순히 기능적 통합이므로 규범이나 동의와 무관하며, 행위자들은 자신의 행위나 행위 의도와 무관하게 통합된 세계내에서 기능적 의미만을 부여받는다.

45) 이것은 삶의 상징적 맥락을 재생산하는 문제와 연관된 것으로서 공동체 구성원들의 행위방향정립을 서로 동조시키는 것이며, 여기서는 "의사소통행위로부터 출발하여, 사회를 생활세계로서 구성하는 개념 전략"(ibid., pp.166~167.)이 선택된다. 이는 행위자의 동의에 의해 구성되는데, 행위자들은 기존 규범에 동의하거나 의사소통을 통해 새롭게 동의된 규범을 확보한다. 다시 말해 사회 통합은 행위자들이 규범적으로 보증하거나 의사소통적으로 획득된 합의에 의해 확립된다.

46) 하버마스의 사회 진화란 체계의 복잡성 증대와 생활세계의 합리성 증대로 인한 체계와 생활세계의 분화를 가리킨다.(ibid., p.153.)

정치적 권력이 형성되면 사회는 서로 공유하던 상황정의를 기반으로만 존
립하지 않는다. 이러한 사회진화는 생산력의 확장, 체계 자율성의 증가 그
리고 규범적 구조의 변화라는 세 가지의 차원에서 수행된다. 따라서 정치
적 · 사회적 설명은 이제 과거와는 다른 시각에 의해 이루어져야 한다. 그것
은 다름 아닌 관찰자의 관점, '외부의 관점'을 가리키고 그것은 체계를 설
명하기 위한 관점이다. 생활세계로부터 체계가 떨어져 나온 것이다. 정치공
동체 구성원 사이의 행위조정은 구성원들의 합의에 의해서만 일어나는 것
이 아니고 이제는 기능적 행위연관들에 의해서도 일어나게 되는 것이다.[47]

　이 사회진화의 과정이 근대사회에 이르면 체계에 의한 '생활세계의 식민
화' 현상이 일어난다. 근대사회의 발달과 더불어 등장한 사회학에서 고전
사회학자들의 이론적 인식 관심을 하버마스는 체계의 확장이라는 보다 일
반화된 개념으로 파악하고 있다. 마르크스의 인식관심은 행위 연관의 물화,
베버와 뒤르케임의 그것은 세계상의 탈마법화 그리고 도덕적 법제화라고
보고 그들의 공통점으로, 특히 근대사회의 등장과 같이하는 체계의 확장 개
념을 잡아내고 있다.[48]

　이제 하버마스 의사소통이론 안에서 이 체계의 확장은 정치공동체 구성
원이 서로 이해시키려 함으로써 생겨난다고 그가 상정하고 있는, 사회의 존

---

47) 하버마스는 사회진화론적 관점에서 생활세계로부터 체계의 분리를 긍정적으로 바라보고 있다.
　　생활세계가 처한 어려움, 즉 우연성의 증대와 의견불일치의 증대라는 현실은 사회통합의 문제를
　　더욱 어렵게 만드는데, 행정체계와 경제체계의 분화는 오히려 생활세계의 합리화에 도움을 준다
　　는 것이다. 다시 말해, 근대화과정의 합리화에는 일상과 생활세계를 물화시키고 형식화시키는
　　측면도 있지만 성찰되지 않고 반성되지 않는 전통의 부담으로부터 해방을 가져왔다는 진보적 측
　　면도 있다는 것이다. 전근대적 사회에서 행위자들은 항시 비합리적인 전통규범(종교, 친족관계,
　　관습)에 얽매여 있었으며 경제영역이나 행정영역도 마찬가지였다. 그런데 자율적인 시장의 메커
　　니즘과 관료제가 등장하면서 경제체계와 행정체계가 탈규범적(탈언어적) 조정매체인 자본과 권
　　력을 통해 작동하기 시작했고, 이 점은 오히려 사회통합에 긍정적으로 작용을 하고 있는 것이
　　다.(Ibid., pp.179~180.)
48) 하버마스는 지금까지의 고전이론－마르크스, 베버, 뒤르케임－이 주로 체계의 확장을 설명해
　　왔고, 또 다른 한편으로 프랑크푸르트학파－호르크하이머, 아도르노－에 의한 합리성의 연구가
　　'도구적 합리성'에 국한했음을 비판하면서(ibid., pp.303~396.) 이를 극복하는 가능성으로 의사
　　소통행위이론을 제시한다.

립 기반을 조금씩 흔들어 놓는다. 하버마스가 생각하는 사회적 기반은 서로 인정하는 상황에 정의 또는 정치공동체 구성원 사이의 이해에 바탕을 둔 협력은 체계의 확장에 의해 잠식 당해 간다. 체계는 상호주관성이 배제된, 언어에 더 이상 의존하지 않는 매체—자본과 권력—에 의해서, 즉 인간들의 합의를 구할 필요 없이 확대되어 간다. 생활세계의 식민화는 경험적인 사실로는 '성공을 지향하는 행위'가 '이해를 지향하는 행위'를 지배함으로써 나타난다. 그리고 관찰자의 관점이 참여자의 관점을 지배함으로써 나타난다.

이제, 체계의 확장에 따른 '생활세계의 식민화'에서 '생활세계로의 복귀'라는 테제에 대한 하버마스의 논변을 이론 내적인 차원에서 비판적으로 접근해 보자. 생활세계에 대한 하버마스의 표상을 보면 그 안에는 공동체 구성원 사이의 지배가 없는 자유가 보장되어 있고, 그리고 인간의 자유로운 활동 공간이 보장되어 있는 공간이다. 그리고 그 공간은 과거나 현재 지향이 아니고 앞으로 구성원들 사이의 행동을 공동의 합의에 의해 규제되는 규범창출의 공간이다.

그러나 문제는 이 생활세계가 어떻게 체계의 확장을 저지할 수 있을 것인가이다. 곧 이론적인 차원에서 패러다임 교체를 넘어서 생활세계의 패러다임이 현실을 지배해 갈 수 있는가의 문제이다. 다시 이 문제는 체계에 대한 하버마스의 표상과 생활세계 사이의 순조로운 전환의 문제로 바꾸어서 생각해 볼 수 있다. 체계에 대한 하버마스의 표상은 생활세계와 정반대의 것들이다. 그래서 그것은 공동체 구성원 사이의 지배와 복종 관계가 아니라 구성원들이 가까이 갈 수 없는, 탈 언어화된 구성원들이 사물적인 것에 의해 지배되는 현상을 가리킨다.

과연 체계에서 생활세계로의 순조로운 전환이 어떻게 일어날 것인가. 생활세계의 복귀가 체계의 확장의 논리에 공동체 구성원들이 종속되지 않고, 자신들의 자유로운 활동 공간을 확보함으로써 가능한 것이라면, 하버마스의 의사소통이론으로의 패러다임 전환이 부딪치는 가장 큰 문제는 어디서 그 자유로운 공간을 확보해 나가는가의 문제이다. 즉 사회전체를 지배해 왔던 확대재생산의 논리로부터 또는 간접민주주의의 지배로부터 어떻게 벗어날 수 있는가의 문제이다. 하버마스는 이 문제에 대해서 다음과 같이 논변한다.

과도한 혼잡성의 문제들, 잠재적인 군사적 파괴력, 핵발전소, 핵폐기물, 유전자 조작, 개인적인 자료의 컴퓨터 입력과 중앙에 의한 활용에 대한 공포에는 확실한 이유가 있다. 이런 현실적인 두려움들은, 생활세계를 파괴하지만 동시에 생활세계를 출현하게 하는, 실감할 수 있는 위험들의 체계적인 강요로부터 나오는, 잘 볼 수 없는 새로운 범주들에 대한 놀라움과 이어져 있다. 이 놀라움들은 그 과정에 의한 결과들에 맞부딪혀 있는 상황에서 그 과정들이 우리들에 의해서 기술적으로 그리고 정치적으로 움직여지고 있기 때문에, 우리들은 그 과정에 도덕적으로 책임의식이 있지만 그럼에도 그들의 통제 불가능한 거대한 질서로 말미암아 도덕적으로는 책임질 수 없는 지나친 요구의 감정을 걸러주는 역할을 하고 있다.[49]

체계의 확장에 따른 위험들에 대한 두려움들과 어느 시기부터인지 자라기 시작한 '반성적 · 비판적 합리성의 효과적인 결합에 의해서 생활세계로의 복귀의 가능성을 하버마스는 기대하고 있다. 그러나 체계의 확장은 공동체 구성원들의 의식적인 전환에 의해서는 영향을 받지 않을 만큼 구성원들의 삶을 여전히 규정하는 힘을 가지고 있다고 보여진다. 체계의 확장은 공동체 구성원들을 그 확장의 논리에 계속 복종, 종속시키면서 체계의 역동성과 다른 체계와의 경쟁에서 오는 강제성에 따라서 움직여 나가도록 짜여져 있는 것이 또한 사실이다. 경제에서는 확대 재생산의 논리가 그리고 정치에서는 정당성의 확보의 논리가 지속적으로 체계의 확장을 유도하고 있다.

---

49) ibid., pp.394~395.

이처럼 체계의 확장과 생활세계의 복귀라는 하버마스의 테제는 그의 의사소통이론이 가지는 이론적 한계점을 그대로 나타낸다. 이는 사회사 구성에 대한 그의 분석틀의 문제점에서 제시된다. 생활세계에서 체계의 분리, 체계에 의한 생활세계의 식민화, 생활세계의 복귀라는 그의 변증법적 논리가 안고 있는 이론적 최대의 결함은 어떠한 '매개'도 필요 없이 진행된다는 데 있다. 이념소로써 제시된 생활세계와 체계의 이원적 분석틀 하에서 진행되는 사회사에 대한 하버마스의 재구성은 논리적 지향성보다는 규범적 지향성의 성격을 띠고 있다. 이상화된 생활세계라는 그의 개념화는 실제적 생활세계가 지니는 갈등과 모순을 탈화시킨 채로 구성되어졌기 때문에 그의 변증법의 지향점은 이미 예견된 채로 전개된다. 이러한 생활세계의 구성 때문에 체계의 확장의 논리에 대한 하버마스의 분석은 과소평가된다.

실제로 하버마스는 『의사소통행위이론』에서 체계의 확장의 원인, 과정, 결과 그리고 그 논리에의 공동체 구성원들의 종속 등은, 그리고 그 결과에 공동체 구성원들이 소외되어짐은 분석하지 않고 있다. 단지, 그는 위의 책에서 체계의 확장을 마르크스는 행위연관의 물화로, 베버는 세계상의 탈마법화로, 뒤르케임은 도덕의 법제화로 정의해 온 것에 만족하는 듯싶다. 또 그들 셋이 모두 지나치게 일면적으로 체계의 확장의 이론만을 형성해 온 것을 비판하면서 의사소통 합리성이 어떻게 가능하고 존재하는가를 규명하는 쪽으로 논의를 전개한다.

이처럼 하버마스가 제시한 생활세계라는 개념은 현실세계와 분리되어 이상화됨에 따라서 이데올로기적 구성물로 변질된다는 사실이다. 『의사소통행위이론』의 몇 몇 중요한 대목에서 분명히 드러나고 있다. 여기서 생활세계 개념은 때로 태고적이고 신화적인 의미를 가지는가 하면 때로 유토피아적 의미로 사용되기도 한다. 하버마스는 뒤르케임의 부족사회 연구에 대해 언급하면서 다음과 같이 말하고 있다.

"집단적으로 공유되는 동질적인 생활세계라는 개념이 현실의 이상화임

은 분명하다. 그러나 가족적 사회 구조와 신화적 의식구조를 지닌 태고적
사회는 이 같은 이상형에 어느 정도 가깝다고 할 수 있다.”[50]

그렇다면 하버마스가 근대사회에 적용하려고 하는 생활세계 개념이 인류
학적인 유토피아로부터 유래한 것이 아닌가 하는 의심이 생겨날 수 있다.
특히, 의사소통 지향적 행위의 기반으로서 보잘것 없어진 생활세계의 전통
을 활성화시킬 수단으로서 태고적 사회라는 유토피아가 필요했던 것은 아
닐까. 태고적 이상형이 과거의 유토피아라면 미래의 유토피아는 체계에 의
해 강요된 사물화를 벗어난 생활세계다.

---

50) ibid., p.157.

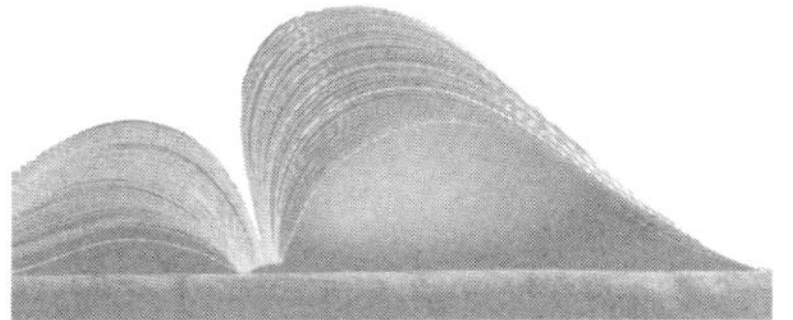

소통의 정치학

Ⅲ. 무페의 경합모델

III. 무페(Ch. Mouffe)의 경합모델

합의와 통합만을 지향하는 이상화된 생활세계가 아닌 갈등과 모순이 상존하는 실제적 생활세계에서 분석을 시작하는 무페의 경합모델은 동질성이 담보된 이념소로서의 생활세계가 아닌 실제적 생활세계에 기초하여, '사회적인 것'이 산출할 수밖에 없는 다양한 이질성에 주목한다. 하버마스 의사소통이론에서 제시하는 '체계에 의한 생활세계의 식민화' 테제가 '일상의식의 파편화'를 전제하였다면, 무페는 '일상의식의 파편화'에서 그의 경합모델을 시작한다. 그에게 있어 '일상의식의 파편화'는 '사회적인 것'의 본질이다. '사회적인 것'이 가지는 구조적 불완전성이 산출해 낼 수밖에 없는 '정치적인 것'(the political)의 영역에 무페는 주목한다.

무페는 그의 경합모델에서 헤게모니 지향적인 생활세계에 토대하여 중심과 주변의 전략적 상호관계를 민주주의라는 보편적 가치로 재구성한다. 다시 말해서 무페는 다양한 이질성들 간에 형성된 '적대'(antagonism)를 '경합'(agonism)으로 전환시킨다. 이러한 전환에 기초하여 무페는 다양한 이질성 간의 상호주관성 문제를 '실용적 근거'(pragmatic ground)라는 모호한 개념으로 접근한다. '누가 판단하는가'라는 문제에 있어서 무페는 선험적 관점을 그의 경합모델에서 허용하고 있다.

무페의 경합모델의 불충분성을 논증하기 위해 무페가 기술하는 '사회적인 것'의 의미와 '정치적인 것'의 의미를 고찰할 것이다. 이를 위해서 포스트구조주의의 담화 개념에 대한 이해가 전제되어야 한다. 포스트구조주의의 담화 개념에 대해서 기술한 다음, '사회적인 것'에서 산출되는 '정치적

인 것' 의 생성 맥락과 그것의 내적 구성에 대해서 기술할 것이다. 다음으로
이러한 '정치적인 것' 에 근거하여 제시되는 무페의 경합모델과 그것의 불
충분성에 대해서 논증하고자 한다.

1. '정치적인 것' 의 의미

무페의 '정치적인 것' 에 대한 의미를 파악하기 위해서는 포스트―구조주
의의 언어관에 대한 이해가 필요하다. 포스트―구조주의의 언어관이 소쉬
르(F. Soussure)적 언어관에 대한 비판적 재구성이라는 점에서, 전통적인
언어관과 이것에 대한 비판으로써 제기되는 소쉬르의 언어관을 살펴볼 필
요가 있다. 주관주의―인식론상에서 제기되는 언어관은 다음과 같다.

전통적으로 언어는 실재세계를 나타내거나 혹은 우리의 주관적 관념이나
의식과 같은 내면적 실재를 표현하는 도구로 생각해 왔다. 중세의 유명론이
나 근세의 합리론/경험론 및 현대의 실증주의는 언어가 객관적인 실제를
여실히 반영한다고 보았다. 이는 곧 언어의 의미가 객관적인 실재나 주관적
인 실재와 같은 언어 외적인 어떤 근원에서 유래한다고 인식했기 때문에
언어를 자족적이고 자율적인 체계로 여기지 않았다.

소쉬르에 이르러 이와 같은 전통적인 언어관과는 근본적으로 구별되는
획기적인 언어이론이 출현한다. 소쉬르에 따르면, 우리가 어떤 실재에 이름
을 붙일 때 그 실재와 이름 사이에는 명쾌한 대응관계가 성립하는 것이 아
니라, 그 실재의 특정 측면만을 선택하여 환원하는 경향이 있다는 것이다.
그는 언어학적 기호를 실재와 이름의 연결이 아니라 개념과 소리(sound
image)의 결합, 즉 소기와 능기 혹은 기의와 기표의 결합으로 파악하였다.[51]
이러한 인식은 말과 사물 혹은 언어와 실재간의 관계를 재정립하는 것이며

---

51) F. Soussure, Course in General Linguistics, tr. Roy Harris (London: Duckworth, 1983), p.66.

모사설 혹은 반영설을 인식론적으로 극복한 것이라 할 수 있다.

소쉬르에게 있어 언어학적 기호의 의미는 능기(signifier)와 소기(singnified) 간의 자의적 결합을 통해서 언어 체계 안에서 결정되고, 개별적 기호의 의미도 언어체계 내의 다른 기호들과의 차이를 통해 결정되기 때문에 언어학적 기호는 언어체계에 외재하는 그 어떤 지시대상도 고려할 필요가 없게 되었다. 다시 말해서, 언어 연구에 있어서 언어학적 기호가 재현 혹은 지시한다고 확신해 왔던 모든 유형의 언어외적 지시대상에 대한 고려를 중지하라는 것이다. 소쉬르의 언어학에 이르러 언어의 의미는 언어 외적인 실재에 구애되지 않고 오직 언어체계 내의 기호들 간의 차이에 의해서 결정된다. 이는 곧 언어를 그 자체로 독자적 체계로 보는 것이다.

그러나 소쉬르는 의사소통 가능성에 대한 문제 즉, 의미가 기호들의 차이에 의해서 열려 있다면 의사소통이 성립하지 못할 것이라는 문제를 해결하기 위해서 그는 언어에는 실정적인 조건이 있다는 입장을 취한다.[52]

즉, 능기와 소기의 고정된 결합을 통해서 의미가 현전한다는 입장을 취한다. 그는 「일반 언어학 강의」에서 언어 기호 안에서 각각의 소리(능기)가 의미(소기)와 묶여 있다고 주장하면서 기호 그 자체를 실정적인 조건으로

---

52) 소쉬르가 제시하는 의사소통 가능성에 대한 조건은 특정한 공동체를 전제로 이루어지는 의사소통 가능성으로서 담화 내적 차원에서 그리고 타자성이 배제된 차원에서 이루어진다. 다시 말해서 소쉬르가 제시하는 의사소통 가능성의 조건은 화자들 간의 '이론에의 일치'에 놓여져 있다. "의사소통시 화자들 간의 순환의 기점은 이들 중의 한 사람의 두뇌, 예를 들면 A라는 사람의 두뇌 속에 있는데, 거기서는 우리가 개념이라 부르게 될 의식 현상들이 언어 기호의 표상에 혹은 이를 표현하는 수단인 청각영상에 결합되어 있다. 하나의 주어진 개념이 뇌 속에서 상응하는 청각 연상에 결합한다고 가정해 보자. 그것은 생리적 과정에 뒤따르는 완전히 정신적인 현상이다. 뇌는 발성 기관에 그 영상과 관련되는 자극을 전한다. 그리고 음파는 A의 입으로부터 B의 귀까지 전파된다. 이것은 순수한 물리적 과정이다. 반대로 B가 말하면, 이 새로운 행위는 그의 뇌에서 A의 뇌까지 처음과 완전히 똑같은 단계를 밟고 동일한 연속 단계를 거치게 될 것인데… "(ibid., p.28.) 따라서 소쉬르의 의사소통 가능성은 A가 발화의 순환이라는 기제를 통해 전달하는 생각에 대한 B의 이해에 놓여져 있다. 이에 반해 비트켄슈타인은 의사소통 가능성에 대해 '이론에의 일치' 뿐만이 아니라 '삶의 형태의 일치'를 덧붙인다. "언어 안에서 사람들은 일치한다. 이것은 의견의 일치가 아니라 삶의 형태의 일치이다." L. Wittgenstein, Philosophical Investigations (London: A Blackwell Paperback, 1958), p.241.

생각했다. 기호 안에서 열린 가능성들은 고정되며 다른 기호와의 대립을 통해(예를 들면, 현존/부재, 흑/백, 선/악과 같은 대립) 정의된다. 따라서 소쉬르의 언어학은 애초의 열린 체계에서 대립물로 구성된 닫힌 구조로 전환된다.

소쉬르는 언어체계에 외재하는 모든 실재로부터 언어학적 기호를 해방시켰지만, 소쉬르의 언어학에서 보여주는 모호성 즉, 기표와 기의가 결합하여 기호가 된다고 하였으나, 무엇이 기의가 되는가, 또는 무엇이 기의인가에 대한 설명이 없다. 이에 데리다(J. Derrida)는 기호가 결합하고 있다는 기의에 대한 문제를 부각시킨다. 그는 소쉬르의 언어 모형을 재해석하면서 "언어 가운데는 어떠한 기의ー개념도 현존할 수 없다"[53]라고 주장하였다. 모든 개념은 자연의 유희 속에 있는 어떤 연결 고리 속에 새겨져 있을 뿐이다.

이러한 맥락에서 볼 때 데리다에게 있어서 구조 개념은 생명을 특징지우는 생성, 변화, 변형 그리고 인간에게 알려진 세상뿐만이 아니라, 구조 그 자체의 안정되고 불변하는 근거를 설명하기 위해 사용된다. 일반적으로 철학에 있어서, 존재론적 구조는 어떤 중심이나 어떤 고정된 기원을 지니고 있는 것으로 생각한다. 그 결과 구조 그 자체내의 자유로운 유희나 생성적인 잠재력은 그것을 초월해서 존재한다고 믿는 불변의 근본 위에서 형성되고 이루어진다고 생각된다.[54] 그런데 데리다는 구조의 안정된 기반인 중심의 존재를 부정하고 구조의 구조성을 주장한다. 데리다에 의하면 중심이 있다고 생각하는 것은 인간의 본질 즉 현전(presence)의 직접성을 느낄 수 있다고 생각하는 허위적인 믿음 때문이다. 데리다에게 있어서는 중심이 현전한다고 생각할 수 없게 만드는 공간이 있다. 푸코는 이것을 언어와 현실 사이에 열려 있는 공간이라고 말하는데, 소쉬르의 기의와 기표 사이의 간격과

---

53) J. Derrida, Margin of Philosophy, tr. A. Bass (Chicago: University of Chicago, 1982), p.11.
54) J. Derrida, "Structure, Sign, and Play in Discourse of Human Science." The Structualist Controversy, eds. Mackey and Donato (Baltimore: John Hopkins University Press, 1979), pp.247~248.

도 같은 것이다. 다시 말해서, 데리다가 이해하고 있는 중심은 아무런 자연적 위치를 지니지 못하고 그 자체는 '구조로 된 체계의 기능' 일 뿐이다. 왜냐하면 그것은 항상 언어소에 표현이 되고 언어 그 자체로 판명이 되기 때문이다. 그래서 데리다는 궁극적인 존재는 포착할 수 없다고 말한다.

데리다는 이러한 '구조로 된 체계의 기능' 의 역학을 차연(differance)과 흔적(trace)이라는 개념으로 설명한다. 이 개념들은 이른바 자기동일성을 갖고 있다고 하는 현전의 개념이 사실은 자기 동일적이지 못한 차이성과 타자성에 의해 구성되어 있음을 밝힌다. 이러한 차연과 흔적 개념에 대해 데리다는 다음과 같이 기술한다.

차연은 어떤 산물, 어떤 사건 혹은 과정의 이름으로 생각되는 것이 아니다. 그것은 아무런 존재도 지니지 않고 본질도 지니지 않는다. 그것은 존재의 범주에서 연유해 오지 않는다. 이 용어는 명시할 수 없는 것을 명시하는 기능을 가진다. 왜냐하면 그것은 전혀 아무것도 아니기 때문이다. 차연은 존재하지 않는다. 모든 언어학적 단위는 존재하지 않기 때문에 존재한다. 각각은 부재하는 것의 흔적을 담고 있다. 이러한 흔적은 과거라고 부르는 것에서와 마찬가지로 미래라고 부르는 것에 연결되어 있다. 따라서 우리가 현전이라고 부르는 것은 현전의 직접성이 아니라 그것의 사용에 의한 기호의 내부에 구성되어 있다.[55]

데리다는 이렇게 기의에 해당되는 중심이 존재한다는 생각을 부정하고 차연과 흔적의 사상을 중심으로 한 일련의 기의만이 존재한다고 생각하기 때문에 차연과 흔적에 해당되는 "텍스트 밖에 없다"[56]는 결론을 얻는다. 따라서 데리다의 차연과 흔적 개념은 앞서 보았던 소쉬르의 언어관을 수용함은 물론 이를 극단화하여 고정된 소기로부터 능기를 해방시킨다. 소쉬르의 차이의 개념이 고정된 의미 즉, 고정된 소기가 있다고 보는 것과는 대조적

---

55) J. Derrida, Margins of Philosophy, pp.3~4.
56) J. Derrida, Of Grammatology, tr. G. C. Spivak (Baltimore: John Hopkins UP, 1976), p.158.

으로 데리다의 차연과 흔적 개념은 궁극적인 소기가 있을 수 없음을 강조한
다.

모든 것을 담화 내적 현상으로 귀결시키는 데리다의 담화 개념은 결국,
인간―주체나 혹은 실재에 앞서는 '담화의 선재성' 과 '담화가 지니는 구조
적 선택성과 배제성' (혹은 차이성과 타자성)으로 요약된다. 이는 곧 공동체
구성원에 대한 문화(혹은 생활세계 혹은 헤게모니 구성체)의 우선성에 대
한 강조이며, 문화가 제시하는 규범과 가치가 차이성과 타자성에 의해서 구
성되어 있음을 기술한다.

이제, 데리다에 이르러, 담화 그 자체가 공시적 분석에서 해방되어 '담화
그 자체의 역학' 을 확인할 수 있다. 담화가 가진 구조적 선택성과 배제성은
담화 그 자체의 역학을 담보한다. 대상에 대한 의미의 선택이 가질 수밖에
없는 배제의 흔적과 이러한 배제의 흔적에서 제기되는 대상에 대한 새로운
의미부여는 담화 그 자체의 역학을 상징한다. 이는 곧 소기에 대한 능기의
해방을 의미한다. 일시적인 관계로서 주어지는 소기와 능기의 관계에서 능
기의 물질화는 결국, 배제의 흔적을 생산하고 이러한 배제의 흔적은 새로운
소기를 생산하기 위한 토대가 된다.

위에서 제시한 두 가지 즉, 주체와 객체에 앞서는 '담화의 선재성' 과 '구
조적 선택성과 배제성을 가지는 담화의 구조' 가 모든 것을 담화 내적 현상
으로 환원시키는 무페 상호주관성이론의 이론적 전제들이다. '담화의 선재
성' 개념을 무페는 다음과 같이 기술하고 있다. "주체의 범주를 사용할 때
마다, 우리는 그것을 담화적 구조내의 '주체들의 위치' 라는 의미로 사용할
것이다. 그러므로 주체들은 경험을 가능하게 하는 힘을 부여받는다는 제한
된 의미에서조차도 사회적 관계의 기원이 될 수 없다. 왜냐하면 모든 경험
은 가능성의 정확한 담화적 조건들에 의존하기 때문이다." [57]

---

57) E. Laclau & Ch. Mouffe, Hegemony and Socialist Strategy: Towards Rational Democratic Politics
(New York: Verso, 2001), p.115.

그리고 '주체들의 위치'라는 표현을 더 구체적으로 무페는 다음과 같이 기술하였다. "우리가 다양한 종속관계를 이론화하는 위치에 있는 것은 오직 합리적이고 투명한 행위자로서의 주체에 대한 견해를 폐기하고, 또한 그 입장들의 조화를 위해 가정된 통일성과 동질성을 폐기할 때이다. 한 사람의 개인이 이러한 다양성의 담지자일 수 있으며, 한 관계에서는 지배자의 위치에 있지만 다른 관계에서는 종속적인 위치에 있을 수 있다. 따라서 우리는 사회적 행위자를 폐쇄된 차이들의 체계 속에 결코 전적으로 고정시킬 수 없는 '주체적 입장들'(subject positions)의 조화로 구성된다."[58]

이러한 주체적 입장들에서 주체의 정체성이 고정화된다. 하지만 이러한 정체성의 고정화는 일시적 고정화로 제시된다. "따라서 그러한 복수적이고 모순적인 주체는 항상 우연적이고, 불확실하며, 여러 주체적 입장들의 상호작용 속에서 일시적으로만 고정될 뿐이고 고유한 형태의 정체성에 의존한다. 따라서 사회적 행위자를 통일되고 정체성을 갖는 실체로 언급하는 것은 불가능하다. 오히려 우리는 여러 언술적 형식화 내에서 그것을 통해 구성되어지는 여러 주체적 입장들에 의존하면서 하나의 다원성으로서의 사회적 행위자에 접근해야 한다."[59] 같은 맥락에서 무페는 고전적 마르크스주의에 대해서 다음과 같이 비판하고 있다. "모든 사회적 주체가 계급주체인 고전 마르크스주의의 계급 환원론에 대해서 반대한다."[60] 그리고 무페는 '담화 역학' 개념을 다음과 같이 기술한다.

차이들의 체계의 고정화/탈구(fixation/ dislocation)로서의 접합적 실천은 순수히 언어적인 현상들로 구성될 수 없고 오히려 담화구성체를 구조화하는 각지각색의 제도들, 의식들(rituals), 실천들의 전체적인 물질적인 밀도를 관통한다. 이러한 복잡성과 그것의 담화적 성격에 대한 인식을 통해 마르크

---

58) Ch. Mouffe, The Return of the Political (London: Verso, 1993), p.77.
59) ibid., p.77.
60) Ch. Mouffe, "Hegemony and new political subject," Marxism and Interpretation of Culture, eds. C. Nelson and L. Grossberg, (London: Macmilian, 1988), p.90.

스주의 이론화의 지형에서 모호했던 길이 반반해지기 시작했다. 이것의 특징적 형태는 이데올로기들이 관념들의 단순한 체계가 아니라 제도와 의식 등에 체현된다는 이유로 이데올로기의 물질성을 점진적으로 인정하게 되는 그람시로부터 알뛰세르에 이르는 과정이었다.[61]

따라서 무페에게서 제기되는 '담화 그 자체의 역학'은 다음의 네 단계로 확인할 수 있다. 첫째, 일시적인 고정으로서의 소기와 능기의 관계, 둘째, 능기의 물질화로서의 제도, 의식의 출현을 통한 일시적인 고정으로서의 소기와 능기의 관계를 지속시킨다. 셋째, 배제의 흔적이다. 넷째, 새로운 소기를 생산하기 위한 정치적 접합관계이다. 이러한 담화 그 자체의 역학을 '차이체계의 고정화와 탈구'로 표현할 수 있다.

그러나 '담화 그 자체의 역학'에 대한 데리다의 주장은 담화의 물질화에 대한 주의를 환기시켰지만 더 이상 나아가지 못한다. 왜냐하면 담화의 물질화라는 개념이 나오면 반드시 운동의 개념이 나와야 하는데 데리다에서는 담화가 유희로 흐를 때는 운동성을 지니고 있지만 권력 행사나 사회적 실천과 같은 좀 더 근본적인 의미의 운동성은 나오지 않는다. 이러한 점이 담화 분석에 대한 데리다와 무페의 차이점이다.[62]

'담화의 선재성'과 '담화 그 자체의 역학'에 근거하여 제시되는 무페의 '정치적인 것'(the political)의 발생 맥락을 고찰해 보자. 무페가 제시하는 '정치적인 것'의 발생은 '사회적인 것'이 가지는 구조적 선택성과 배제성이 고정적 형식으로 지속될 때 발생한다. 이러한 지속성은 사회적 가치와 제도가 가진 구조적 선택성과 배제성을 통해서 권력이 지식(혹은 중심이데올로기적 담화)의 형태로 부단히 사회적 가치와 제도의 일면적 특성인 '선택성'을 재생산하는 데 있다. 다시 말해서, 정치공동체 구성원의 지속적 행

---

61) E. Laclau & Ch. Mouffe, Hegemony and Socialist Strategy, p.105.
62) 이러한 데리다와 무페의 차이점은 데리다와 푸코(M. Foucault)의 차이점이기도 하다. 강내희,
　　"담론의 안팎: 몇가지 담론이론에 관한 소고,"『인문학 연구』제17권(1991), pp.127~128.

위는 지식의 끊임없는 재생산 위에서 의미적으로 구성되고 또 그 위에서 구조화되면서 이루어진다.

여기서 언급된 '구조화된다는 것' 은 곧 중심이데올로기적 담화의 생산과 재생산 안에, 그리고 이에 상응하여 펼쳐지는 사회적 인식권 안에, 구조적 선택성과 배제성이 내포되어 있으며, 제도의 내적 작동 방식인 권력이 바로 이 선택성과 배제성을 통해 부단히 행사된다는 것을 뜻한다. 이를 무폐는 "권력이 사회적 관계를 형성하다."[63]고 "권력의 작용을 통해서 사회적 객관성(social objectivity)이 구성되어진다."[64] 기술한다. 이는 곧 권력과 정당성(legitimacy)의 관계로 연결된다. 이를 무폐는 다음과 같이 기술한다. "권력이 작동한다는 것은 그러한 권력이 정치공동체 구성원에게 어느 정도 정당한 것으로 인지되어져 왔기 때문이다. 그리고 만약 사회적 가치와 제도의 정당성이 선험적 전제들에 의해서 기초지워지지 않았다면, 그것은 성공적인 권력의 형태에 근거하기 때문이다."[65]

사회적 가치와 제도가 가진 구조적 선택성과 배제성에 대한 상관성을 라클라우와 무폐는 '적대' (antagonism)라는 개념으로 설명하고 있다. 특히, 이들은 적대 개념을 설명하기 위해서 기존의 '모순' 개념과 '대립' 개념과 비교한다.

기존의 모순 개념이나 대립 개념이 실정성(positivity)에 근거한 개념인데 반하여, 그들의 적대 개념은 실정성의 한계로서 제시되는 개념이다. 모순의 개념은 완전하게 주어진 A에 대한 비A가 모순이다. 대립의 경우에는 완전하게 주어진 A에 대한 상반적인 관계로서의 B이다. 그러나 적대의 개념은 A가 전적으로 A 자신이 되는 것을 방해하는 '타자' 의 현존에 직면한다. 이는 곧 적대가 객관적인 관계가 아니라 모든 객관성의 한계를 보여주는 관계

---

63) Ch. Mouffe, "For an agonistic model of democracy," Political Theory in Transition(New York: Verso, 2000), p.124.
64) ibid., p.124.
65) ibid., p.125.

이다. 적대는 최종적 봉합의 불가능성에 대한 증인으로서 '사회적인 것' 의 한계에 대한 경험이다.[66]

　따라서 적대들은 사회의 한계들, 즉 사회의 완전한 구성 불가능성을 구성한다. 이는 헤겔의 변증법의 모순 개념이나 마르크스의 변증법이 가지는 계급대립에 대한 비판적 재구성[67]으로 제시된다. 양자 모두 실정성에 근거하여 역사, 정치, 그리고 자유를 기술하지만, 무페에게 있어서 역사나 정치의 역학은 제도 자체가 가지는 불완전성 혹은 우연성에 근거한다. 다시 말해서 사회적 가치와 제도가 지니는 구조적 선택성과 배제성의 역학에 의해서 역사는 전개된다.[68] 역사는 언어 그 자체의 역학에 의해서 설명되어진다. 특히, 언어가 가지는 구조적 선택성과 배제성이 이 역학의 동력이다. 선택이란 차이체계의 봉합이며, 배제란 봉합이 유발하는 배제의 흔적(trace)이다.

　이제, 이러한 적대의 개념으로 사회적 가치와 제도가 가진 구조적 선택성과 배제성의 역학을 분석할 수 있다. 사회적 가치와 제도가 가진 선택과 배제의 관계는 이원적 대립의 외적 관계 즉, 위에서 언급된 대립 개념에 근거

---

66) E. Laclau & Ch. Mouffe, Hegemony and Socialist Strategy, pp.112~127.

67) 상호주관성 문제와 관련하여, '타자 출현' 에 대한 헤겔적 시각은 절대정신의 자기실현이라는 명제로 압축된다. 헤겔의 절대정신은 비록 개인적 주관을 넘어서는 보편적인 주관이기는 하였지만, 역사적으로 전개되는 그의 절대정신에 대한 논의는 정신이 역사적 상황에 따라 변화된다는 가변성이라는 계기를 주관에 도입하였다. 마르크스적 시각은 이 같은 가변성이라는 계기가 시간적 경과에 의해서 뿐만이 아니라 계급과 같은 사회적인 위치에 의해서도 주관에 주어진다는 견해를 일반화시켰다. 반면에 포스트－정치이론에서 타자의 출현은 문화(혹은 언어) 그 자체의 불완전성에 의해서 즉, 선택과 배제의 역학에 의해서 타자가 출현한다고 보았다. 물론 이러한 포스트－정치이론의 시각은 모든 것을 담화 내적 현상으로 보는 그들의 시각과 관련된다. 특히, 주체 범주에 대한 그들의 입장은 "담화적 구조 내의 '주체위치들' 이라는 의미"로 기술된다.(ibid., p.115.)

68) 이를 윤평중은 다음과 같이 확인시킨다. "포스트 맑시스트들(특히 무페)은 담화의 논리를 무제한적으로 확장시키고 있다는 점과 아울러 상호주관성을 포함하는 주관성의 범주 자체를 역사를 견인하는 동력으로 보지 않고 담화의 객체적 산물로 간주한다는 점이다."(윤평중, "상호주관성과 담화의 논리: 탈현대의 실천철학을 위한 시론," 『철학』 제37권(1992), p.255.) 이러한 맥락에서 포스트－마르크시즘은 고전적 마르크시즘의 극복이 아니라 단지 객관주의의 역담화일 뿐이다.(D. Macdonell, Theories of discourse: an introduction (New York: Blackwell, 1986) 참조; R. Miklitsch, "Rhetoric of Post-Marxism" Social Text, No. 45(1995) 참조.)

하는 것이 아니라 선택성의 생산과 재생산이 산출해 내는 흔적으로서의 배제이다. 이는 곧 선택이 유발할 수밖에 없는 배제의 흔적이 곧 선택과 배제의 역학 관계이다. 그리고 이를 무페는 "권력의 작용이 배출할 수밖에 없는 배제의 흔적(traces of the exclusion)"이라고 기술하고 있다.[69]

이를 언어학적으로 기술해 보면 세열체에서 연쇄체로의 전환이 적대를 유발시킨다. 이는 곧 차이의 체계가 부정되고 하나의 대상이 공동체 구성원들에게 의미화(선택성)될 때 적대의 자리는 마련된다. 사회적 객관성 즉 정치공동체 구성원이 당연하다고 여기는 것들에 대한 한계가 배제의 흔적이다. 사회적 가치와 제도가 가진 구조적 선택성과 배제성의 역학은 실정성에 근거한 대립 개념이 아니라 선택성 그 자체가 가지는 한계로서의 배제성이 주어진다. 따라서 사회적 가치와 제도가 가진 선택성의 영역에 대한 배제의 흔적으로 주어지는 배제성의 영역은 정당화된 타자들이 출현할 수 있는 공간이 된다. 따라서 사회적 가치와 제도가 가진 구조적 선택성과 배제성의 역학적 동력은 적대적인 세력들의 현존에 있다.

이런 맥락에서 사회적 가치와 제도, 그리고 중심이데올로기적 담화의 연계는 제도의 선택성이 가지는 불완전성 즉, 적대적인 세력의 현존에 대한 전략적 대응이라 할 수 있다. 선택성의 한계로 주어지는 배제성에 대한 중심이데올로기적 담화의 역할은 배제의 영역에서 일어날 수 있는 불만 등을 형성하지 못하도록 분절되고 조작된 지각, 인식, 선호를 갖게 만드는 것이다. 이럼으로써 정치과정과 기능 그 자체를 자연스럽고 합리적인 형태로 만

---

69) Ch. Mouffe, "For an agonistic model of democracy", pp.124~125. 자크 데리다(J. Derrida)는 이를 적대라는 개념 대신에 흔적(trace)이라는 개념을 쓰고 있다. 데리다는 그의 책 『Differance』에서 흔적이라는 개념을 사용하여 동일성 속에 각인된 근원적 타자성을 산출해 낸다. "이른바 "현존"한다는 모든 요소는 현존의 무대 위에 나타나자마자 자기 아닌 다른 것하고 관련되어서 과거 요소의 징표로만 남고, 미래 요소와 관련된 징표에 의해서 어느새 밀려난다. 여기에서 비로소 변별 작용을 통해 의미 작용이 가능해진다. 이와 같은 흔적은 이른바 과거 뿐 만이 아니라 미래하고도 관련된다. 흔적은 이렇게 자기 아닌 것, 절대로 자기는 아닌 다른 것하고 관련됨으로써 이른바 현재를 구성한다." J. Derrida, "Differance," Speech and Phenomena, tr. David B. Allison (Evanstone: Northwestern UP, 1973), pp.142~143.

들어 버린다.

　이제, 다양한 이질성이 출현할 수 있는 토대로서의 공간과 이것의 전략적 지향점이 명확하게 제시된다. 주변이데올로기적 담화의 물적 토대로서의 배제의 영역과 중심이데올로기적 담화에 대한 전략적 대응으로서 주변이데올로기적 담화의 구성이 그것이다. 제도적 실천이 결과하는 자연스러운 타자로서의 주변이데올로기적 담화는 이중적 구조를 가지고 있다. 제도적 실천이 결과하는 배제의 흔적과 중심이데올로기적 담화와의 전략적 관계이다. 중심이데올로기적 담화가 제도의 선택성에 기반한 지식체계라면, 주변이데올로기적 담화는 제도적 실천이 결과한 배제의 영역에 기반한 지식체계이다. 중심이데올로기적 담화가 제도의 선택성이 지니는 가치체계와 규범에 대한 2차적 모델링 체계라면, 주변이데올로기적 담화는 그것의 물적 토대인 배제의 영역에 대한 메타적 구성으로 제시된다. 주변이데올로기적 담화의 메타적 구성이란 배제의 영역을 물질적 토대로 하여 중심이데올로기적 담화와의 전략적 관계 속에서 구성된 담화이다.

　중심이데올로기적 담화와 주변이데올로기적 담화간의 관계에서, 자연스러운 타자로서의 주변이데올로기적 담화의 담화 구성은 그것의 기능과 불가분의 관계에 있다. 중심이데올로기적 담화의 공격에 효과적으로 대항하기 위해서, 주변이데올로기적 담화는 세계를 선과 악, 친구와 적, 진리와 허위로 구분하는 의미론적 이분법을 동원하지 않을 수 없다. 이와 동시에 주변이데올로기적 담화는 완전한 진리이자 완전한 현실임을 자처해야 한다. 오직 그렇게 할 때에만, 적대적 세력들을 '주체'로서 동원할 수 있고, 중심이데올로기적 담화의 진리 요구를 제압할 수 있을 것이다. 따라서 중심이데올로기적 담화와 적대적 관계에 놓여 있는 주변이데올로기적 담화는 외적으로 전략적 양상을 띠면서, 내적으로는 의미론적 이분법과 독백주의로 구성된다. 주변이데올로기적 담화 구성의 의미론적 이원론과 독백론적 특징은 이데올로기적 담화의 기능과 관련된 이데올로기적 담화─일반의 특징이다. 중심이데올로기적 담화 역시 적대적인 세력의 현존에 대한 전략적 대응으로써 기능하기 때문에 그것의 담화 구성 역시 의미론적 이원론과 독백론을 지닐 수밖에 없다. 따라서 의미론적 이원론과 독백론은 이데올로기적 담화—일반의 특징이다.

먼저, 이러한 이데올로기적 담화의 특징인 의미론적 이원론을 구체적으로 살펴보기 위해 이데올로기적 담화들 중에서 가장 극단적인 형태로 주어지는 '정치적 이데올로기적 담화'의 한 예를 분석해 보자.

대처(M. Thatcher)의 「자유의 수호, 영국의 대외 관계에 관한 연설」(1976~1986)에 나오는 다음의 구절은 그 좋은 예가 될 것이다. "이 철학이 정면으로 반대하는 것은 바로 사회주의적 입장이다. 사회주의는 모든 개인을 효율적인 단체에 소속시켜서 사회주의의 집단주의적 지혜가 최선이라고 판단하는 것이면 무엇이든 수행하도록 만들기를 고집한다. 하지만 자유는 개인적인 것이며, 집단적 자유란 존재하지 않는다. 그럼에도 불구하고 그릇된 집단의 신화가 사회주의의 언어 안으로 유입되었다."[70]

이 인용문에서 맨 먼저 확인할 수 있는 것은 이 철학(보수주의적 사고)과 사회주의적 입장간의 의미론적 대립이 상관적인 것으로 선택되었다는 것이다. 따라서 보수주의와 사회주의, 그리고 이에 상응하는 각각의 서술 프로그램이 서로 화해의 여지없이 대립하게 된다. "정면으로 반대하는"과 같은 표현은 양자간의 대립이 타협이나 중간 단계 따위를 허용하지 않음을 말해 준다. 이에 따라서 이데올로기적 담화의 일관성을 보장하기 위해 모든 단어는 의미론적 이원론에 포획된다. 보수주의에 소속되는 단어(혹은 구)들은 자유, 개인적, 그리고 정면으로 반대하는 등을 뽑을 수 있겠고, 다른 한편으로 사회주의에 포함되는 것은 고집한다, 모든 개인을 소속시킨다, 효율적인 단체, 수행하도록 만들기, 집단주의, 사회주의적 지혜, 최선이라고

---

70) M. Thatcher, In Defence of Freedom. Speeches on Britain's Relations with the World(1976~
    1986) (London: Aurum Press, 1986), p.13.

판단하는, 그릇된, 집단의 신화, 사회주의 언어 등이다.

이제 이데올로기적 담화의 두 번째 특징인 독백주의에 대해서 알아보자. 이데올로기적 담화의 특징인 독백주의는 동일성 사유와 직결된다. 이데올로기적 담화의 주체가 자신의 담화와 현실을 등치시키려는 경향이 있다는 것이다. 이러한 동일화 전략은 다음의 두 가지로 요약된다.

첫 번째, 담화 주체는 자기 스스로를 특정한 행위자(현실, 자연 혹은 신)와 암묵적으로 동일시하여 이 행위자의 대변자로 행위한다. 두 번째, 자신의 담화를 대상 자체에 내재하는 자연스럽고 필연적인 것으로 내세운다. 이러한 동일화 전략은 어떠한 반대도 참지 못하는 독백을 산출한다. 독백은 곧 현실 그 자체인 것이다.

그리고 이러한 이데올로기적 담화의 이원적이고 독백적인 도식은 정적인 것이 아니다. 특정한 시점에서 이데올로기적 담화가 수행해야 하는 정치적 기능에 따라 이 도식의 강도와 급진성도 변하게 된다. 다시 말해서, 이데올로기적 담화의 이원론과 독백주의는 정치적·사회적 갈등이 첨예화되는 정도에 비례해서 강화된다는 것이다. 집단과 계급이 폭력적으로 대결하는 정치적 상황에서는 선과 악, 친구와 적을 날카롭게 구분짓는 전형적인 형태의 이데올로기적 담화가 생겨난다. 물론 이원론적 구성이 비교적 약화된 이데올로기적 담화[71](다양한 자유주의·보수주의·가톨릭·사회민주주의·공산주의)도 있다. 이러한 이데올로기적 담화는 적어도 겉으로나마 애매성이 인정되며, 상대의 논거도 존중되고 있다. 그러나 이런 경우에도 갈등이 첨예화되고, 어떤 정치적·사회적인 사건이 사람들을 자극하면, 이원론적 도식이 즉각 가동된다.

---

71) 약화된 이데올로기적 담화의 예들은 자유주의 진영에서는 고전적 자유주의에서 정치적 자유주의로의 흐름이나, 보수주의적 입장에서는 전통적인 보수주의에서 공동체주의로의 흐름 등이다. 특히, 롤즈(J. Rawls)의 정치적 자유주의나, 테일러(Ch. Taylor)의 공동체주의(자유주의적 공동체주의)는 약화된 이데올로기적 담화의 적절한 예가 될 수 있다. 위에서 지적한 것처럼 약화된 이데올로기적 담화란 겉으로나마 애매성과 양가성이 고려된 이데올로기적 담화를 지칭한다.

2. 경합모델의 불충분성

포스트구조주의의 담화개념에 근거한 새로운 질서에 대한 가능한 해법은 첫 번째, 정치적 허무주의(nihilism)이다. 포스트구조주의에서 제시되는 담화개념에 근거한 타자 개념은 본질적으로 전략적이고 적대적이다. 이는 곧 상호이해라는 것을 불허한다. 따라서 포스트구조주의의 담화 개념은 통약불가능성(incommensurability)이 항상 전제되어 있다.[72] 두 번째, 전략적 수렴이다. 중심과 주변 간의 전략적 제휴로 기술된다. 바로 여기에서 무페의 경합모델의 모호한 위상을 점검할 수 있다. 포스트구조주의의 담화 개념을 전제로 이루어지는 그의 '정치적인 것'에 관한 분석이 상호주관성 문제에 있어서는 정치적 허무주의나 전략적 수렴으로 나아가지 않고 다른 해법으로 나아간다는 점이다.

그럼 무페는 어떻게 상호주관성 문제에 대한 해법을 전개하고 있는가. 무페는 포스트구조주의에서 제시한 담화 역학에 기초하여 '정치적인 것'(the political)을 다음과 같이 규정하였다. "'정치적인 것'의 분석은 인간관계(일시적인 능기와 소기의 고정화로 제시되는)에 내재한 '적대'의 측면을 고려함이다."[73]

그리고 무페는 이러한 '정치적인 것'에 근거하여 '정치'(Politics)의 지향점을 다음과 같이 주장한다. "'정치'의 지향점은 '정치적인 것'에 의해 형성되어지는 잠재적인 갈등이라는 조건 속에서 어떤 특정한 질서를 구하려는 실천, 담화, 그리고 제도의 앙상블(ensemble)이다."[74]

따라서 무페의 경합모델은 '정치적인 것'과 '정치' 사이에 존재하는 내적

---

72) 이러한 통약불가능성을 인정하는 대표적인 학자가 리오타르(J. F. Lyotard)이다. 그는 통약불가능성을 인정하면서 다수의 담화 상황을 인정한다. J. F. Lyotard, The Differend: Phrases in Dispute, tr. Georges Van Den Abbeele (Minneapolis: University of Minnesota Press, 1988), p.xi.
73) Ch. Mouffe, "For an agonistic model of democracy", p.125.
74) ibid., pp.125~126.

긴장에 대한 해결책으로 제시된다. 적대를 내포하는 ‘정치적인 것’에 근거한 새로운 질서의 수립이 무페가 제시한 ‘정치’의 지향점이라면, 그리고 무페가 제시한 ‘정치’의 지향점이 ‘전략적 수렴’을 지칭하는 것이 아니라면, 무페의 경합모델은 어떻게 구성되어 있는가.

첫째, 포스트-정치이론에서 제시된 담화 개념의 수용이다. 이것에 근거해서 무페는 정치공동체의 지형을 기술한다. 특히, 타자 출현과 관련하여 타자 출현의 맥락과 타자 그 자체의 성격은 포스트구조주의에서 제시하는 담화 개념과 동일하다. 둘째, 민주주의라는 시대의식 반영이다. 민주주의라는 정치공동체 구성원의 실천적 경험에서 생성된 민주주의적 가치에 근거하여 무페는 ‘정치적인 것’을 재구성하고 있다. 특히 민주주의의 핵심 가치인 다원주의에 근거하여 포스트구조주의의 담화 개념이 가지는 중심과 주변을 수평화 시킨다. 다시 말해서, 담화의 역학상 생산될 수밖에 없는 전략적·적대적 타자의 주변성을 중심 이데올로기적 담화와 병렬적 관계로 재구성한다. 무페는 이를 “경쟁적 다원주의”(agonistic pluralism)[75]라고 기술한다. 그리고 이러한 재구성은 무페 경합모델의 물질적 터전이다.

이러한 ‘경쟁적 다원주의’ 하에서, 적대적 타자는 파괴되어져야 할 적(enemy)이 아니라 경쟁자(adversary)의 지위를 가진다. 따라서 정치공동체 내에 존재하는 다양한 이념 내지 가치들의 관계는 적들 사이의 투쟁이 아니라 경쟁자들 간의 투쟁[76]으로 전환되고 이러한 투쟁을 통한 합의를 무페는 “투쟁적 합의”[77](conflictual consensus)라 기술하고 있다. 이러한 투쟁적 합의는 정체성이 다른 경쟁 집단들이 사회적으로 인정받기 위해서 투쟁하는

---

75) Ch. Mouffe, "For an agonistic model of democracy", p.126.
76) 다양한 이념들 간의 이루어지는 경쟁을 무페는 구체적으로 인륜적 차원에서 구성된 정치적 원리(ethico-political principles) 즉 자유적 보수주의(liberal-conservative), 사회민주주의(social-democratic), 신자유주의(neo-liberal), 그리고 급직적 민주주의(radical-democratic)들 간에 형성된 경쟁이라고 기술하였다.(ibid., p.127.)
77) ibid., p.127.

열정(passions)들의 산물이고, 이러한 열정의 결집이 상호주관성 문제와 관련하여 의견의 일치뿐만이 아니라 그것의 실천력까지 담보하는 계기로 작용한다. 또한 "투쟁적 합의"는 실용적 근거(pragmatic ground)[78] 안에서 구해지고, 이러한 "투쟁적 합의"에 의해서 제시되는 제반 권력관계 또한 정당한 것으로 제시된다. 따라서 무페에게 있어 권력의 정당성 문제는 경쟁적 다원주의라는 맥락하에서, 그리고 실용적 근거 안에서, 이루어지는 "투쟁적 합의" 그 자체이다.

무페 경합모델의 출발점은 '정치적인 것'이라는 개념에서 출발한다. 이 '정치적인 것'의 개념 속에는 비담화적 실재가 인정되지 않는다. 순수하게 담화 내적인 현상으로서의 '정치적인 것'의 규정이다. 그리고 '정치적인 것'을 구성하는 타자는 담화 역학상 정당한 타자이다. 이러한 규정 속에서 무페는 정치공동체 지형 자체를 재구성한다. "경쟁적 다원주의"라는 개념이 그것이다. 중심과 주변이라는 수직적 체계를 수평적 체계로 재구성함으로써, 중심이데올로기적 담화와 주변이데올로기적 담화를 병렬적 관계로 재구성함으로써 무페 경합모델은 구성된다.

그리고 이러한 재구성의 타당성을 무페는 민주주의라는 시대의식에서 찾는다. 바로 이 지점이 무페 경합모델이 가지는 첫 번째 불충분성이다. 전략적이고 적대적이지만 정당한 타자를 전제로 하는 '정치적인 것'의 개념과 정당한 타자를 주변화하는 현실과의 괴리를 정치공동체 구성원의 민주주의에 대한 보편적이고 실천적인 경험에 근거하여 정치공동체 지형 자체를 재구성하고 있는 것이다.

그러나 무페의 경합모델은 상호주관성문제와 관련하여 그것의 타당성을 검증하기에 앞서 이론적으로 그것의 분명한 모순점을 안고 있다. 모든 것을 담화 내적인 현상으로 환원시키는 무페의 이론적 지향이 민주주의라는 정

---

78) ibid., p.125.

치공동체 구성원의 보편적 실천을 이론적으로 허용하지 않기 때문이다. 그리고 이를 설혹 허용한다고 하더라도, 민주주의에 대한 정치공동체 구성원의 정치적 경험이 적용되는 공간이 서구사회라는 점에서 무페의 경합모델은 다분히 서구 중심적이라는 것이다. 민주주의라는 보편적 경험 위에 기술되는 무페의 경합모델은 분명히 서구 민주주의에 대한 사회통합의 가능성으로서 제시된다.

무페의 경합모델의 두 번째 불충분성은 '실용적인 근거'라는 선험적이고 동질적인 조건과 관련된다. 결국, 이러한 선험적이고 동질적인 조건에 의해서 각각의 이념들은 그것의 타당성을 검증받을 수 있으며, 이러한 조건에 가장 부합되는 이념이 선택된다. 결국, 이러한 무페의 재구성 전략은 무페 자신이 '심의민주주의(deliberative democracy)'에 가했던 비판을 그대로 받을 수 있다. 합리적이고 보편적인 합의에 대한 지향점을 가지는 심의민주주의에 대한 무페 비판의 핵심은 도덕(morality)와 인륜(ethics)의 엄격한 분리 속에서 합리성(rationality)에 의해서 지배되는 보편적인 도덕적 관점(moral point)[79]에 있었다.[80] 하지만 그 자신 또한 보편적인 도덕적 관점을 기술하지는 않지만 '투쟁적 합의'를 이루기 위한 선험적이고 동질적인 관점을 제시하고 있다. 단지 심의민주주의에서 제시되는 관점과 다른 점이 있다면 인륜적 관점에서, 다시 말해서 '좋은 삶'(good life)라는 수준에서 제시된다는 점이다.

---

79) ibid., p.124.

80) 롤즈(J. Rawls)가 정치적 자유주의를 논하면서 도덕적 담론에 특유한 추론 방식을 채택함으로써 도덕적 제약 아래서 이해관계를 합리적으로 조율해 가는 과정과 정치적인 과정을 등치시켜 버렸다는 것이다. 그 결과 정치적인 것의 필수적인 구성요소일 수밖에 없는 "갈등, 적대, 권력관계, 종속과 억압의 형태 등이 송두리째 증발"하고 만다.(Ch. Mouffe, The Return of the Political, p.49.) 이러한 비판은 하버마스 상호주관성 이론에도 해당된다. 결국, 심의민주주의는 슈미트(C. Schmitt)의 경제 중심의 자유주의의 이념에 대한 대안적 방식으로 제시됨으로써 정치를 윤리학의 문제로 전환시켰다. Ch. Mouffe, "For an agonistic model of democracy," p.124.

소통의 정치학

IV. 정치공동체의 지형:

메를로–퐁티의 생활세계

IV. 정치공동체의 지형: 메를로-퐁티의 생활세계

　하버마스의 의사소통이론이 정치의 이상화 내지 정치의 철학화를 주장하는 것과는 달리 무페의 경합모델은 실제적 생활세계에 토대한 분석이다. 기존의 사회적 가치와 제도가 가질 수밖에 없는 이질성에 대한 고려, 그리고 이러한 다양한 이질성에 근거한 사회통합에의 가능성을 무페의 경합모델은 전개하고 있다.[81]

　그러나 무페의 경합모델이 가지는 사회통합에 대한 불충분성은 실제생활세계에 대한 무페의 분석이 포스트구조주의의 담화 개념에 근거해 있기 때문이다. 실제 생활세계에 대한 '사회적인 것'의 개념과 이것으로부터 산출되는 '정치적인 것'의 개념을 무페는 데리다의 담화 개념에 근거하여 제시하고 있다. 이럼으로써, 무페는 다양한 이질성간에 이루어질 수 있는 합의 가능성의 준거점을 '실용적 근거'라는 선험적이고 동질적인 조건을 내세운다. 이는 곧 무페가 하버마스에게 가한 비판을 고스란히 무페가 다시 받을 수 있음을 의미한다. 무페가 하버마스에게 가한 비판의 핵심이 보편적 도덕적 관점의 허용이라고 할 때, 무페 또한 선험적이고 동질적인 조건을 내세우다는 점에서 그리 나아보이지 않는다.

　이러한 무페의 경합모델이 가지는 불충분성을 극복하기 위해서 무페가 제시하는 '사회적인 것'과 '정치적인 것'의 원본적인 의미를 고찰함으로

---

81) 홍원표는 주관주의를 동일성을 강조하는 '배제의 정치'로, 포스트모더니즘은 타자성을 강조하는 '과잉의 정치'로 기술한다. 홍원표, "정치적 탈근대성과 정치공동체: 배제·과잉·균형의 정치," 『한국정치학회보』 제31권 제1호(1997), pp.7~26.

써, 새로운 상호주관성이론을 위한 토대를 마련하고자 한다.

이를 본 논문 본 장에서 실존철학자 메를로-퐁티(M. Merleau-Ponty)의 입장에서 '사회적인 것'과 '정치적인 것'의 원본적인 의미를 고찰하고자 한다. 이러한 고찰에 앞서, 왜 하이데거(M. Heidegger)나 사르트르(J. P. Sartre)가 아닌 메를로-퐁티인가? 라는 의문, 다시 말해서 메를로-퐁티의 실존철학은 포스트구조주의의 담화개념을 수용하는가[82]라는 의문에서 본 장을 시작하고자 한다.

하이데거에 의해서 후설의 관념론적 현상학은 실존철학적 현상학으로 변형된다. 하이데거의 목표는 세계내 존재로 이해되는 존재자로서의 현존재(Dasein)의 구조와 의미를 밝히는 것이다.[83] 따라서 하이데거의 실존철학적 현상학은 기초존재론(fundamental ontology)으로 정립되어 실존의 범주를 밝히고 현존재와 세계의 관계를 분석한다.

그러나 하이데거의 이러한 실존철학적 시도는 결국, 근원적인 토대와 존재의 계시(啓示)적 성격에 대한 집중적인 탐구로 변형된다. 비록 의미는 세계에 주어지는 것이 아니고 인간이 세계와 만날 때 세계에 의해 부과된다는 하이데거의 주장이 강한 실존철학적 경향을 가지지만 결국 존재가 인간을 드러내지 인간이 존재를 드러내는 것은 아닌 것이다. 따라서 인간은 근본적으로 무(nothing)에 기초하고 있는 존재의 계시자로 제시된다. 이러한 하이데거의 초형이상학(超形而上學)으로의 전환은 후설의 관념론적 현상학과

---

82) 상호주관성 문제에 대한 중심에 포스트구조주의의 담화 개념이 자리잡고 있다. 하버마스는 자신의 재구성 작업에 관점을 제공한 것이 "포스트구조주의적 이성비판에 의한 도전"(J. Habermas, The Philosophical Discourse of Modernity, tr. F. Lawrence (Cambridge: Polity Press, 1987), p.xix.)이라고 밝히고 있다. 하버마스는 이러한 포스트구조주의의 담화 개념을 도덕과 인륜의 엄격한 분리 속에서 보편적·도덕적 관점에서 상호주관성이론을 재구성하고 있다. 무페의 경우에는 포스트구조주의의 담화개념을 전적으로 수용한 채로 상호주관성이론을 재구성하고 있다. 이에 본 논문의 실존적 차원에서의 상호주관성이론은 포스트구조주의의 담화 개념에 대한 원본적 의미를 규명함으로써 무페의 경합모델이 가지는 한계점을 극복하고 있다.

83) M. Heidegger, Sein und Zeit (Halle: Niemeyer, 1927), pp.52~62.

매우 유사하다.

　현상학을 실존적 차원에서 재구성하려는 사르트르의 작업은 의식으로서의 실존이라는 개념에 기초하고 있다. 그의 현상학적 존재론(phenomenological ontology)의 존재는 하이데거의 현존재가 아니라 의식의 분석이다. 『존재와 무』에서 보여주는 그의 현상학적 분석은 '의식의 무'를 산출한다. 실존의 본질로서의 의식은 근원적인 무로 완전히 투명하여 어떤 내용도 갖지 않는다. 즉 의식으로서의 자아는 존재의 완전한 결핍이다. 즉자, 대자에 대한 그의 구분을 살펴볼 때 이 관념은 보다 명백해진다.[84]

　사르트르는 즉자와 대자를 구별함으로써 주체와 객체의 완전한 해체를 결과한다. 즉자는 의미와 내용이 풍부한 저 밖에 있는 비의식적이고 모호한 실재의 세계이다. 대자는 인간의 의식 자체이다. 즉 대자는 세계의 좌성을 대변하는 의식적이고도 투명한 자발성이다. 대자는 공허하고 명료하며 투명한 의식의 무이다. 그에 의하면 의식이라는 대자로부터 즉자의 분리는 본질적이다. 이러한 맥락에서 사르트르 사상의 핵심 개념인 자유가 위치한다. 인간은 자유로우며, 자유롭기 위해서는 모든 결정론(determinism)에서 절대적으로 해방되어야 한다. 따라서 의식은 무를 소유해야 하고 비규정적인 내용으로 채워져야 한다. 무가 아닌 의식은 결정된 것이고 따라서 인간은 자유로울 수 없다. 이러한 이유에서 인간 자유는 무에서 세계로 던져진 의식의 가능성에 절대적으로 의존한다. 이러한 의미에서 사르트르는 "존재는 활동"이라는 "행동의 철학"에 도달하는 것이다.[85]

　절대적으로 자유로운 대자로서의 인간이라는 개념은 사르트르의 극단적인 개인주의(individualism)를 이해하게 해 준다. 사회적 실재에 대한 사르트르적 견해가 기초하는 개인주의는 순수한 자유로운 의식으로서의 인간

---

84) 이러한 점에서 사르트르의 현상학을 실존철학과 구별되는 실존주의라고 (신인섭, "메를로-퐁티와 시뮐라크 현상학," 『철학』제77권(2003), 참조.)지칭할 수 있다.

85) J. P. Sartre, Being and Nothing, tr. Hazel Barnes (New York: Philosophical Library, 1956), pp.431~556, 특히 431~438과 475~480. 참조.

에 대한 이해에 의해 조건지워진다. 타자의 의식을 대변하는 하나의 의식은 필연적으로 이 의식을 대상화하고 그리하여 타자의 의식을 무화시키는 기루에 도달한다.[86] 그에 의하면 투명하고 순수한 주관성으로서의 의식은 또 다른 주관성의 대상이 될 수 없기 때문에 이러한 참담한 사태는 필연적이다. 이러한 사태는 또한 우리가 다른 주체의 객관적인 시선에 포착되면 자유의 조건은 위협받는다. 우리는 타자에 의해 '무언가'로 규정될 위험에 직면하는 것이다. 이러한 사르트르의 개념 때문에 공동체의 가능성이 손상되고 지속적이고 내적인 갈등으로서의 사회라는 개념에 귀결된다. 대자는 타자에 대해 끊임없이 투쟁하고 도피하는 개별자로 체화(體化)되는 것이다.[87]

사르트르의 실존주의가 세계와 실존적 의식의 분리로부터 전개되었던 것과는 달리, 메를로-퐁티의 실존철학은 의식의 필연적인 세계 귀속성을 강조한다. 하이데거와 사르트르와는 달리 메를로-퐁티는 상호주관적 생활세계의 현상학을 전개한다. 개별자의 순수의식에 대한 사르트르의 강조와는 달리, 메를로-퐁티는 신체적 주관의 지각현상을 강조한다. 그는 근원적인 세계귀속성과 세계내 현존에 대한 현상학을 전개한 것이다. 세계를 강조하는 경험론적·실재론적 현상학과 의식을 강조하는 관념론적 현상학에 대립하여, 메를로-퐁티는 의식과 세계의 변증법적 상호관계를 강조하는 변증법적 현상학을 전개한다.

---

86) ibid., pp.221~223.

87) 달마이어(F. Dallmayr)는 이러한 사르트르의 논의가 전통의 뿌리깊은 주체-객체, 의식-존재라는 이분법에 기초하고 있다고 비판한다. 사르트르는 전통적인 인식론의 영향 속에서 후설의 상호주관성 개념을 벗어나지 못하고 있다. 특히 사르트르는 상호공존의 실존상황이 갈등적이라고 보고, 인간의 실존적 조우도 적대적인 투쟁의 만남으로 파악하고 있다. 이때 타인의 존재는 나의 부재를 의미하게 된다. 그러나 달마이어에 의하면 갈등을 전제함으로써 "우리"라는 개념은 더 이상 존재론적으로 불가능해진다. 타인과 함께 존재한다는 것은 타인과 우호적으로 공존한다는 것을 전제해야만 가능하다. 인간의 존재가 갈등적이라는 것은 함께 공존할 수 없다는 것을 의미한다. 갈등적 상황 속에서 인간은 상호주관적 존재가 될 수 없고 단지 자아의 주관성이 이니셔티브를 갖게 될 뿐이다. 결국, 달마이아는 사르트르의 상호주관적 공존에 대한 논의가 자아에서 출발하여 결국 자아론적 주관론(egological subjectivity)에 머물렀다고 비판한다. F. Dallmayr, Twilight of Subjectivity (Amherst: The University of Massachusetts Press, 1981), p.83.

후설에게처럼 메를로-퐁티도 본질을 추구한다. 그러나 두 가지 점에서 다르다. 첫 번째, 본질은 실존에서 발견되고 실존으로 대체된다. 두 번째, 완전한 환원이 불가능하므로 현상학의 주된 관심사는 순수본질이 아니다. 따라서 현상학적 환원에 의해 구체적인 현존재나 순수본질이 밝혀지는 것이 아니라 오히려 신체적 주관에 기초한 세계내 존재가 드러난다. 근원적인 환원의 결과는 의식의 선험적 주관성이나 의식의 순수한 무가 아니라, 세계와 인간의 견고한 관계에 대한 의식이다. 그리하여 세계는 인간에 의해 체험되는 것이다. 인간의 세계 귀속성에 대한 이러한 견해는 의식의 투명한 무에 기초한 자유라는 견해와는 대립된다. 자유는 사르트르에서처럼 절대적이고 무조건적인 것이 아니라, 신체주관과 세계간의 조건적이고 상황적인 상호작용이다.[88]

신체주관과 세계와의 변증법적 통합으로서의 인간의 세계 귀속성은 근원적인 상호주관성에 도달한다. 생활세계의 상호주관성이 발견됨으로써 인간의 본질적인 사회성이 밝혀지는 것이다. 인간은 세계내 존재할 뿐만이 아니라 타자와 함께 존재한다. 인간의 원초적이고 지향된 세계에서의 존재방식은 공동세계의 상호주관성에서 보여진다. 생활세계의 근본적인 사회성은 사르트르의 의식의 소외된 투쟁으로서가 아니라 주체들간의 상호호혜성으로 경험된다. 인간은 철두철미 사회적이면서, 철두철미 관계적이다. 인간의 본래적인 세계내 존재방식의 탐구는 지각의 우선성을 강조한다. 왜냐하면 '사물 자체에로' 도달하기 위해서는 세계, 즉 원초적인 지각으로 복귀해야 하기 때문이다. 원초적인 것은 의식도 존재도 아니며, 지각 속에서 발견되는 세계 자체와 인간과 세계간의 관계이다. 지각에서 드러나는 세계는 "의미의 요람, 근원적인 방향, 모든 사유의 토대이므로 우리는 더 이상 나아갈 수 없다."[89]

---

88) M. Merleau-Ponty, Phenomenologie de la perception (Paris: Gallimard, 1945), pp.서문 i-xvi.
89) ibid., p.492.

메를로-퐁티에 의하면, 근원적인 세계 지각은 세계에 기존(旣存)하는 로고스(이성)와 의미를 전제한다.[90] "세계와 인간의 본래적인 관계에 이미 현존하고 있는 애매하나 근본적인 로고스인 것이다."[91] 이는 곧 지각의 우선성은 사물, 진리, 가치가 인간에 대해서 구성되는 순간의 인간의 현존방식은 지각경험임을 즉 지각은 발생하고 있는 로고스라는 것을 의미한다. 따라서 지각은 의미 발생의 근원으로서 자리매김한다. 따라서 지각이 의미 발생의 근원임은 의미가 지각 차원의 본질인 애매성에 근거함을 지시한다. 이러한 애매성 개념이 메를로-퐁티 실존철학의 핵심 개념인 동시에 메를로-퐁티의 실존철학이 포스트구조주의의 담화 개념을 수용하고 있음을 나타낸다. 포스트구조주의의 담화 개념의 핵심이 담화구성체의 구조적 선택성과 배제성이라는 점에서 그리고 메를로-퐁티의 핵심 개념이 애매성이라는 점에서 메를로-퐁티의 실존철학과 포스트구조주의의 담화 개념이 가지는 상관관계를 엿볼 수 있다.

1. '사회적인 것' 의 원본적인 의미: 애매성

이상화된 생활세계로 재구성된 하버마스의 생활세계는 결국, 하버마스 의사소통이론의 아킬레스 점이라는 사실은 위에서 입증되었다.—이념소로서 작동하는 그의 생활세계 개념 때문에 그의 의사소통이론은 교조주의적 성격을 띤다.—이분법적 논리에 의한 이념소로서의 생활세계는 결국, 하버마스의 의사소통이론을 이데올로기로 변질시킨다. 그의 변증법적 전개에서 기술되는 생활세계의 위상이나 그것의 운동 논리는 이데올로기로서의 생활세계 개념을 뒷받침한다.

---

90) ibid., pp.서문 xi, xvi.
91) P. Thevenaz, What is Phenomenology? and Other Essays, trs. J. M. Edie, C. Countney, and P. Brockelman (Chicago: Quadrangle Books, 1962), p.88.

이제, 실존적 차원에서 생활세계를 재구성해 봄으로써, 즉 이데올로기가 없는, 그리고 합의와 이해를 위한 총체적 동질성으로 제시되는 생활세계 개념 대신에 갈등과 모순이 존재하는 생활세계로의 전환을 시도한다. 이럼으로써 실존적 차원에서 제기되는 생활세계의 불완전성—포스트—정치이론에서 제시되는 생활세계의 불완전성 즉, 담화구성체 내지 헤게모니 구성체의 구조적 선택성과 배제성에 근거한 불완전성이 아니라 이것에 대한 원본적 의미로서의 '애매성'에 근거한 생활세계의 불완전성이 실존적 의미에서의 생활세계의 불완전성이다—에 대해서 고찰한다. 이러한 고찰은 정치학 일반에 대한 재기술을 요구한다.

이를 위해서, 생활세계(lifeworld)가 주체(subject)에 대해서 가지는 맥락(context)에 대해 재고찰한다. 이는 곧 주체가 세계에 대해서 가지는 의미—지평[92]에 대해 실존적 차원에서 근본적인 근거를 분석함이다. 이럼으로써 문화(언어), 그리고 제도들이 근거하는 '원본적 의미'를 살펴봄으로써 상호주관성 이론을 위한 제 3의 접근법을 제시한다.

주체에 대한 생활세계의 맥락을 실존적 차원에서 재고찰함은 실제 생활세계가 가지는 갈등과 모순에 대한 원본적 의미를 고찰함이다. 이것은 지각 차원의 본질이라 할 수 있는 애매성의 개념을 통하여 의미(sens)와 감각적인 것(le sensibl), 초월(transcendance)과 내재(immanence) 사이의 긴밀한 관계를 고려함이다.

지금까지의 정치학의 지형이 동질성과 이질성이라는 이원론적 대립에 의

---

92) 지금까지 언어, 주체, 그리고 세계와 관련해서 제시되는 의미론은 크게 두 가지로 대별된다. 1. 언어의 도구화—언어는 선재하는 관념을 제시한다. 이러한 경향은 합리론과 경험론 양자에서 공히 보여주는 것이다. 의미는 보편적인 관념에서 나오며 그 보편적인 관념들은 언어에 의해 표현(expression)되고, 각각의 화자에 의해 개별적인 형식을 가진다는 주장과 의미는 사물에서 오고 그 사물들은 언어에 재현(representation)된다고 주장한다. 2. 언어의 절대화—의미 발생은 보편적인 관념이나 사물에서 오는 것이 아니라 '언어' 그 자체에서 발생한다는 입장이다. 이러한 경향은 언어의 자의성에 근거하여 의미 발생은 원천은 언어 자체의 내적 체계에 의해서 제시된다.(선택성과 배제성)

해 서로의 타당성을 입증시켰다면[93], 이제 '애매성' 이라는 개념으로 원칙이 없는 기회주의(opportunisme)와 독단의 교조주의(dogmatisme)를 배격하고 제 3의 길을 제시한다. 이러한 애매성 개념은 모더니즘에서 제시되는 '합리성' (rationality) 차원과 포스트모더니즘에서 제시되는 '우연성' 의 차원이 공존하는 변증법(dialectic)[94]인 것이다.

실존적 차원에서 주체에 대한 생활세계의 맥락을 분석함은 문화(언어), 그리고 제도들에 대한 '원본적 의미' 를 규명하는 것으로 귀착된다. 이럼으로써, 정치공동체 내에서 '정치적인 것' (the political)의 진정한 의미는 무엇인지, '정치(학)' 의 지향점의 진정한 의미는 무엇인지, 그리고 역사의 진정한 의미는 무엇인지를 재고찰할 수 있다. 개인들의 자명한 의식에 의해서 문화(언어), 그리고 제도들이 구성되어지는 것이 아니라 지각적 차원에서 신체─주체가 세계와 가지는 관계에 의해서 이것들의 의미가 산출된다.

그러면 지각적 차원에서 신체─주체와 세계는 어떤 방식으로 소통하는가? 메를로 퐁티(M. Merleau-Ponty)는 그의 『지각의 현상학』에서 이것에 대해서 다음과 같이 기술하고 있다. "몸의 감각작용은 일종의 교류(une

---

93) 모더니즘(modernism)과 포스트모더니즘(postmodernism) 사이의 논쟁에서 볼 수 있다. 모더니즘에 대한 비판이 강력한 것일수록 필연적으로 포스트모더니즘의 성향을 띠게 된다. 그러나 포스트모더니즘의 논의들이 가지는 한계, 즉 의미와 진리, 합리성, 선, 옳음 등의 문제에 관한 어떤 공통된 기준도 가질 수 없음은 의사소통의 기반마저 부인하기 때문에 결국에는 허무주의(nihilism)로 귀착된다. 이러한 상황에서 모더니즘은 다시 포스트모더니즘의 극복을 위한 유일한 대안이 된다.

94) 이러한 메를로-퐁티의 변증법 개념 즉, 애매성에 근거한 변증법 개념을 가다머(H-G. Gadamer)는 그의 책 『헤겔의 변증법』에서 증명하고 있다. 가다머는 헤겔 변증법의 애매성에 대해 기술하면서 다음과 같이 설명한다. "헤겔의 사변 관념론이 주장하는 매우 포괄적인 종합은 해결할 수 없는 하나의 긴장을 내포한다. '변증법' 이라는 단어의 의미는 헤겔에게서 긴장의 변화된 방법으로 나타난 것이다. 특히 '변증법적' 이라는 말은 한편으로 모든 반대와 모순 안에서의 통일된 전체와 전체적 통일 모두를 지각할 수 있는 이성의 관점을 특징짓는 것을 뜻할 수도 있다. 그러나 다른 한편으로는 오래된 단어의 의미에 따를 때 변증법이란 모든 모순을 해결할 수 없는 모순의 '일정' 지점까지 고양시키는 것으로 생각할 수 있다. 다시 말해서 이성의 관점에서 볼 때 변증법이란 충만된 공동체의 긴장 속에서 모순이 함께 존재할지라도 무의미한 언어의 심연 속으로 우리의 사고를 내던지는 모순된 작업이라 할 수 있다." H-G. Gadamer, Hegel' s Dialectic (New Haven: Yale University Press, 1976), p.110.

communion)이며 '지향적'이다. 감각이 지향적이라 말하는 것은 감각적인 것에서 어떤 실존의 리듬을 발견할 수 있기 때문이다."[95] 이것은 곧 정신이 발동하기 전에 감각은 밖에 무언가 존재한다는 것을 애매하게 감지하고 몸이 일정한 방식으로 정립작용을 한다. 이러한 정립작용은 곧 '상황'에 대해서 몸이 구조화된 지각을 지니고 있음이다. 몸이 직면하고 있는 상황이 요구하는 형식들을 이미 자신 속에 구조화하고 있는 것이다. 다시 말해서, 몸이 지각되는 세계의 구체적인 상황들을 구조화한다는 점에서 경험 이전의 것이지만 세계에 대한 경험으로부터 획득된다는 점에서 실질적이다.[96]

이렇게 구조화된 신체-주체의 '몸의 도식'[97](la schema corporel)은 의미와 대상의 통일성을 기술한다. 몸에는 시각적인 경험과 청각적인 경험이 서로 함축되어 있으며, 이것들은 시각세계의 선술어적(선관점적) 통일성을 기초짓는다.[98]

그러므로 몸의 도식에 의해서 술어적 표현과 지성적인 의미가 가능해진

---

95) M. Merleau-Ponty, Phenomenologie de la perception, p.서문 3.
96) 메를로-퐁티는 이를 실질적 선험성(a priori materiels) 혹은 선험적 구조(la structure a priori)라고 하였다. M. Merleau-Ponty, La Struture du comportement (Paris: P.U.F., 1977), p.186.
97) 몸이 지각되는 세계의 구체적인 상황들을 구조화하는 중심에 '몸의 도식'(la schema corporel) 개념이 자리한다. 메를로-퐁티는 이러한 몸의 도식을 다음과 같이 기술한다. "우리가 몸의 도식이라 불렀던 것은 다른 운동적 과제들이 순간적으로 전이될 수 있도록 하는 등가의 체계이다. 이것은 몸의 도식이 나의 신체적 경험이라는 것뿐만이 아니라 세계내 존재로서의 나의 신체의 경험이라는 것을 의미하고 언어의 명령에 운동의 의미를 부여하는 것이 몸의 도식이라는 것을 의미한다."(ibid., p.165.) 이와 같이 몸의 도식은 "감각 상호간의 등가 및 전위의 즉응적 체계"(ibid., p.271.)로 해석함으로써 몸의 통일성을 이해할 수 있는 기초를 제공한다.
98) 공동체 구성원들의 체험적 공통성의 선술어적 성격은 비트켄슈타인(L. Wittgenstein)의 『지식의 확실성』에서 '펀더멘탈'(the fundamental)이라는 개념으로 재확인할 수 있다. 비트켄슈타인은 펀더멘탈을 언어게임(language game)의 본질이라고 규정한다. "우리가 어려서부터 배워 온 오랜 세월동안 사용한 언어게임을 실행한 결과가 바로 경험적 명제들에 대해서 되물을 가능성을 원천적으로 배제하도록 만들었다는 것이다. 결국, 우리가 사용하는 무수히 많은 문장들 중에서 일부는 확실성을 지니게 되며, 그러한 확실성을 가져다주는 것은 곧 언어게임의 본질에 속하는 문제"(L. Wittgenstein, On Certainty (Oxford: Basil Blackwell, 1969), p.370.)라고 논의하고 있다. 그리고 이러한 언어게임의 본질을 펀더멘탈이라 부르면서 비트켄슈타인은 펀더멘탈의 성격에 대해 다음과 같이 기술하고 있다. "펀더멘탈은 의심을 넘어서는 일종의 규칙과 같은 것"(ibid., p.519.)이라고 하면서 이 때의 규칙이란 "논리학의 명제와 같은 것이다"(ibid., p.319.)라고 하였다.

다. 넓은 의미에서 보자면 몸 도식은 우리와 세계가 소통할 수 있게 하는 근거인 것이다. 이해한다는 것은 우리가 보고 있는 것과 주어진 것 사이에서, 의도와 실천 사이에서 조화를 경험한다는 것이고, 몸은 세계에 닻을 내리는 우리의 정박지인 것이다.[99] 따라서 몸은 세계를 구조화하기도 하지만 동시에 세계와 하나 되기 위해 적응하는 과정에서 세계로부터 일정한 형태를 받아들여 자기를 자기 속에 구조화한다.

이러한 구조화된 몸의 도식을 메를로-퐁티는 '일반화된 실존의 흔적'[100]이라 기술하였다. 일반화된 실존은 자아(I)와 타자(the other)가 완전히 분리되지 않은 선소여된 세계이며, 선개인적인 세계를 의미한다. 이는 곧 타자와의 체험적 통일성(experienced unity)을 의미하다.[101]

이를 메를로 퐁티는 "타자의 몸과 나의 몸은 유일한 하나의 전체이고, 현상의 안과 밖이다. 내 몸은 순간마다 익명적인 실존의 흔적이 되는데, 이 익명적인 실존은 두 몸이 동시에 거주한다"[102]라고 기술한다. 따라서 생활세계에 대한 주체의 최초의 관계는 '상호신체성(intercorporeite, 相互身體性)에 의한 상호주관성(intersubjectivite, 相互主觀性)'로 귀착된다.[103] 이러한 상호신체성에 의한 상호주관성은 곧 한 정치공동체 구성원의 의사소통 행위를 설명한다.

---

99) M. Merleau-Ponty, Phenomenilogie de la perception, p.169.

100) ibid., p.399.

101) 세계내 존재로서 구조화된 '몸의 도식'에 근거한 체험적 상호관계가 가지는 결과물인 체험적 공통성을 메를로-퐁티는 아동의 타자인식을 실례로 든다. "생후 15개월 영아는 내가 놀이 삼아 그의 손가락 하나를 나의 입에 넣어 무는 시늉을 하면 입을 열어 보인다. 그러나 영아는 결코 거울 속의 자기 얼굴을 본 적이 없고 영아의 치아는 나의 것과 유사하지도 않다. 사실인즉, 영아가 내부에서 느끼는 대로의 그 자신의 입과 이는 즉각적으로 그에게는 무는 장치이고 영아가 외부에서 보는 대로의 나의 턱은 즉각적으로 그에게는 동일한 의도를 수행할 능력을 가진다. 무는 것은 즉각적으로 그에게는 상호주관적 의미를 가진다." (ibid., p.404.)

102) ibid., p.406. 이러한 맥락에서 한나 아렌트의 공동 감각(common sense)은 일반화된 실존의 흔적인 '세계내 존재로서 구조화된 몸의 도식'과 일맥상통한다. 한나 아렌트의 공동 감각이란 "누구나 다 나와 같을 것이다"(H. Arendt, Lectures on Kant's Political Philosophy, ed. R. Beiner (Chicago: The University of Chicago Press, 1982), p.69.)라는 느낌이다. 그리고 이러한 느낌은 "우리로 하여금 공동체에 어울리게 해주는 별개의 감각이다." (ibid., p.70.)

의미(이론)와 실천의 조화로써 경험되는 정치공동체 구성원간의 의사소통 행위는 상호신체성이 가지는 정치공동체 구성원간의 체험적 공통성에 기반한다. 이런 점에서 후기 비트켄슈타인이 그의 책 『철학적 탐구』에서 기술한 의사소통 가능성에 대한 토대로서의 '삶의 형태의 일치'는 위의 상호신체성에 의한 상호주관성과 일맥상통한다.

상호신체성에 의한 상호주관성이 지각적 차원에서 이루어진다는 점에서, 세계에 대한 신체-주체들의 '체험적 공통성'이 산출하는 세계에 대한 의미화는 어떤 특성을 지니는가? 지각차원의 본질이라 할 수 있는 '애매성' 개념이 '체험적 공통성'이 산출하는 의미화의 근거이다. 순수의식과 명확히 변별적인 신체-주관은 주-객 분리 이전의 주체이다. 따라서 세계는 순수의식 앞의 광경이 아닌 지각 주체 자신도 직접 입회한 가시성 자체이다.

다시 말해서, 세계는 유아론적 관점에서 구성되는 것이 아니라 신체-주체와 교차적으로 상호 침투되어 구성되는 것이다. 그러므로 애매성이야말로 데카르트와 칸트의 주체와 결별한 지각 주체의 상징이다. 이제 애매성은 실존의 불완전성을 의미하는 부정적인 개념이 아니라 시간과 세계에 끼어들 수 있는 조건으로서의 상호신체적 자아인 동시에 사유 주체가 되는 한에서의 실존 그 자체이다.

이러한 애매성이 상호신체성에 의한 상호주관성의 근거라면 문화(언어), 제도, 자유, 정치일반, 그리고 역사의 차원들을 새롭게 기술할 수 있다. 의미의 발생이 상호신체성에 의한 상호주관성에 의해서 발생된다는 점에서 문화(언어)는 이것에 대한 표층적 의미만을 지닌다.[104] 여기서 표층적인 의

---

103) 상호신체성에 의한 상호주관성의 한 예로써 메를로-퐁티는 다음과 같이 기술한다. "우리는 화난 모습을 볼 때, 분노를 생각하는 것이 아니라 그냥 볼 뿐이다. 우리는 그러한 동작을 취할 때 가졌어야 할지도 모르는 느낌들을 우리 자신에게 불러일으킬 필요가 없다. 나의 동작은 타인의 행동에서 읽혀지는 의도이고 동작의 이해는 나의 의도와 타인의 동작의 상호성에 의해 획득된다. 따라서 동작으로 말미암아 내가 분노를 생각하게 되는 것이 아니라 동작이 분노 그 자체인 것이다." (ibid., p.215.)

미만을 지닌다는 것은 상호신체성에 의한 상호주관성의 근거가 되는 '애매성'이 탈화된 채로, 명확하고 자명하게 선택성과 배제성을 지닌 문화(언어)로 구성되어짐을 의미한다. 따라서 문화(언어)는 애매성에 근거하지만 애매성이 탈화된 경직된 형태로 의미체계를 구성한다. 그리고 이러한 문화(언어)는 구체적인 제도(institution)들을 구성한다.

이러한 구조적 선택성과 배제성을 지닌 문화와 제도는 이중적인 의미를 나타낸다. 첫 번째, 문화와 제도는 명확하고 경직된 형태로, 선택과 배제의 논리로, 정치공동체 구성원의 (대상화된)경험적 상호관계의 지속성을 부여한다. 두 번째, 이러한 지속성이 상호신체성에 의한 상호주관성의 애매성을 정치공동체내에 다양한 이데올로기적 담화와 다양한 실존적 삶의 형태를 표면화시킨다는 점—이것들이 진정한 의미에서의 '정치적인 것' 들이다—에서 긍정적이다.

결국, (대상화된)경험적 상호관계의 지속성을 담보하는 문화나 제도가 '일상의식의 파편화' 를 주도한다. 이러한 문화나 제도가 담보하는 (대상화된)경험적 상호관계의 지속성 때문에 새로운 경험의 질서가 의미를 지니게 되고 또 다른 역사를 형성하게 된다.[105] 이는 "과거 유물이나 잔재로서가 아

---

104) 문화와 언어에 대한 하버마스와 포스트—정치이론가들의 논의를 살펴봄으로써 실존적 차원에서의 이것들의 의미는 더욱 명확해진다. 하버마스의 경우, 문화와 언어는 생활세계의 구성요소로서 정치공동체 구성원에 대해서 맥락적 의미만을 지닐 뿐만이 아니라 동질적이고 보편적인 해석의 원천으로 작용한다. 반면에 포스트—정치이론가들에게 있어서 문화와 언어는 특수성과 당파성을 지니고 있다. 그리고 이들에게 있어서 의미의 발생은 문화와 언어의 불완전성에 기인한다. 따라서 포스트—이론가들에게 있어서 의미 발생의 근원은 문화 혹은 언어 그 자체에 기인한다.

105) '경험의 지속성' 이 가져다주는 새로운 경험에 대한 의미화는 가다머(H. Gadamer)가 그의 책 『Truth and Methods』에서 논의한 경험 개념과 일맥상통하다. 가다머에 의하면 경험에는 세 가지 혹은 계기가 있다. 귀납적 요인, 변증법적 요인, 실존적 요인이 그것이다. 1. 귀납적 요인—경험의 귀납적 성격이란 누적되고 반복될 수 있는 특성을 말한다. 어떤 경험이 다른 증거에 의해 부인되거나 다른 경험에 의해서 모순되지 않는 한 유효하다는 의미에서 귀납적이다. 그러나 경험의 반복적인 성격만을 강조하게 되면 경험의 놀라움과 당황스러운 측면들을 놓치게 된다. 경험한다는 것은 한편으로는 기대에 부응하고 그것을 확인하는 것이지만 다른 한편으로는 기대하지 못했던 새로운 것과 조우하고 겪게 된다는 것이다. 이때 후자는 부정적인 함의를 갖는다. 왜냐하면 경험

니라 후속차원의 호출과 미래의 요구로서 내 안에 의미를 축적해 간다.”[106]
따라서 문화와 제도는 인간의 역사를 합리성과 우연성 사이에 위치시키는
동시에 역사가 보편적 의미라는 환상을 포기하는 순간부터 스스로를 만들
게 된다는 것을 말해 준다. 결국, 문화와 제도는 생활환경으로 이해되어야
하는데, “이론과 실천 사이 및 문화와 인간 노동 사이에, 각 시대간에, 여러
삶 사이에, 그리고 심사숙고된 행동들과 그들이 나타난 시간 사이에는 우연
적이지도 않고 전능한 논리에 입각하지 않은 유사성과 친화력(affinite)이
있어야 함”[107]을 요구한다.

문화와 제도가 체험적 공통성에 근거함은 문화와 제도의 의미가 애매성
에 근거함을 기술한다. 이는 곧 문화와 제도의 개방성으로 연결된다. 그래
서 역사는 나와 세계 사이의 실제적인 동시에 상징적인 얽힘과 어느 정도는
숙고되고 이치에 합당한 나와 타자의 긴밀한 유대를 표현하는 동시에 미래
의 결과들을 함축한 채로 태어나는 것이다. 애매성은 새로운 미래를 열면서
새 차원을 창조하고 의미를 창출하는 인간적 사건의 능력이 된다. 문화는
자연과 단절되지 않는, 인간이 고안하고 수정하는 제도화의 차원(광의적
의미에서)인 것이다.

여기서 정치야말로 인간 문화의 가장 상징적이고도 결정적인 제도들 중
의 하나이다. 정치에 있어 주관주의가 역사의 절대적 합리성을 강조하는 반
면, 정작 인간의 역사는 우연성과 합리성을 동시에 내포하고 있다. 반대로
포스트모더니즘은 역사의 우연적인 특성만을 내세우면서, 원칙 없이 그때
그때마다 타협적이고 기회주의적인 정치를 정당화하게 되는데 이런 기회

속에서 우리의 통상적인 기대는 흩어지고 수정되기 때문이다. 경험은 새로운 것을 낳는다. 이런
점에서 경험은 확인과 부정의 변증법적 성격을 가진다. 그리고 경험은 인식적 성장의 결과가 아
니라 경험은 실존적 습득의 과정이다. 누구도 그 이전의 경험으로부터 면제되지 않으며, 경험은
인간 조건의 역사적 성격 속에 내재되어 있다. 이런 점에서 경험은 실존적이다. F. Dallmayr, Polis
and Praxis (London: Cambridge MIT Press, 1984), pp.51~53에서 재인용.

106) M. Merleau- Ponty, “Resumes de cours.” Gallimard. Tel. 1982, p.61.

107) ibid., p.45.

주의적 정치에서 이상(ideal)이란 권력을 위한 핑계에 불과하다. 따라서 실존적 애매성—역사의 애매성이요, 후천적 경험과 제도(법률, 사회기관)의 애매성—에 근거한 정치적 성찰이란 제약인 동시에 자유의 공간인 문화와 제도의 애매성을 고려함이다.

이러한 정치적 행동으로서 주어지는 역사적 변증법이란 무엇인가. 이는 곧 자유(정신)와 필연(물질) 사이에 있는 변증법적 상호작용을 지칭한다. 이는 곧 자유와 필연은 서로 반대되는 것이 아님을 의미한다. 이에 대한 메를로-퐁티의 기술은 전통적인 자유와 필연의 이분법적 대립에 대한 수정을 요구한다.

인간은 역사적인 이데아이지, 자연의 종이 아니다. 인간에게 무조건적인 소유나 우연한 속성이란 존재하지 않는다. 인간의 존재는 필연성과 우연성에 대한 일반적인 개념의 변경을 요구한다. 인간은 행위의 진행을 통해서 우연성을 필연성으로 변형시키는 존재이기 때문이다. 우리가 존재한다는 것은 스스로 적응해 가는 실제 상황에 우리가 살고 있으며 일종의 도피를 통해 자신을 끊임없이 변형해 가는 상황에 처해 있음을 뜻한다. 물론 이 도피가 무조건적인 자유인 것은 아니다.[108]

자유를 필연에 대한 인식으로 간주하는 것은 필연을 위해 자유를 희생시키는 것이다. 그럴 경우 자유와 필연 사이에 변증법적 상호작용이 없어진다. 필연은 자유를 조건짓는 데 비해, 자유는 필연을 조건지을 수 없기 때문이다. 다른 한편 자연을 부정하는 대자의 절대적인 자유는 인간이 육체적인 존재인 한 인간 자신의 일부를 부정하게 된다. 따라서 자유가 실제적이고 의미가 있는 것이 되기 위해서는 합리성과 자연의 중재적인 것이어야 한다.

역사는 그 주체인 인간이 존재할 때만이 실제적인 역사가 되며 인간은 역사 속에서 역사적 주체가 된다. 세계는 완전한 상태로서가 아니라 부분적으

---

108) M. Merleau-Ponty, Phenomenologie de la perception, p.199.

로만 우리에게 구성되어져 있다. 우리의 조상들이 이 세계를 이미 구성해 놓았다. 즉 우리가 다른 사람들과 함께 세계 안에서 살아간다는 사실로 우리의 자유는 제한 받는다. 우리는 자아 속에 밀폐되어 있는 것이 아니라 자연 자원만큼이나 우리의 존재를 위해 필수적인 타인들과 어울려 살아간다. 따라서 실제적인 자유는 이 같은 한계와 가능성 안에서 기능한다. 견제 받지 않고 상황이 고려되지 않는 자유란 무의미하다. 자연적 제한과 문화적 제한이 있는 상황에 처해 있을 때에만 자아의 의미는 발생하기 때문이다.

그런데 이 자아의 만남을 의미가 있게 해 주는 것은 인간 존재의 애매성이다.[109] 자유가 실제적인 것이 되기 위해서는 완전히 구성된 사실이거나 무한한 초월이어서는 안된다. 왜냐하면 실제적 자유는 여러 행위 중에서 어느 하나를 대안으로 선택하는 데 있기 때문이다. 이러한 실존적 자유는 역사의 의미로서의 진리와 밀접하게 연결된다. 이러한 연결은 지각적 차원에서 이루어지는 세계에 대한 공동체 구성원들의 '체험적 공통성' 속에 사고와 관념성(idealite), 상징 및 문화가 뿌리내리게 하는 것이다. 따라서 실존적 애매성이 유발하는 역사의 운동성은 자유라는 개념을 동력으로 하여 지속된다. 공동체 구성원들의 체험적 공통성을 산출하는 계기로서, 새로운 경험을 유발시키는 계기로서 자유는 기능하는 것이다. 결국, 자유와 진리(체험의 공통성에 근거한 의미화)의 연결은 고유한 반성의 영역인 것이다.

메를로-퐁티는 이러한 자유와 진리의 연결을 후기 저서인 『가시적인 것과 비가시적인 것』에서 프락시스(praxis)라는 개념으로 대처한다. 상호주관성은 프락시스가 핵심 역할을 수행하는 데, 소위 '세계와의 원초적 연루'를 의미하는 '원본-공동체'(archi-communaute)의 역할이다. 이 원초적 연루

---

109) Ch. Taylor, Hegel (Cambridge: Cambridge University Press, 1975), p.561. 찰스 테일러는 헤겔에 대한 해석에서 다음과 같이 메를로-퐁티의 생각에 찬동하고 있다. "완전한 자유란 공허한 것이다. 거기에는 행동할 만한 가치도 중요하게 간주할 만한 것도 없다. 모든 외적인 장애물이나 충돌을 제치고 자유에 도달한 자아는 거기에 아무리 많은 명백한 용어들, 즉 '합리성'이니 '창조성'이니 하는 말을 감추어둔다 할지라도 특징 없고 뚜렷한 목적 없는 자아에 불과하다."

는 침전된 인간 경험의 대부분을 구성한다. 우리의 행동은 무엇보다 세계에 대한 응답이며, 이 세계는 결코 단순한 도구가 아닌 것이다. 프락시스는 폐쇄적 의식도, 구성적 지향성도 아닌 타자와 세계 및 지각된 것과 더불어 구조화된 친숙성으로서의 정신(Espirit)이다.

야생적 정신은 각자가 하는 일이 궁극적으로 타자를 끌어들이기 때문에 '야생적 프락시스'[110]가 된다. 프락시스는 재개되기(repris) 위해서만 행해지고, 결코 완성되지 않으며, 정해진 주인공이 따로 없는 행위를 의미한다. 따라서 정신의 야생적 근거는 이미 제도화된 것과 관련하여 항상 다시 나타나는 정신의 이질성(heterogeneite)이며, 이미 주어진 세계의 명증성과 관련해 볼 때도 언제나 새롭게 태어나는 이질성을 가리킨다.

2. 실존적 침전물로서의 제도의 양가성

주관주의적 접근법에서의 제도는 제도의 합리성 측면만을 강조한다. 주관주의(특히 자유주의적 입장에서)에 있어서 제도의 구성이란 인간의 고유한 특성으로서의 도덕적 관점을 허용하는 전제하에서 이루어진다. 물론 도덕적 관점에 대한 다양한 견해가 있지만[111] 주관주의의 입장에서의 제도는 인간 주체들을 자유롭고 동등하며, 자율적이며, 자신에 대하여 책임을 지는 판단능력과 행위능력을 갖춘 인격체라는 토대하에서 구성되어진다. 따라서 주관주의에서의 제도란 자율적이고 책임감 있는 인격체들에 의하여 구

---

110) M. Merleau-Ponty, Le visible et l'invisible (Paris: Gallimard, 1964), p.230.

111) 도덕적 합리성에 대한 지금까지의 견해는 두 가지로 나누어진다. 1. 칸트적 합리성 개념―칸트의 합리성 즉, 도덕성은 행위 주체의 선의지를 바탕으로 한 이성적 존재자로서의 도덕원리가 되며, 그에 따른 행위의 시비를 가릴 수 있는 기준이 정언명법의 정식들이다. 2. 홉스적 합리성―홉스적 합리성 개념은 도덕성과 무관한 '이해 타산적인 능력'이다. 따라서 홉스적 합리성에서의 도덕성이란 도구적 이성에 입각한 상호이익의 문제에 대한 합리적 해결이 된다. 이에 대해 고티에(D. Gauthier)는 "사회를 형성하는 도덕적 능력을 모든 합리적 인간이 맺어야 하는 사회 계약을 결정하는 능력과 동일시해도 좋다"(D. Gauthier, Morals by Agreement (Oxford: Clarendon Press, 1986), p.234.)고 했다.

성된 실천이성의 현실화이다. 그러므로 주관주의적 제도가 전제하는 시민상을 소유적 개인주의(possessive individualism)나 이기주의에만 빠진 인간으로 보는 것은 타당하지 않다. 오히려 주관주의적 제도는 시민사회에서 개인들의 상호보완적인 도덕적 태도의 기초 위에 구축되었다고 보는 것이 타당하다.

그러나 이렇게 구성된 제도는 첫 번째, 제도의 도구적 성격을 상실한다. 주관주의적 관점에서의 제도는 인간 주체의 이성의 표현으로서 구체화되어 있기 때문에 정치와는 무관하게 실천이성의 법칙을 실행하는 현실태로서만 기능한다. 두 번째, 제도의 추상성이다. 주관주의적 제도는 제도가 가져올 실제 결과에 대해서 관심을 갖지 않는다. 즉 경험의 지속성을 담보하는 제도가 그것이 산출해 내는 다양한 이데올로기들과 다양한 실존적 삶의 형태들에 대해서 무관심하다. 이러한 점에서 정치의 의미, 즉 인간 주체와 제도와의 반성적 관계는 소실되어 버린다.

이에 반해, 포스트구조주의의 접근법에서의 제도는 제도의 우연성 측면만을 강조한다. 포스트구조주의에 있어서 제도의 구성이란 담화 구성체 내지 헤게모니구성체의 물질화이다. 포스트구조주의에서 제시하는 담화구성체 내지 헤게모니구성체라는 개념은 주관주의에서의 주체 개념을 대신하는 개념이다.[112] 따라서 포스트구조주의에서 분석의 대상은 주체가 없는 담화구성체의 내적 논리의 운동성이 된다. 그리고 이러한 담화구성체의 내적 운동성은 불확정성과 가변성으로 대별된다. 구조적 선택성과 배제성이라는 구조를 띠고 있는 담화구성체는 그것의 내적 논리에 의해 조합되고 분열

---

112) 포스트—정치이론은 모든 것을 '담화 내적인 현상'으로 귀결시킨다. 이를 라클라우와 무페는 다음과 같이 기술하고 있다. "우리의 분석은 담화적 실천과 비담화적 실천간의 구분을 기각하면서 다음의 두 가지 점을 긍정한다. 1. 어떠한 대상도 모든 담화적 출현조건 바깥에서 주어지지 않는 한 모든 대상은 담화의 대상으로 구성된다. 2. 우리가 통상 사회적 실천의 언어적 측면과 행위적 측면이라고 부르는 것들 간의 모든 구분은 잘못된 구분이거나 아니면 담화적 총체성들의 형태하에 구조지워진 의미의 사회적 생산 내의 분화로서 그 위치를 찾아야 한다." E. Laclau, Ch. Mouffe, Hegemony and Socialist Strategy, pp.105~107.

된다.

따라서 이러한 분석에서 정치적 실천이란 담화구성체의 내적 논리에 근거한 전략적 접합관계로 제시된다. 이를 라클라우와 무페는 다음의 세 가지의 명제로 제시한다. 첫째, 비고정성(unfixity)이 모든 사회적 정체성의 조건이다. 둘째, 실제적인 의미가 아니라 존재론적 의미에서 특권적인 정치적 주체들은 존재하지 않는다. 세 번째, 사회주의적 정치의 해방 실천을 위한 어떤 특권화된 지점도 존재하지 않으며, 오히려 그러한 해방적 실천은 수많은 상이한 지점들로부터 어렵사리 구성되는 '접합의지'(collective will) 여하에 달려 있다.[113]

포스트구조주의에서의 제도의 의미 또한 담화구성체의 내적 운동성에 의해서 발생하는 전략적·접합적인 정치적 실천의 현실태이다. 따라서 포스트구조주의에서 제기되는 제도의 의미도 불확정적이고 가변적이다. 그러나 이러한 담화구성체의 내적 논리에 의해서 형성되는 제도의 우연성은 제도 내부의 직접적인 당사자들이 제도의 문제를 구체적으로 어떻게 해결해 나가야 하는지에 관해서는 결코 유용한 척도를 제공하지 못한다. 이는 곧 제도에 대한 비판적 척도의 부재로 요약된다. 모든 것을 담화 내적인 현상으로, 그리고 모든 사회적·정치적 현상을 담화구성체의 내적 운동성으로 설명한 나머지 무엇이 올바른지, 우리는 어떠한 방향으로 가야 하는지를 제시하지 못한다. 다시 말해서 상대주의 관점에서 나타나는 제도의 우연성은 제도의 정당성에 대해 공동체 구성원들의 규범적 자기 이해의 흔적이 제거된 채로 단지 담화구성체의 내적 운동성에 의한 불확정성과 가변성만을 강조한 결과물이다.

이제, 제도의 개념을 주관주의와 포스트구조주의의 변증법적 합으로, 즉 합리성과 우연성의 종합으로써 제시해 보자. 이는 곧 제도를 정치공동체 구

---

113) ibid., pp.85~87.

성원의 체험적 공통성의 본질인 애매성이라는 개념 위에 위치시킴이다. 애매성에 근거한 제도는 다음의 두 가지의 의미를 지니고 있다. 첫째, 정치공동체 구성원에 대해서 이념적 매개를 통한 (대상화된)경험의 지속성을 담보하는 것으로서의 제도이고, 둘째, 이러한 지속성이 애매성이 지닌 존재론적 불완전성을 표면화시킨다는 의미에서 즉, 새로운 경험적 질서 위한 '정치적인 것'을 생산하는 기제로서의 제도이다. 따라서 애매성에 근거하여 제도를 분석함은 제도의 양가성에 대한 고려이다. 이는 곧 애매성의 경직된 형태로서의 제도와 애매성의 불완전성을 표면화시키는 계기로서의 제도를 분석함이다. 이러한 제도는 프락시스(praxis)로서의 정치행동을 위한 토대를 마련한다.

애매성에 근거한 제도의 분석은 첫째, 제도가 실제적으로 정치공동체 구성원에 대해서 이념적 매개를 통한 (대상화된)경험의 지속성을 어떻게 담보하고 있는가에 대한 분석으로 제시된다. 이러한 분석 속에서 중심이데올로기적 담화의 생성 맥락을 추적할 수 있다.[114] 둘째, 이념적 매개를 통한 (대상화된)경험의 지속성을 담보하는 제도가 어떻게 다양한 실존적 삶의 형태들을 생산해 내는지를 분석한다. 이러한 분석하에서 애매성의 '징후적

---

114) 제도의 내적 작동방식—이러한 제도의 내적 작동의 지향점은 공동체 구성원들의 '경험적 지속성'에 있다—은 푸코(M. Foucault)의 권력 개념과 일맥상통하다. 푸코의 권력 개념이 문화(혹은 언어)의 구조적 선택성과 배제성이 가지는 전략적 입장이라는 점에서 그러하다. 이는 푸코의 권력 개념이 지배자의 의식이나 계산을 전제로 하는 것이 아니라, 오히려 이미 당연시 되어진 것, 자연스럽게 받아들여진 것, 그러나 고정되고 불변하기보다는 항상 재생산되고 있는 그런 지식 안에서 권력이 원초적으로 철저하게 행사된다는 것을 의미한다. 이런 점에서 제도의 내적 작동 방식으로서의 권력 개념은 권력을 행위자의 속성으로 보는 것이 아니라 구조적인 속성으로 제시된다. 따라서 실존적 침전물로서의 제도의 내적 방식이 푸코의 권력 개념이라면, 공동체 구성원의 경험적 지속성을 담보하는 중심이데올로기적 담화의 생성 맥락에 대한 분석은 곧 푸코의 권력/지식의 테제와 연결된다.

115) 제도가 가지는 정치적 의미의 탈화가 푸코—권력 개념의 한계점이다. 이는 푸코의 권력 개념이 문화와 언어가 가지는 구조적 선택성과 배제성이라는 표층적 의미, 즉 문화와 언어의 '원본적 의미'에 대한 탐구 없이 단지 표층적 형태로 주어지는 문화와 언어 개념에서 그의 권력 개념이 출발하기 때문이다. 따라서 푸코의 권력 개념은 그것의 기능적 역학만을 강조한다. 공동체 구성원들의 '경험적 지속성'만을 담보하는 권력으로서만 기술된다.

현상'으로서 제시되는 '정치적인 것'의 발생 맥락에 대한 분석[115] 및 '정치적인 것'에 대한 성격 및 특징은 본 장 3절에서 구체적으로 논의할 것이다.

정치공동체 구성원에 대한 이념적 매개를 통한 (대상화된)경험의 지속성을 제도가 어떻게 담보하는가? 이와 같은 질문은 제도의 이중성 즉 존재론적으로는 제도가 애매성에 근거해 있지만, 실천적으로는 선택과 배제의 경직되고, 명확한 논리에 의해 제도가 작동함을 의미한다. 경직되고 명확한 선택과 배제의 논리에 의해 지배되는 제도의 기능적 역학은 실천적이고 의미론적 차원에서 정치공동체 구성원들을 포획한다. 이러한 제도의 기능적 역학을 다음의 두 가지로 나누어서 고찰한다. 1. 배제(exclusion) 혹은 억압의 과정을 통해 행사되는 제도이다. 즉 어떤 대상들을 지식(담화)을 통해 배제하고 억압하는 것으로서의 제도이다. 2. 제도의 적극적이고 생산적인 측면, 즉 제도가 적극적으로 개인을 구성하고 대상들을 생산하며 주체에 대한 지식을 산출한다는 것이다. 이는 곧 중심이데올로기적 담화를 생산하는 기제로서의 제도이다.

배제 혹은 억압의 과정으로서의 제도는 어떤 대상에 대한 정치공동체 구성원의 담화 생산에 대한 통제로 제시된다. 이럼으로써 담화는 그 사회가 억압하고자 하는 어떤 것을 조직적이고 체계적으로 배제하는 역할을 담당한다. 이러한 담화생산과 관련된 제도의 배제 과정은 크게 세 가지로 대별된다.

첫째, 금지(interdit)이다.[116] 가장 분명하면서도 또한 가장 친숙한 형태가 금지이다. 즉 우리가 모든 것에 대해 말할 수 있는 권리가 없다는 것, 즉 우리가 어느 상황에서나, 누구나 그리고 무엇에 관해서나 말할 수 없다는 것을 우리는 잘 알고 있다. 대상에 있어서의 금기, 상황에 있어서의 관례, 말하는 주체에 있어서의 특권적인 또는 배타적인 권리 등이 그러하다. 금지가

---

116) M. Foucault, L'Ordre du discours (Paris: Gallimard, 1971), pp.16~17.

가장 현저하게 나타나는 분야가 정치의 영역과 성의 영역이다. 거의 본능적으로 우리는 우리가 말하고 싶은 모든 것을 표현할 수 없다는 것을 아는데, 이 사실이 사회생활에서 금지의 규범이 항시 자용함을 보여준다.

두 번째, 분할(partage)과 배척(rejet)이다.[117] 이성과 광기의 구분이 그 예가 된다. 중세기 유럽에서는 광인의 진술은 일상적인 담화체계에 속하지 않다는 이유 때문에 전적으로 무시되었다. 이는 광인의 진술이 표출되자마자 대부분 거부되었음을 보여준다. 그러면서도 광인의 진술이 가끔은 이상한 통찰력이나 지혜를 나타내준다고도 생각은 됐지만 말이다. 분할의 규칙은 이성과 비이성의 넘어설 수 없는 차이를 일반화시키는 데 주된 역할을 했다.

세 번째, 진위의 대립(l'opposition du vrai et du faux)이다.[118] 진위의 대립 즉, 참과 거짓의 대비는 가장 중요하며, 앞의 두 가지의 배제의 형태도 궁극적으로 이에 귀속된다. 참과 거짓을 대비시키는 태도를 '앎에의 의지' 혹은 '참에의 의지'라고 부르는데, 이 태도는 참된 지식과 가상을 나누는 플라톤(Plato)에게까지 거슬러 올라갈 수 있다. 앎에의 의지는 측정될 수 있는 대상의 개요를 예시하며, 인지하는 주체에게 특정한 입지를 강요함으로써 지식이 사용될 수 있는 방식을 규정하는 역할을 한다. 참과 거짓의 대비하는 앎에의 의지는 다른 배제 형태와 비슷하게 교과서·출판업·도서관·실험실 등의 제도에 의해 뒷받침된다. 결과적으로 앎에의 의지는 다른 형태의 담화를 억압하고 그 담화에 영향력을 행사하려 한다. 이럼으로써 참에의 의지는 보다 규율 있는 사회와 인간을 생산하기 위해 우리의 비정상성·비이성과 도덕적 결함을 제어하려 한다.

위에서 언급된 배제의 과정이 제도의 부정적인 측면 즉, 배제하고 억압하고, 그리고 검열하는 것으로서의 제도라면, 이제 제도의 적극적이고 생산적

---

117) ibid., pp.17~19.
118) ibid., pp.19~23.

인 측면을 살펴보자. 제도의 적극적인 측면이란 제도가 중심이데올로기적 담화(지식)의 생산을 통해서 정치공동체 구성원의 행위를 기존의 사회적 가치와 제도에 지속적으로 연결시키려는 시도이다. 따라서 제도에 의해 생산되어지는 중심이데올로기적 담화는 새로운 의미의 창출로서의 지식이 아니라 전략적 관점에서 기존 사회적 가치와 제도에 토대해서 산출되는 2차적 모델링 체계인 것이다. 결국, 이러한 중심이데올로기적 담화는 기존 사회적 가치와 제도의 부분체계로서 제시되어진다.

그러면 제도와 중심이데올로기적 담화의 연계의 토대를 살펴보자. 이를 푸코는 규율(disciplinaire)이라 개념화한다. 푸코는 길들여진 몸을 창조하는 여러 다양한 기법과 전술을 통틀어서 규율이라 지칭했다. 규율은 몸의 운행에 대한 세세한 제어를 가능하게 하고 그럼으로써 몸이 가진 여러 능력을 효용성의 원리에 종속시킨다.[119] 다시 말해서, 규율이란 기존 사회적 가치와 제도에 적합한 몸의 구성을 위한 전략적 기법이자 전술이다. 그리고 이러한 규율이 중심이데올로기적 담화를 생산하기 위한 자료처가 된다.

이러한 규율이 목표달성하기 위해 동원하는 세 가지의 주요도구를 살펴보자. 첫째, 관찰이다. 규율이 효과적으로 행사되기 위해서는 관찰이라는 수단으로 억압하는 기제를 필요로 한다. 병영이나 학교건물, 그리고 감옥 등은 일종의 관측소로 간주될 수 있다. 또한 이런 건물들은 건물 안에 있는 사람들을 잘 눈에 띄도록 하는 구조로 건축되어 있다. 이러한 건축 방식은 병영, 공장, 학교, 그리고 회사 안에 있는 사람들에 대한 정교한 내부적인 제어를 가능하게 한다. 그리고 이러한 망보기의 도구에 의해서 규율적 권력은 어떤 집단이나 사회의 통합화와 원활한 운용을 도모하는 것이다. 망보기는 그 자체의 속성 때문에 익명의 다수라는 형태로 조직된다. 푸코는 이러한 망보기의 특성을 다음과 같이 기술한다.

---

119) M. Foucault, Discipline and Punish, tr. A. Sheridan(New York: Vintage Books, 1977), p.124.

규율적 권력의 망보기에서 행사되는 힘은 실체도 아니며, 재산처럼 이전될 수 있는 것도 아니다. 그것은 마치 기계의 부품처럼 기능한다. 망보기의 이러한 성격은 규율적 권력의 존재를 현저히 드러낸다. 왜냐하면 망보기는 도처에 존재하며 언제나 가동 중이므로, 또한 그것은 그 자체의 원리에 의해 망보기를 수행하는 감시자를 또 관찰하고 있기 때문이다. 망보기는 동시에 규율적 권력의 존재를 완벽하게 은폐하기도 한다. 왜냐하면 주로 침묵 속에서 영구적으로 망보기가 이루어지기 때문이다.[120]

두 번째, 규범적 판단이다. 이와 관련해서 주목할 점은 모든 규율적 체계의 핵심에 벌칙 기제가 행사되고 있다는 사실이다. 공장, 학교, 군대, 회사 등의 조직체에 시간, 행위, 몸, 성, 그리고 언어 등을 둘러싼 미세한 벌칙제도가 가동하고 있는 것은 주지의 사실이다. 따라서 아무리 사소한 이유 때문에라도 처벌당하는 게 가능하다. 각 개인은 보편적인 처벌 가능성의 세계 속에 포위되어 있는 자신을 발견한다.[121] 비순응적인 무한한 영역이 원칙적으로 처벌 가능하게 되는 것이다.

이러한 맥락에서 처벌은 이중적인 효과를 가진다. 비순응적인 행동을 처벌함으로써 교화를 유도하고 동시에 그것은 일종의 보수를 함축한다. 예컨대 성적에 따른 분배는 처벌하면서 동시에 보상하는 역할을 수행한다. 처벌의 기법은 다양한 수단들을 동원한다. 개인의 행위들을 비교하여 규칙에 따라 개인들을 타인들과 분리시킨다.

그 후에 개인의 성질을 계량적으로 측정하여 규칙에의 순응을 요구한다. 이러한 관행의 결과 소위 비정상적인 상태의 외부적 특징이 판명하게 표출된다. 요약하자면 규율적 제도의 모든 곳을 관류하며 관찰하고 있는 영구적인 형벌의 기제는 끊임없이 비교, 분리, 계층화, 그리고 동질화시키며 배제하는 역할을 수행한다. 간단히 말해서 그것의 목표는 대상을 정상화시키는

---

120) ibid., p.177.
121) ibid., p.178.

데 있다.[122]

　세 번째, 검사이다. 이는 관찰과 규범적 판단의 양 기법을 결합하는 역할을 맡는다. 검사라는 기제를 통해 각 개인은 가시화되며, 객관화된다. 개인이 항상 관찰되고 있다는 사실은 그 사람의 복속을 유지케 하는 관건이 된다.[123] 또한 검사는 개인과 집단들에 대한 묘사와 분석을 용이하게 하는 자료의 축적과 등록체계를 수반한다. 이 토대 위에서 개인들 사이의 차이를 측정, 기술, 그리고 계산할 수 있는 비교체계의 건설이 가능해진다. 끊임없는 판단과 검사를 통해 인간 행동의 객관화와 자료화가 달성되며 인간 자체에 대한 어떤 상이 형성된다. 이러한 검사의 역할이 지식(중심적 이데올로기적 담화) 탄생의 토대가 된다. 즉, 검사에 의해 이루어지는 인간에 대한 자료화와 객관화가 심리학, 정신치료학, 사회학, 인류학, 그리고 교육학 등의 제반 인문과학의 탄생에 결정적인 기여를 한다.

　따라서 망보기와 규범적 판단을 결합함으로써 검사는 궁극적으로 인간을 산출하게 된다. 이를 푸코는 다음과 기술한다. "개인은 분명히 사회에 대한 '이데올로기적' 인 표상에 있어 상정되는 가상적인 원자임에 틀림없다. 또한 개인(인간)은 내가 규율이라고 명명한, 권력의 특수기법이 만들어 낸 존재인 것이다."[124] 이러한 지식은 또한 전 사회체계에 널리 확산된 규범적 판단의 토대가 된다. 제도 안에서 그리고 개인들 자신이 지식에 근거해서 정상성과 비정상성에 대해서 판단을 내리게 된다. 따라서 제도의 기능적 역학이 정치공동체 구성원의 (대상화된)경험의 지속성이라면 이는 곧 정치공동체 구성원이 어떤 대상에 대해서 가지는 '앎의 지속성' 을 전제로 하는 것이다. 이러한 앎의 지속성을 담보하기 위해 제도는 담화 생산과 관련하여 배제의 기능(푸코의 용어를 빌자면 가로막는 규율)과 생산적인 기능(푸코

---

122) ibid., p.183.
123) ibid., p.187.
124) ibid., p.195.

는 이를 규율 기법)을 동시에 행사한다.

특히, 권력과 지식 연계에 대한 푸코의 논의들은 제도와 중심이데올로기적 담화와의 연계를 적절히 설명하고 있다. 푸코에게서 권력과 지식의 연계는 곧 정치공동체 구성원의 (대상화된)경험의 지속성을 담보하기 위한 전략적 입장의 총체이다. 대상에 대한 정치공동체 구성원의 앎을 지속시키기 위한 권력은 권력 자체를 드러내는 것이 아니라 지식의 형태로 제시된다.

푸코에게서 권력은 지식의 구체적인 내용을 지시하지는 않지만 그 지식의 구체적인 내용을 형성하는 데 필수적인 요소들[125]인 지식형성 주체의 위치 선정, 대상영역의 규정, 이론적 주제의 선택에 관여한다. 지식은 권력 작용의 소산이면서 권력 작용이 일어날 수 있는 매개체이고 공간이기도 하다. 따라서 권력과 지식은 유기적인 연관을 맺게 된다.[126] 결국, 푸코에 있어서

---

125) 푸코는 그의 책 『지식의 고고학』에서 담화의 네 가지의 차원인 대상(object), 양태(modalite), 개념(concept), 전략(strategie)이 어떻게 형성되고 출현하게 되는가를 분석하고 있다.(M. Foucault, The Archaeology of Knowledge, tr. A. Sheridan(New York: Pantheon, 1972), pp.40~70.) 즉, 어떤 담화에서 어떤 특정한 것이 그 대상으로 부각되고 허용되도록 만들어질 수 있는 조건 및 그 과정의 메카니즘과 그런 과정이 진행되는 일정한 방식, 거기에서 시용되는 특정한 개념, 특정한 이론, 그리고 주제가 제기되는 조건과 가능성의 메카니즘이 담화의 지평하에서 분석된다.

126) 푸코는 이와 같은 권력과 지식의 연계를 그의 책 『성의 역사 1』에서 자세하게 기술하고 있다. 푸코는 이 책에서 그의 권력 개념에 근거하여, 소원과 욕망의 구조를 형태짓고 담화적으로 나타나게 하는, 그리고 이 소원과 욕망을 지배테그닉의 체계로 끌어들이는 기능구조를 분석하고 있다. 즉, 푸코는 성의 분석시 '억압'을 테마의 중심부에 놓는 대신, 18세기 말부터 나타나는 성에 관한 '담화폭발'(M. Foucault, The History of Sexuality (Vol. I.): An Introduction, tr. R. Hurley(London: Penguin Books, 1990), p.18.)적인 현상을 발견한다. 성에 관한 '담화폭발'은 중세시대에 실시된 고해성사의 고백강요에서 시작되었고 이 고해성사는 "모든 욕망으로부터 담화를 만드는"(ibid., pp.20~21.) 지상명령과 함께 고백강요를 보편화시킨다. 성의 담화화는 욕망과 소원구조의 구성과 지배를 지향하며 성에 관한 대화의 검열과는 전혀 다른 것이다. 오히려 성의 "관리"(ibid., pp.24~25.)라고 생각할 수 있으며, 이 성의 관리는 시민사회 탄생의 주변조건내에서 성을 효율적으로, 그리고 기술적으로 통제할 수 있는 실기를 보장하는 것이라 생각할 수 있다. 현대적 성의 담화를 고착시키는 결정적인 진행과정은 중세시대의 고백강요를 학문적 담화의 절차로 전이시킨 종합적 진행으로 성격지울 수 있다. 성에 관한 학문적 절차에 의해 나타난 것은 '성의 학문성'이며, 성의 학문은 고백의 강요와 학문적 과정을 성을 중심으로 이루어진 "주체에 대한 새로운 지식"(ibid., pp.71~72.)으로 조화 연결시켰다. 이러한 성 담화는 "네 가지 큰 전략의 복합체(ibid., pp.104~105.)로 결정체를 이루는데, 여성 신체의 히스테리화, 미성년자 성의 교육화, 종족번식본능의 사회화, 그리고 변태적인 욕구의 정신이상화이다.

지식은 권력에 근거한 2차적인 모델링 체계인 것이다. 권력의 역학이 문화와 언어가 지니는 구조적 선택성과 배제성에 근거해 있다면, 그리고 권력의 역학에 의해서 생성되는 지식이라면, 지식은 곧 문화의 부분체계가 된다. 따라서 정치공동체 구성원의 (대상화된)경험의 지속성을 담보하기 위해 산출되는 중심이데올로기적 담화 역시 문화적 규범이나 가치에 근거한 2차적인 모델링 체계로 규정할 수 있다. 이러한 중심이데올로기적 담화는 주체의 규범적 판단의 근거로서 작용함으로써 정치공동체 구성원의 행위를 지속시킨다.

이제, 다음의 3절에서 제도가 담보하는 정치공동체 구성원의 (대상화된) 경험의 지속성이 가지는 결과물에 대해 살펴볼 것이다. 한 정치공동체 내에서 공통분모로서 주어지는 문화적 가치와 규범이 제도적 실천에 의해 파편화되면서 무엇으로 제시되는지를 고찰해 본다.

우리가 푸코의 논의를 따르면 우리는 '일상의식의 파편화'를 목격할 수 없다. 완벽하게 작용하는 권력과 지식의 연계는 공동체 구성원들의 앎을 완벽하게 포획한다.[127] 그리고 하버마스의 '일상의식의 파편화'는 체계에 의한 생활세계의 식민화 논리를 위한 전제로서만 기능한다. 이제, '일상의식의 파편화'를 제도적 실천이 낳은 결과물이라는 논제에서 논의를 시작해 볼 것이다.

이럼으로써, 정치공동체가 생산할 수 있는 '정치적인 것' —주변이데올로기적 담화와 다양한 실존적 삶의 형태들—을 목격할 수 있다. 따라서 이제 우리는 '애매성'에 근거한 생활세계가 지니는 그것의 모든 구성요소들을 고찰할 수 있게 된다.

---

127) 마크 포스트(M. Poster)는 저항에 대한 푸코 분석의 미미함을 "일상생활 전반에 걸쳐 끊임없이 행사되는 새로운 지식과 권력의 편성이 너무나 막강한 힘을 가지고 있기 때문에 정복하기 힘들다는 비관적인 전망을 지니고 있는 듯하다"라고 기술하고 있다. (M. Poster, "Foucault and history." Social Research. Vol. 49, No. 1, 1982. p.142.)

3. '정치적인 것'의 원본적 양태: 다양한 실존적 삶의 형태

　애매성의 표층적 형식으로 주어지는 제도의 구조적 선택성과 배제성은 정치공동체 구성원에게 경직된 형태로 주어진다. 문화나 언어의 원본적 의미로서의 애매성은 가역성의 논리에 의해 정치공동체 구성원을 자명하고 명확한 형식으로 포획한다. 이들은 허용과 금지의 실천 체계로, 혹은 현상에 대한 명확한 개념화로 정치공동체 구성원에게 주어진다. 이러한 일련의 경직성은 애매성에 근거한 정치공동체 구성원의 의미화를 지속적이고 반복적인 틀 속에 갇히게 한다. 위절에서 우리는 제도가 중심이데올로기적 담화와의 연계 속에서 정치공동체 구성원을 어떻게 포획하는지를 살펴보았다. 이를 본 논문에서는 푸코적 시각에서 즉, 제도의 내적 실천 방식인 '권력과 지식' −중심이데올로기적 담화− 의 연계로 설명하였다.

　이제, 정치공동체 구성원의 (대상화된)경험의 지속성을 담보하는 제도적 실천의 '징후적 현상' 들에 대해서 살펴보자. 이는 곧 상호주관성 문제와 관련하여, 정치공동체에서 생성될 수 있는 타자(the other)에 대한 탐구와 연결된다. 이는 곧 정치공동체 내에서 생성될 수 있는 '정치적인 것' 의 다른 표현이다. 정치공동체 내에서 정치공동체 구성원의 (대상화된)경험의 지속성을 담보하는 제도적 실천이 생성하는 타자들 중에서 그것의 첫 번째인 주변이데올로기적 담화에 대해서는 본 논문 제 3장 1절에서 살펴보았다. 중심이데올로기적 담화의 역담화로서 주변이데올로기적 담화는 전략적이며, 적대적이며, 독백주의적 성격을 띠고 있음을 확인하였다.

　그러면 이제, 정치공동체 내에서 생성되는 두 번째 타자인 다양한 실존적 삶의 형태는 어떤 발생 맥락을 가지고 있는가. 이는 곧 다양한 실존적 삶의 형태라는 타자를 생성시키는 출처와 계기에 대한 문제이다. 특히 다양한 실존적 삶의 형태의 출처에 대한 문제는 우연성에 근거한 최초의 상호주관성에 대한 분석과 직결된다. 최초의 상호주관성이 상호신체성에 의해 구성되어졌다는 점에서 상호신체성 개념이 다양한 실존적 삶의 형태를 구조화한다.

최초의 상호주관성이 상호신체성에 의한 정치공동체 구성원간의 체험적 공통성에 근거한다는 점에서, 상호신체성에 의한 상호주관성 그 자체는 지각 차원의 본질인 애매성에 근거한다. 이러한 애매성이 탈화된 채로 경직되고 자명한 형태로 주어지는 사회적 가치와 제도에 의해 생산되는 것이 다양한 실존적 삶의 형태이다. 애매성이 탈화된 사회적 가치와 제도는 정치공동체 구성원에게 '과잉 결정'(over-determination)[128]된 채로 (대상화된)경험의 지속성을 유발한다. 이러한 (대상화된)경험의 지속성이 결과하는 타자가 바로 다양한 실존적 삶의 형태이다. 이러한 다양한 실존적 삶의 형태는 사회적 가치와 제도의 원본적 의미인 애매성의 직접적인 타자이다. 이는 곧 애매성 그 자체가 가지는 불완전성에 대한 징후적 현상으로서의 다양한 실존적 삶의 형태가 자리매김함을 의미한다.

정치공동체 내에서 생성될 수 있는 두 종류의 타자 즉, 주변이데올로기적 담화와 다양한 실존적 삶의 형태는 하나의 정치공동체가 자연스럽게 생성시킨 타자들이다. 정치공동체 내의 사회적 가치와 제도가 상호신체성에 의한 상주관성의 표층적 형식이라면, 그리고 이러한 가치와 제도에 근거한 제도적 실천이 정치공동체 구성원의 (대상화된)경험의 지속성을 담보한다면, 의미의 표층적 체계인 가치와 제도적 수준에서 만들어내는 타자와 의미의 원본적 차원인 애매성 차원에서 만들어내는 타자가 존재한다. 여기서 논할 다양한 실존적 삶의 형태는 후자로서 사회적 가치와 제도의 원본적 의미인 애매성에 대한 직접적인 타자이다. 따라서 다양한 실존적 삶의 형태의 구조

---

128) '과잉 결정' 개념에 대한 명확한 이해를 위해서는 메를로-퐁티의 가역성 논리에 대한 선이해가 필요하다. 가역성 논리란 애매성에 근거한 상호신체성에 의한 상호주관성이 제도화되면서 역으로 이것이 정치공동체 구성원의 의미와 행동을 지시함을 의미한다. 따라서 과잉 결정이란 사회적 가치와 제도의 원본적 의미인 애매성이 탈화된 채로 사회적 가치와 제도가 정치공동체 구성원에게 자명하고, 명확한 진리로 주어진다는 의미에서 그러하다.

와 성격을 제시하기 위해서는 사회적 가치와 제도의 원본적 의미라고 할 수 있는 상호신체성에 의한 상호주관성 개념에 대한 이해가 전제되어야 한다.

상호신체성에 의한 상호주관성의 의미는 공존(co-existence) 개념과는 다르다. 공존의 개념이 다수 주체의 수동적 묵인을 나타내는데 반해 상호신체성에 의한 상호주관성은 개념화 이전의 세계이자 사람들이 일상생활 속에서 구체적이고 상호신체적인 관계를 이루며 살아가는 세계이다. 자명한 의식을 가진 개별 주체들로서의 삶이 아니라 지각적 차원에서 이루어지는 상호신체적 삶의 관계를 지칭한다. 이는 곧 지각이 사고와 행동 모두를 포함한 모든 인간 행동 전반을 받쳐주는 기반임을 암시한다. 이를 메를로-퐁티는 자의식을 포함한 모든 인간의 의식은 기본적으로 지각에 속하며, 지각은 앎과 행동 속으로 우리를 불러내는 역할을 한다[129]라고 주장한다. 다시 말해서 메를로-퐁티의 지각 우선성에 대한 논의는 지각만이 진리를 독점하고 있다거나 심사숙고하는 합리성을 비난하려는 주장이 아니다. 그것은 사고와 행동의 합리성에 대한 기초를 마련하자는 것이다. "지각의 세계는 모든 합리성과 가치, 그리고 모든 존재에 대해 항상 전제되어 있는 기반이다. 이는 합리성이나 절대성을 파괴하려 하지 않는다. 다만 합리성이나 절대성을 지상으로 끌어내리려 할 뿐이다." [130]

상호신체성에 의한 상호주관성이 개념화되기 이전의 의미—지층이라는 점에서, 이것과 사회적 가치와 제도와의 관계는 더욱 명확하게 제시된다. 이는 곧 경직되고 자명한 개념체계로서 제시되는 사회적 가치와 제도가 지각적 차원에서 이루어지는 상호신체성에 의한 상호주관성에 근거함을 나타낸다. 이로써 사회적 가치와 제도의 구조적 특성인 구조적 선택성과 배제성이 어떻게 생성되는지를 파악할 수 있다. 상호신체성이 지각적 차원에서 이루어진다는 점은 지각차원의 본질인 '애매성'이 상호신체성에 의해서

---

129) M. Ponty, The Primacy of Perception, ed. J. M. Edie (Evanstone: Northwestern UP, 1964), p.25
130) ibid., p.13.

형성되는 상호주관성의 특징임을 나타낸다. 메를로-퐁티는 이러한 애매성 개념을 다음과 같이 기술하고 있다. "세계는 사유의 대상이 아니라 우리가 살아가야 할 그 무엇인 것이다. 나는 세계를 향해 열려 있으며 세계와 의사 소통하고 있지만 세계를 소유하지 않는다. 세계는 무궁무진한 것이다."[131] 이처럼 애매성은 개방성 그 자체를 함축하고 있다.

이러한 애매성이 내포하고 있는 개방성이 탈화된 것이 바로 대상에 대한 개념화이며 이것의 체계가 곧 사회적 가치와 제도이다. 따라서 사회적 가치 와 제도는 닫힌 구조로써 제시된다. 자명하며, 명확하게 제시되는 사회적 가치와 제도는 개방성이 탈화된 애매성이 구조화된 것이다. 이는 곧 문화가 가진 구조적 특징인 구조적 선택성과 배제성으로 제시된다. 닫힌 구조로서 의 사회적 가치와 제도, 그리고 그것의 제도적 실천은 과잉결정된 채로 정 치공동체 구성원의 (대상화된)경험적 지속성을 담보한다. 사회적 가치와 제도, 그리고 그것의 제도적 실천에 대한 기술은 앞선 제 4장 2절에서 제시 한 바 있다. 이를 푸코의 권력/지식 개념으로 제시하였다.

그러면 이러한 사회적 가치와 제도가 정치공동체 구성원의 (대상화된)경 험의 지속성을 어떻게 담보하는가. 사회적 가치와 제도의 물질화로서 이것 을 담보한다. 구체적인 제도-법이나 사회제도 등-나 의식(rituals) 등으로 표면화됨으로써 정치공동체 구성원을 포획한다. 이러한 제도 속에서 정치 공동체 구성원은 사회화되며, 정치화된다. 이러한 일련의 과정이 결과하는 것은 무엇인가. 이는 곧 닫힌 구조로서의 사회적 가치와 제도가 정치공동체 구성원의 (대상화된)경험의 지속성을 담보한다는 것이 정치공동체 내에서 어떤 위상을 지니는가에 대한 물음이다. 바로 타자 생성을 위한 '계기'로써 사회적 가치와 제도가 기능한다는 것이다.

주변이데올로기적 담화가 전략적이고, 적대적이며, 독백적이라면, 다양

---

131) M. Merleau-Ponty, Phenomenologie de la perception, pp.xvi-xvii.

한 실존적 삶의 형태는 기존의 제도적 질서와 관계하여 어떠한 특징을 지니는가. 이는 곧 자아와 타자를 전제로 하는 변증법적 고찰 혹은 상호주관성의 문제와 관계한다. 따라서 타자로서의 다양한 실존적 삶의 형태에 대한 특징을 분석하기 위해서는 변증법적 혹은 상호주관성의 맥락 속에서 타자로서의 다양한 실존적 삶의 형태가 가지는 위상이 분석되어야 할 것이다.

변증법에 대해서 메를로-퐁티는 다음과 같이 기술하고 있다. "변증법은 모순된 것과 분리할 수 없는 사유 사이의 관계가 아니다. 변증법이란 타자를 부정하지만 그것 없이는 자체가 유지될 수 없는 한 존재의 다른 존재로의 지향"[132]이라고 했다. 그리고 그는 『변증법의 모험』에서 변증법적 역사의 개념에 대해 언급했는데 "역사는 실체에 대한 단일한 질서나 단일한 발생도식으로 환원할 수 있는 총체가 아니라 최종적으로 수렴되어 가는 풍부한 총체"[133]라고 밝히고 있다. 그에 따르면 변증법은 반대되는 두 원칙이 한 지점과 다른 지점에서 만들어가는 복합적인 상호작용이다. 즉 보이는 것과 보이지 않는 것, 진술과 침묵, 주관과 객관, 진실과 거짓, 인간과 자연, 자아와 타자, 의식과 역사, 개인과 사회, 그리고 생각과 행동들 사이에 존재하는 복합적인 상호작용인 것이다. 이들은 각각 두 개의 분리된 영역이 아니다. 서로 구분될 수 있지만 동시에 상호의존적 관계를 갖고 있다.

이는 곧 기존의 질서로서의 사회적 가치와 제도, 그리고 타자로서의 다양한 실존적 삶의 형태와의 관계를 제시한다. 애매성에 근거한 기존의 사회적 가치와 제도, 그리고 애매성의 직접적인 타자인 다양한 실존적 삶의 형태는 서로 복합적인 상호보완성을 갖고 있는 것이다. 따라서 기존의 사회적 가치와 제도와 '다양한 실존적 삶의 형태'는 어느 하나가 다른 것으로 환원되지 않는 전체를 구성하는 요소인 것이다.

---

132) ibid., pp.167~168.

133) M. Ponty, Adventure of the Dialectic, tr. J. Bien (Evanston: Northwestern University, Press, 1973), p.69.

애매성에 근거한 사회적 가치와 제도, 그리고 애매성의 직접적인 타자인 다양한 실존적 삶의 형태간의 상호의존적 관계는 곧 자아와 타자의 본원적 대화 관계를 지칭한다. 이를 사르트르(J. P. Sartre)에 대한 메를로-퐁티의 비판에서 다시 확인할 수 있다.

사르트르는 데카르트의 실체론(substantialism)이 불가피하게 유아론(solipsism)에 빠지게 된다는 논의에 대해 반대한다.[134] 사르트르의 존재론은 독립적인 주체의 복수성을 인정함으로써 실체론에 대한 유아론의 오류를 적절히 피하고 있는 것은 사실이다. 그러나 메를로-퐁티에 의하면 이것이 곧 상호주관성을 의미하는 것은 아니라고 한다. 그에 따르면 상호주관성이 개별적인 차이를 수동적으로 참는 것이 아니라, "함께 있음"에 대한 적극적인 관심이다. 자아와 타자는 각기 별개의 것이 아니라 서로 연결되어 있으며, 함께 관계하며 존재하는 것이다. 자아와 타자, 세계가 서로 전환 가능한 상호관계 속에서 둘 또는 그 이상의 극과 극에서 적극적으로 교차하는 것이다. 우리 인간은 고립된 작은 섬이 아니다. 우리는 세계 안에 함께 새겨져 있는 존재인 것이다. 메를로-퐁티에 의하면 "사르트르에게도 복수의 주체는 있지만 이들 사이의 상호주관성은 존재하지 않으며 세계와 역사가 여러 개의 출입구를 가진 체계로 간주하지 않는다. 그는 세계와 역사를 서로 공존할 수 없고 오로지 절망적인 자아의 영웅주의에 의해서 유지되는 일단의 조화되지 않은 관점에 입각해 있다."[135]

위에서 타자로서의 다양한 실존적 삶의 형태가 가지는 특징을 발생 맥락적 차원에서 다시 말해서 역사적 차원에서 살펴 보았다. 이것을 요약하자면 다음과 같다. 애매성 그 자체의 불완전성에 근거한 기존 사회적 가치와 제도, 그리고 제도적 실천이라는 계기를 통해서 산출되는 타자로서의 다양한 실존적 삶의 형태는 본원적으로 이해 지향적이며, 대화적이며, 그리고 상호

---

134) J. P. Sartre, Being and Nothingness (New York: Philosophical Library, 1956), p.233.
135) M. Ponty, Adventure of the Dialectic, p.205.

의존적이다.

이제, 타자로서의 다양한 실존적 삶의 형태 그 자체의 특징에 대해서 고찰해 보자. 이는 다시 상호신체성에 의한 상호주관성 개념에 대한 재분석을 요구한다. 상호신체성에 의한 상호주관성이란 자명한 의식을 가진 개별 인간 주체에 의해서 이루어진 이해나 합의의 개념도, 저속한 유물론이나 기계적 유물론에서 말하는 물질에 근거한 개념도 아니다. 이것은 지각적 차원에서 이루어지는 인간과 인간 혹은 인간과 세계와의 경험[136] 그 자체를 지칭한다. 따라서 타자로서의 다양한 실존적 삶의 형태란 인간과 인간, 그리고 인간과 세계와의 (대상화된)경험의 지속성에서 제기되는 타자이다. 이는 다양한 실존적 삶의 형태가 과잉결정된 채로 주어지는 (대상화된)경험적 지속성에서 유발되는 실존적 삶의 피로감이자 새로운 사회적 가치와 제도를 위한 물질적 터전임을 의미한다.

상호신체성에 의한 상호주관성은 정치공동체 구성원의 체험적 공통성에 근거한다. 이러한 맥락 속에서 '사회적인 것'의 이론적·실천적 기반은 마련된다. 이러한 '사회적인 것'의 지속이 결과하는 타자로서의 다양한 실존적 삶의 형태는 개별적 인간 주체가 가지는 타자가 아니라 집단적 요인이 고려된 타자이다. 다시 말해서, '사회적인 것'이 정치공동체 구성원 전체의 체험적 공통성에 근거해 있는 것과 마찬가지로 타자로서의 다양한 실존적

---

136) 여기서 제시되는 경험(experience)은 18세기의 경험론에서 제시하는 경험의 개념 즉, 주체와 객체의 엄격한 분리를 전제로 하여 감각기관을 통한 사물의 단편적인 관념(idea)과 인상 (impression)에 의하여 경험이 성립된다고 보는 그런 개념이 아니라 듀이(J. Dewey)의 경험 개념과 일맥상통한다. 듀이는 「민주주의와 교육」이라는 책에서 경험에 대해서 다음과 같이 기술하고 있다. "경험의 본질은 특수하게 결합되어 있는 능동적인 요소(active element)와 수동적인 요소 (passive element)가 내포되어 있다는 사실을 인식함으로써만 이해할 수 있다. 능동적인 면에 있어 경험은 시도하는 일(trying)로써 그 의미는 실험(experimental)이라는 말에서 명백하게 밝혀진다. 그리고 수동적인 면에 있어서 이는 당하는 일(undergoing)을 의미한다." (J. Dewey, Democracy and Education (New York: Macmillan, 1966), p.139.) 여기에서 언급된 듀이의 경험 개념은 '시도하는 일'과 '당하는 일' 간의 상호 작용을 의미한다. 다시 말해서 듀이의 경험 개념은 행동과 대상이 구분되어 있지 않으며, 주체와 객체의 구분도 없다. 다만 두 요소가 통일된 전체 속에서 작용함으로써만 의미를 가진다.

삶의 형태 또한 집단적 요인이 고려된 타자이다. 물론, 이러한 타자가 한 집단내의 개별 인간 주체에 따라 다양하게 인지될 수 있지만 타자로서의 다양한 실존적 삶의 형태의 타자는 각 집단내 구성원들의 체험적 공통성에 근거해 있다. 따라서 타자로서의 다양한 실존적 삶의 형태는 집단적 성격을 띤 타자이다.

이런 까닭에 타자로서의 다양한 실존적 삶의 형태는 정치공동체 내에서 표면적으로 다양한 '사회어'[137]로 제시된다. 그러나 이러한 사회어는 타자로서의 다양한 실존적 삶의 형태의 진정한 의미를 탈화시킨다. 왜냐하면 사회어는 이미 개념화되어진 제 2의 언어라는 점에서 닫힌 구조를 지향한다. '사회어'의 개념은 타자로서의 다양한 실존적 삶의 형태와 주변이데올로기적 담화를 연결시킨다. 주변이데올로기적 담화의 토대가 '사회어'라는 점에서, 그리고 '사회어'의 토대가 다양한 실존적 삶의 형태라는 점에서 다양한 실존적 삶의 형태는 주변이데올로기적 담화의 근원적 토대가 된다. 주변이데올로기적 담화의 토대가 제도적 실천이 산출하는 배제의 흔적에 근거한다는 점과 배제의 흔적이 담화적 수준에서 이루어진다는 점은 주변이데올로기적 담화가 사회어에 근거함을 입증한다.

따라서 세 가지 수준이 정치공동체 내에 공존함을 볼 수 있다. 애매성의 직접적인 타자로서의 다양한 실존적 삶의 형태, 이것에 근거한 다양한 사회어의 출현, 그리고 이러한 사회어에 근거한 주변이데올로기적 담화가 그것이다. 여기서 주목할 점은 다양한 실존적 삶의 형태가 사회어와 주변이데올로기적 담화의 토대가 된다는 점과 다양한 실존적 삶의 형태만이 대화적, 반성적 특질을 가진다는 것이다. 이에 반해 사회어와 주변이데올로기적 담

---

137) 한 정치공동체 내에서 통용되는 언어(랑그)는 공동체 구성원 전체의 경험적 일치에 근거하는 데 반하여, 여기서 제시되는 사회어란 한 집단내의 구성원들끼리 가지는 경험적 일치에 근거해 있다. 따라서 사회어는 언어(랑그)의 2차적 모델링 체계라 할 수 있다. 그러나 언어가 상호주관성 차원을 지시하는 데 반하여, 사회어는 규칙에 대한 해석상의 다양성을 전제로 한다. 이러한 점에서 사회어는 언어의 지위를 가지지 못한다. 그러나 사회어는 주변이데올로기적 담화처럼 전략적이지는 않다.

화는 폐쇄적인 닫힌 구조를 가지고 있다.

정치공동체가 산출할 수 있는 타자가 두 가지라는 점에서 '정당한 타자' 에 대한 고찰은 필수적이다. 정치공동체 내에서 산출될 수 있는 타자가 '주변이데올로기적 담화' 와 '다양한 실존적 삶의 형태' 라는 것을 앞에서 살펴보았다. 그리고 이들 타자들은 정치공동체 내에서 자연스럽게 표출된 타자들임을 또한 살펴보았다. 이제, 상호주관성 문제와 관련하여 이들 두 타자에 대한 성격을 분석함으로써 이들 중 어느 것이 '정당한 타자' 로서의 지위를 가지는지를 분석하고자 한다. 이를 위해서 포스트구조주의에서 제시하는 담화 개념이 '왜 이데올로기적' 인지에 대해서 살펴볼 것이다. 이를 통해 주변이데올로기적 담화가 왜곡된 메타(meta)적 구성임을 확인한다.

포스트구조주의에서 제시하는 담화 개념이 왜 '이데올로기적' 인지에 대해서 논해 보자. 이는 첫 번째, 포스트구조주의가 제시하는 담화 개념에 관한 문제와 직결된다. 앞선 제3장 1절에서 언급한 포스트구조주의의 담화 개념은 인간－주체에 대한 생활세계의 맥락성의 극단적 형태이다. 이는 포스트구조주의의 발생적 맥락과 관계된다. 주관주의－인식론에 대한 비판에서 태동한 포스트구조주의는 주체와 객체와 앞서는 담화의 선재성(先在性)에서 출발한다. 이는 곧 사회적인 것(the social)인 것들이 주체의 자명한 의식에 의해서도 객관적인 실재에 의해서 형성된 것이 아니라 단지 정치공동체의 가치와 제도가 정치공동체 구성원에게 우연적으로 주어진 것으로 제시된다. 그리고 이러한 포스트구조주의에서 제시하는 담화의 선재성은 가치본질주의(價値本質主義)[138]와 연결되지 않는다. 즉, 담화 그 자체의 불완

---

138) 이러한 '담화의 선재성' 개념을 가치 본질주의와 연결시키는 일련의 경향을 여러 학문 분야에서 볼 수 있다. 언어학에서 구조주의 언어학이나, 사회학에서는 상징적 상호작용론, 그리고 정치학 분야에서는 공동체주의(communitarian)가 그러하다. 공동체주의자인 맥킨타이어(A. MacIntyre)는 이를 극명하게 나타낸다. 맥킨타이어는 그의 책 『덕의 상실』에서 근대 자유주의의 계몽주의적 기획을 통렬히 비판하면서(A. MacIntyre, After Virtue (Notre Dame: University of Notre Dame Press, 1984) p.114) 우리가 "니체인가, 아니면 아리스토텔레스인가?"(ibid., p.118) 라는 선택의 기로에 있다고 묻는다. 다시 말해서 우리의 선택은 계몽주의적 기획을 시도하여 결

전성이 포스트—정치이론에서 제시되는 담화 개념의 또 다른 요소이다. 담화 그 자체의 불완전성이라 함은 문화(혹은 언어)의 불완전성이요, 제도의 불완전성을 지칭한다. 이러한 담화 그 자체의 불완전성은 곧 담화가 지니는 구조적 선택성과 배제성을 말함이다. 담화가 지닌 구조적 선택성과 배제성 그 자체의 역학(力學)이 포스트구조주의에서 나타나는 담화 역학인 것이다.

따라서 포스트구조주의의 담화 개념이 '이데올로기적' 이라 함은 담화 그 자체의 '원본적 의미' 를 은폐(隱蔽)시킨다. 포스트구조주의가 제시하는 담화 개념은 담화 내적인 차원만을 고려한다. 담화의 선재성과 담화 내적 역학만을 고려하는 포스트구조주의는 담화의 원본적 의미인 애매성의 차원을 고려하지 않는다. 기존 사회적 가치와 제도가 정치 공동체 구성원끼리의 원활한 의사소통을 위한 이론적 · 실천적 컨텍스트(context)임은 분명하지만 의미 발생론적 맥락에서 볼 때, 기존 사회적 가치와 제도의 의미는 상호 신체성에 의한 상호주관성에 근거해 있다. 따라서 기존 사회적 가치와 제도는 정치 공동체 구성원들의 '체험적 공통성' 에 근거해 있다. 그리고 이러한 '체험적 공통성' 은 지각 차원의 본질이라 할 수 있는 애매성에 근거해 있기 때문에 애매성이 담화 내적 역학의 동력인 담화의 구조적 선택성과 배제성의 원본적 의미가 된다.

이러한 은폐는 정치공동체에서 생산하는 '정치적인 것' 과 정치공동체 구성원의 정치적 행동을 왜곡(歪曲)시킨다. 포스트구조주의가 내세우는 '정치적인 것' 의 범주는 '적대적' 성격을 띤다. 실정성의 한계로서 주어지는

국, 니체적 허무주의로 빠지고 말든가, 아니면 계몽주의적 기획은 그릇되었을 뿐만이 아니라 애초에 시작조차 되어서 안될 것으로서 아리스토텔레스의 도덕적 전통으로 복귀하든가이며 제 3의 대안은 없다는 것이다.(ibid., p.256) 바로 이러한 점이 공동체주의가 공동체 구성원과 정치공동체의 가치와 규범체계 사이의 비반성적 관계를 전제하고 있음을 암시한다. 다시 말해서, 공동체주의가 표방하는 것은 공동체 구성원과 정치공동체의 가치와 규범체계간의 반성적 관계를 제시하는 것이 아니라 도덕적 규범의 정초가 정치공동체의 가치와 규범체계에 근거함을 역설한다.

배제는 적대의 개념을 함축하고 있으며, 이러한 적대는 지배와 피지배라는 이원적 대립을 구조화시킨다. 이것에 근거한 '정치'의 지향점 또한 '전략적' 특징을 띤다. 따라서 타자를 오직 담화 내적 역학 관계에 귀속시킴으로서 포스트구조주의의 담화 개념은 오직 전략적이고 적대적인 타자(주변이데올로기적 담화)만을 고려한다. 이는 곧 담화의 원본적인 의미인 애매성 차원에서 직접적으로 표출되는 타자(다양한 실존적 삶의 형태들)를 왜곡시킨다. 그리고 이러한 왜곡은 정치공동체 구성원의 정치적 행동을 전략적이고 적대적인 타자에 근거한 '접합적 의지'(혹은 실천)로 범주화한다.

두 번째, 전략적이고 적대적인 주변이데올로기적 담화의 구성 원리인 의미론적 이원론과 독백론이 정치공동체 내에서 산출되는 여러 현상들을 그릇된 의식으로 왜곡시킨다는 점이다. 의미론적 이원론이 현상과 개념들의 중의성에 대한 비판적 성찰을 방해하기 때문이다. 대처가 무의미하다고 여기는 집단적 자유가 만약 개인의 자유를 위한 기본 전제라고 한다면 어떨까? 어떠한 양가성도 허용하지 않는 양자택일에 의존하고 있는 의미론적 이원론은 이러한 류의 물음을 무시할 수밖에 없다. 그러나 이미 이사야 벌린(I. Berlin)이 지적했듯이 두 개의 상이한 자유의 개념이 있는 것이다. 그 하나는 "강요로부터의 자유," 또는 개인 행동의 자유 공간 등을 뜻하는 소극적 자유의 개념이고, 다른 하나는 집단적 조건에 따라 좌우되는 "적극적인 자유," 즉 개인에게 부여된 가능성으로서의 자유 개념이다.[139] 이 두 개념은 물론 서로 충돌할 수 있겠지만 반드시 충돌할 수밖에 없는 것은 아니다.

동일화 전략이 야기하는 독백주의는 대상 구성이라는 주—객관계의 본질적인 국면을 무시해 버린다. 대상 구성은 사회과학 분야에서 중요한 역할을 담당한다. 예컨대 인간의 무의식은 프로이드의 '무의식'이나 라캉의 '무의식' 개념으로 설명되어질 수 있다. 이 두 개념은 결국 인간 주체의 인식 수

---

139) I. Berlin, Two Concepts of Liberty (Oxford: Clarendon Press, 1958), pp.7~9.

단으로서 이용하는 두 가지의 가능한 대상 구성일 뿐이다. 이데올로기적 담화가 빠뜨린 것은 바로 이러한 성찰이다. 이념가는 무조건 대상 구성에 대한 문제의식을 봉쇄하려고 한다. 만일 주－객 관계나 대상 구성의 문제가 토론의 주제가 되었다가는 이데올로기적 담화의 상대성이 당장에 폭로될 것이기 때문이다. 따라서 이러한 이데올로기적 담화의 독백성은 대상 구성의 문제를 배제하는 동일화 메커니즘의 산물일 뿐이다.[140]

이제, 상호주관성을 위한 물질적 토대가 무엇인지 명확하게 제시되었다. 정치공동체가 생성하는 두 가지 타자인 주변이데올로기적 담화와 '다양한 실존적 삶의 형태' 중에서 주변이데올로기적 담화가 가지는 은폐성과 왜곡성은 상호주관성 문제와 관련하여 타자로서의 그것의 한계점을 분명히 제시한다. 따라서 정치공동체 내에서 자연스럽게 생성된 주변이데올로기적 담화는 그것이 가지는 왜곡성과 은폐성 때문에 '정당한 타자' 로서 지위를 상실한다. 기존 사회적 가치와 제도의 의미가 세계내 존재로서 구조화된 '몸의 도식' 에 근거한 정치공동체 구성원간에 이루어진 '체험적 상호관계' 에 의해서 구성된 '체험적 공통성' 에 있다면, 이는 기존 사회적 가치와 제도가 애매성에 근거함을 가리킨다. 이는 곧 다양한 이질성들의 표출을 함축하고 있다.

이러한 이질성은 실정성에 대한 한계로서 주어지는 배제의 흔적이 아니라, 애매성 그 자체에 기인한 이질성이다. 실정성의 한계로서 주어지는 배제의 흔적이 어떠한 대화적 계기도 포함하지 않는 적대를 함유하는데 반하여, 애매성으로부터 직접적으로 표출된 이질성은 기존 사회적 가치와 제도와의 본원적 대화 관계를 시사한다. 따라서 정치공동체 내에서 산출하는 '정당한 타자' 란 바로 기존 사회적 가치와 제도를 떠받치는 애매성 그 자체에서 표출되는 이질성이어야 할 것이다. 이 이질성이 바로 '다양한 실존적

---

140) 이데올로기적 담화가 가지는 의미론적 이원론과 독백론에 대해서는 페터 V. 지마, 『이데올로기와 이론』 (서울: 문학과 지성사, 1996) 참조.

삶의 형태'이다. 정당한 타자로서의 '다양한 실존적 삶의 형태'는 새로운 사회적 가치와 제도를 형성하기 위한 물질적 터전으로서 기능한다. 첫 번째, 다양한 실존적 삶의 형태는 정치공동체 구성원의 입장에서 정치적 참여에 대한 실제적 이유를 제공한다. 과잉 결정된 채로 주어지는 기존 사회적 가치와 제도의 (대상화된)경험의 지속성에 의해서 생산되는 다양한 실존적 삶의 형태는 기존 사회적 가치와 제도가 가지는 타당성에 대한 의문을 제기한다.

두 번째, 다양한 실존적 삶의 형태에 근거한 체험적 상호일치는 기존 사회적 가치와 제도에 대한 반성적 주제화의 토대를 이룬다. 이러한 반성적 주제화에 근거해서 다양한 이념들의 위상이 자리매김한다. 그리고 이러한 체험적 상호일치는 다양한 이념간에 이루어지는 논증의 과정에서 타당성 검증을 위한 자료처의 기능을 한다. 따라서, 기존 사회적 가치와 제도의 원본적 의미인 애매성, 그리고 이것의 직접적인 타자인 다양한 실존적 삶의 형태는 자유와 반성의 조합인 프락시스(praxis) 개념을 범주화한다. 실존적 애매성이 유발하는 역사의 운동은 자유라는 개념을 동력으로 하여 지속된다. 과잉 결정된 (대상화된)경험의 지속성에 대한 해방의 계기로서, 새로운 사회적 가치와 제도를 구성하기 위한 계기로서 자유는 기능한다.

여기서 기술된 자유는 주관주의에서 주장하는 '의지의 자유' 즉, 의지가 명석하고 판명한 인식에 근거하여 자기결정하는 것을 지칭하는 것도, 홉스(Hobbes)식의 자유, 즉 인간이 욕구에 근거하여 결정한 것을 외적인 장해나 제한 없이 행할 수 있는 것에 있다고 주장하는 것도 아니다. 애매성에 근거한 자유란 절대이성에 근거한 것도, 인간의 정념에 근거한 것도 아니다. 실존적 차원에서의 자유는 인간의 체험에 근거한 자유이며, 이는 곧 애매성이 자유의 본질임을 기술한다. 이러한 역사의 운동 속에서 정당한 타자로서의 '다양한 실존적 삶의 형태'는 새로운 질서를 구성하기 위한 반성적 주제화의 토대로서, 그리고 물질적 터전으로서 기능한다.

V. 실존철학적 상호주관성이론

V. 실존철학적 상호주관성이론

소통 문제와 관련한 하버마스와 무페의 상호주관성이론이 가지는 사회통합을 위한 불충분성은 상호주관성 문제에 대한 해법이 비담화적 실재에 있음을 확인시킨다. 특히 공적 영역에 있어서 담화적 실재를 구성하기 위한 물질적 토대로서의 비담화적 실재의 구성이 그것이다. 하버마스의 의사소통이론에서 보여주는 공적 영역의 물질적 토대는 어떠한가. 하버마스가 제시하는 공적 영역의 물질적 토대는 연대감이다. 상호주관적으로 공유된 생활양식 속에 함께 사는 동료들의 복지와 생활양식의 통합을 보존하려는 연대감은 다양한 이념들 간에 이루어지는 논증을 위한 토대이다.

그러나 이러한 공적 영역의 토대로서 연대감은 단지 이상화된 생활세계 개념을 전제로 하여 형성된 연대감이다. 이러한 연대감에서 의사소통 행위로의 전환이 이루어진다. 그리고 다양한 이념들 간에 이루어지는 논증의 과정 또한 이상화된 생활세계에 의해서 보증하는 보편적인 도덕적 관점을 전제한 채로 이루어진다. 하버마스의 공적 영역이 이상화된 생활세계에 근거하여 연대감과 의사소통 행위를 개념화하였다면, 무페의 상호주관성이론은 갈등과 모순이 병존하는 실제 생활세계에서 상호주관성을 구하고 있다.

무페의 경합모델에서 보여주는 공적 영역의 물질적 토대는 무엇인가. 무페가 제시하는 공적 영역의 토대 또한 연대감이다. 다양한 이념들 속에 소유된 감정으로 제시되는 연대감은 적대를 경쟁으로 전환시키는 토대이다. 그러나 무페의 이러한 연대감은 다양한 이념들 간에 이루어지는 논증 과정에서 어떠한 역할도 하지 못하였다. 다만 적대를 경쟁으로 전환시키는 계기로서의 연대감의 결집만을 제시할 뿐이다. 이에 무폐는 인륜적 차원에서 선험적이고 동질적인 관점을 전제한다.

이러한 맥락에서 상호주관성 문제에 대한 해법은 공적 영역의 재구성에 있음을 확인할 수 있다. 실존적 차원에서 공적 영역의 물질적 토대는 연대감 자체가 아니다. 다양한 실존적 삶의 형태에 위치지워진 정치공동체 구성원이 연대감에 근거하여 형성하는 체험적 상호일치가 실존적 차원에서 제시하는 공적 영역의 물질적 토대이다. 체험적 상호일치가 다양한 이념들 간에 이루어지는 논증과정에서 자료처의 역할을 한다. 기존 사회적 가치와 제도에 대한 반성적 주제화의 토대로서, 그리고 다양한 이념들 간에 이루어지는 논증 과정에서 각각 이념들에 대한 타당성 검증을 위한 자료로서 기능한다.

이러한 맥락에서 본 장은 세 부분으로 나누어진다. 첫 번째, 공적 영역의 물질적 토대를 형성하기 위한 외적 조건으로서의 '직접성' 이다. 직접성은 정치공동체 구성원들로 하여금 '정치적인 것' 의 원본적 양태인 '다양한 실존적 삶의 형태' 를 지각케 한다. 그리고 체험적 상호일치를 이루기 위한 중심에 '세계내 존재로서 구조화된 몸의 도식' (내지 연대감)이 위치하고, 이러한 몸의 도식이 정치공동체 구성원간에 작동되기 위한 전제로서 주어지는 것이 체험적 상호관계이다. 직접성은 체험적 상호관계를 형성하기 위한 외적 조건이다.

두 번째, 공적 영역의 구성과 역할이다. 공적 영역에서 이루어지는 의견의 일치 과정, 공적 영역에 참여하는 참여자의 문제, 그리고 공적 영역의 역할로 나누어서 기술할 것이다. 의견의 일치의 과정은 새로운 사회적 가치와 제도를 구성하기 위한 공적 영역에 참여한 참여자간에 이루어지는 일련의 과정에 대한 기술이다. 그리고 공적 영역의 참여자 문제는 다양한 실존적 삶의 형태가 집단적이라는 점에서 집단성이 고려된다. 그리고 공적 영역의 역할은 시민사회와 국가를 연결시키는 가교로서의 공적 영역이다. 이는 곧 간접민주주의에 대한 보완적 형식으로 제시된다.

　세 번째, 정치적 행동의 의미이다. 세계내적 존재로서 구조화된 몸의 도식에 근거한 정치공동체 구성원간의 체험적 상호관계는 자유와 반성의 조합으로 제시되는 정치공동체 구성원의 정치적 행동에 대한 그것의 토대를 구성한다. 아울러, 이렇게 범주화된 정치적 행동은 단순히 외부의 목적이나 결과를 지향하는 행위가 아니라 정치적 행함이 되는 것이다. 이러한 정치적 행동은 (대상화된)경험에서 체험적 상호관계의 복귀를 의미하며, 이러한 복귀는 정치공동체 구성원 상호간에 내재해 있는 '연대감' 으로의 귀환을 의미한다.

1. 공적 영역의 외적 조건

　앞선 제4장에서 기술된 정치공동체의 지형에서, 정치공동체는 기존 사회적 가치와 제도, 사회어, 그리고 다양한 이데올로기적 담화가 공존하는 공간이다. 이러한 상황에서 정치공동체 구성원간에 이루어지는 상호관계는 항상 (대상화된)경험의 상호관계로 전환되기 쉽다. 이에 새로운 사회적 가치와 제도를 형성하기 위한 공적 영역의 물질적 토대의 구성은 외적 조건을 요구한다. 이를 위한 외적 조건이 '직접성' 과 '상호성' 이다. 직접성이란 특정 대상에 대한 이념적 매개의 제거를 의미한다. 상호성이란 주체 대 주체의 지속적인 상호관계를 의미한다. 따라서 공적 영역의 외적 조건은 직접성에 토대한 상호관계 즉, 어떠한 이념적 매개도 없이 이루어지는 대화적 관계 그 자체를 지칭한다.

　왜 직접성에 토대를 둔 상호성이 새로운 사회적 가치와 제도를 생산하기 위한 외적 조건이 되는가? 이 물음에 대한 해답을 얻기 위해서 직접성과 직접성에 토대를 둔 상호성의 출처(source, 出處)에 대해서 알아보자. 이는 곧 기존 사회적 가치와 제도의 토대인 정치공동체 구성원간에 이루어진 '체험적 공통성'(experienced unity)에 대한 분석과 연결된다. 상호 신체성에 의해 이루어지는 최초의 상호주관성에 대한 고찰을 통해서 상호주관성을 위한 두 가지 원칙을 도출하고자 한다.

따라서 본 절에서는 다음의 두 가지가 논의될 것이다. 첫 번째, 기존 사회적 가치와 제도의 토대가 되는 정치공동체 구성원간에 이루어지는 체험적 공통성에 대한 분석을 통하여 상호주관성을 위한 두 가지 원칙을 제시한다. 두 번째, 이러한 두 가지 원칙이 새로운 상호주관성을 위한 외적 조건으로서 기능함을 논의한다.

기존 사회적 가치와 제도의 토대로서의 체험적 공통성이 어떻게 형성되었는지에 관해서 고찰해 보자. 체험적 공통성이란 첫 번째, 세계내 존재로서 구조화된 '몸의 도식'에 근거해 있고, 두 번째, 이러한 '몸의 도식화'는 어떠한 이념적 매개도 없이, 그리고 동등한 위상을 가진 나와 타자간에 이루어지는 '체험적 상호관계'(experienced interaction)라는 형식을 전제(前提)하고 있다. 기존 사회적 가치와 제도가 가지는 그것의 정당성이 세계내 존재로서 구조화된 몸의 도식에 근거한다는 점에서 체험적 공통성은 곧 세계내 존재로서 구조화된 몸의 도식 그 자체를 지칭한다. 그리고 세계내 존재로서 구조화된 몸의 도식을 형성하기 위한 전제가 어떠한 이념적 매개도 없이 이루어진 주체 대 주체의 대화 관계인 체험적 상호관계라는 점을 확인할 수 있다.

그러면 체험적 공통성의 토대인 체험적 상호관계는 무엇인가. 이념적 매개가 없다는 점에서 체험적 상호관계는 대상화하지 않는 상호관계를 지칭한다. 이는 대화 상대를 어떤 성질의 더미의 총합으로 인식하는 것이 아님을 의미한다. 이를 마틴 부버(M. Buber)는 만남이라고 하였다.[141]

당신이라고 말하는 사람은 그 어떤 것도 가지지 않는다. 아무 것도 가지

---

141) M. Buber, I and Thou, translated by R. G. Smith (New York: Charles Scribner's Sons, 1937), p.8.

지 않는다. 그러나 그는 관계에 들어선다." [142]

"내가 한 사람을 나의 당신으로서 마주 대할 때, 그는 사물 중의 한 사물도 아니며, 사물로 이루어진 것도 아니다. 그는 시간과 공간의 세계 그물내의 한 점도 아니며 그는 하늘을 채우고 있다. 그 외에는 아무 것도 없는 것과 같은 그러한 것은 아니지만, 그 외의 모든 다른 것은 그의 빛 속에 살고 있다. [143]

기존 사회적 가치와 제도의 토대인 체험적 공통성의 토대인 정치공동체 구성원간의 체험적 상호관계는 도구적 상호관계와 대치된다. 인간이 취하는 이중적인 태도에 따라 세계는 이중적인데, 이 같은 이중적인 태도는 바로 대상화하는 경험[144]과 상호관계에 들어서는 만남[145]이다. 인간에게는 이 두 가지 태도가 모두 가능하지만 인간이 세계와 참된 관련을 가지는 것은 경험에서가 아니라 만남에서이다. "경험하는 인간은 세계와 아무런 관련이 없다. 경험은 경험하는 인간 안에 있지 경험하는 인간과 세계 사이에 있는 것이 아니다. 세계는 개념과 아무런 상관이 없다. 세계는 자신을 경험되도록 하지만 경험은 세계에 아무 것도 하지 못한다." [146]

그러므로 부버에게는 대상화된 세계는 참된 현실이 아니다. 대상화된 세계는 세계와는 무관한 독백적인 삶이다. 참된 현실은 어디까지나 비대상적인 관계인 만남에서만 성립한다. 결국, 상호신체성에 의한 최초의 상호주관성 즉, 정치공동체 구성원간의 체험적 공통성(내지 몸의 도식화)은 부버에게서 서술된 만남의 개념에 근거한다. 어떠한 이념적 매개도 없이 주체 대 주체간에 이루어지는 상호 관계가 바로 부버가 지시한 만남의 핵심이요, 바

---

142) ibid., p.4.
143) ibid., p.8.
144) 여기서 기술된 경험 개념은 이념적 매개에 의해서 대상을 경험한다는 의미에서의 경험이다. 이를 부버는 '나-그것'의 관계라고 칭한다.
145) 부버는 만남을 이념적 매개 없이 이루어지는 상호관계 즉, '나-당신'의 관계라고 칭한다.
146) ibid., p.5.

로 이것이 '체험적 공통성'을 이루어지는 상호관계이다.

체험적 공통성이 어떠한 이념적 매개도 없이 이루어진다는 점에서, 주체 대 주체의 상호관계를 지칭한다는 점에서 체험적 공통성으로부터 상호주관성을 위한 다음의 두 가지 원칙을 도출할 수 있다.

첫 번째, '직접성'(direct relationship)이다. 체험의 공통성이 상호신체성에 근거해 있다면, 자아와 타자 사이를 매개하는 어떠한 선지식이나 기대도 존재하지 않음을 의미한다. 두 번째, '상호성'(reciporocity)이다. 상호성이란 이미 느끼면서 느껴지고, 보면서 보여지는 지각의 가역성(reversiblilite)이라는 형식으로 상호신체성 및 신체와 사물자체와의 관계 속에 명시되어 있다. 기존 사회적 가치와 제도가 체험적 상호관계에 근거한다는 점에서, 그리고 체험적 상호관계가 직접성과 직접성에 토대를 둔 상호성이라는 두 가지 원칙에 의해서 구성된다는 점에서, 기존 사회적 가치와 제도가 생산되는 공간적 차원 즉, 가정과 사회적·정치적 차원에서 이루어지는 체험적 상호관계에 대해서 고찰해 보자.

가정적 차원에서 이루어지는 체험적 상호관계는 바로 '사랑'의 토대가 된다. 물론 대상화된 사고에서 본다면 사랑은 신기루처럼 실체가 없는 개념이다. 그러나 사랑은 실체를 가지지 않는다. 왜냐하면 사랑은 실체가 아니라 관계이기 때문이다. 가족 성원간에 이루어지는 체험적 상호관계가 사랑의 토대라고 하는 것은 체험적 상호관계의 한쪽을 대상화시키지 않음을 의미한다.[147] 그래서 사랑은 철저히 관계이고, 이러한 관계 속에서만 가족간에 형성된 규범적 관계가 타당성을 얻는다.[148] 여기서 주목해야 할 점은 사랑이

---

147) 이러한 사랑에 대해 마틴 부버는 경험적 사랑과 상호관계적 사랑을 구분한다. "감정은 소유되지만, 사랑은 생겨난다. 감정은 사람 속에 거주하지만, 사람은 사랑 속에 거주한다. 이것은 은유가 아니라 현실이다. 사랑은 자신에 얽매여서 '당신'을 내용으로, 대상으로 삼지 않는다. 사랑은 '나'와 '당신' 그 사이에 있다."(ibid., p.14.)
148) 사랑이 규범과 가치에 타당성을 부여한다는 것은 규범과 가치가 존재하기에 앞서 사랑의 선재성을 의미함은 물론이요, 이러한 선재성 속에서 규범과 가치는 그것의 타당성을 부여받는다.

결코 '감정'이 아니라는 것이다. 왜냐하면 감정은 상호관계를 의미하는 것이 아니라 어느 한쪽의 감정적 소유를 의미하기 때문이다. 가정차원에서 이루어지는 체험적 상호관계 즉 어떠한 이념적 매개도 없이 주체 대 주체의 대화적 관계는 바로 상호관계로서의 사랑이다.

사회적·정치적 차원에서 제시되는 체험적 상호관계는 어떠한가. 사회적·정치적 차원에서 어떠한 이념적 매개도 없이 이루어지는 주체 대 주체의 대화 관계는 사랑에 대한 확산으로서 제시되는 '우정', '동료애', 그리고 '연대감'의 토대이다. 이러한 점에서 연대감은 체험적 상호관계(직접성에 토대한 상호성)를 전제할 때에만 작동하는 것이다. 이러한 맥락에서 공적 영역의 물질적 토대로서 제시하는 하버마스와 무페의 연대감 개념은 이념적 차원에서 각각의 이념에 소유된 감정으로서 제시된다.[149]

기존 사회적 가치와 제도가 가지는 그것의 정당성이 세계내 존재로서 구조화된 몸의 도식에 근거한다는 점에서, 그리고 세계내 존재로서 구조화된 몸의 도식이 체험적 상호관계에 토대한다는 점에서, 체험적 상호관계를 구성하는 두 가지의 원칙은 상호주관성을 이루기 위한 보편적 원칙이다. 다시 말해서, 정치공동체 구성원간에 이루어진 최초의 연대감이 체험적 상호관계라는 형식하에서 구성되어졌음은 새로운 사회적 가치와 제도를 형성하기 위한 정치공동체 구성원의 연대감 발휘는 체험적 상호관계라는 형식하에서만 작동됨을 의미한다.

본 논문 제 4장 정치공동체의 지형에 대한 분석에서, 우리의 일상은 다양한 가치와 다양한 이데올로기적 담화, 다양한 사회어, 그리고 다양한 실존적 삶의 형태라는 요소들에 의해서 복합적으로 구성되어져 있음을 보았다. 이를 마틴 부버는 대상화된 상호관계와 비대상화된 상호관계의 교차라고

---

149) 하버마스에 있어서 연대감 개념은 동질성이 보증된 이상화된 생활세계에 토대를 두고 있기 때문에, 각각 이념에 소유된 감정으로서의 연대감일지라도 하버마스식의 연대감은 이상화된 생활세계내에서 자연스럽게 작동된다.

기술하고 있다. 인간의 삶은 그것이 건강성을 잃지 않는 한, '당신' 의 세계와 '그것' 의 세계가 서로 뒤얽혀 있는 방식으로 있다. "어떠한 사람도 순수한 인격이 아니며, 어떠한 사람도 순수한 고유존재도 아니다. 완전히 현실적인 사람이란 없으며, 완전히 비현실적인 사람도 없다. 모든 사람은 이중의 나 속에 살고 있는 것이다." [150]

이러한 맥락에서 상호주관성을 위한 보편적 형식인 직접성과 상호성은 이제 새로운 상호주관성을 형성하기 위한 외적 조건으로서 기능한다. 그러면 상호주관성을 위한 외적 조건으로서의 '직접성' 과 '상호성' 을 구체적으로 분석해 보자. 첫 번째, 직접성이다. 직접적이라는 말은 바로 맞닿아 있기 때문에 가운데 끼어드는 것이 없다는 것이다. 이는 나와 타자와의 관계, 그리고 나와 나와의 관계에서 제시된다. 나와 타자와의 상호관계가 직접적이라고 말하는 것은 상호관계에는 가운데 끼어드는 매개가 없다는 것이다. " '나' 와 ' 당신 '사이에는 어떠한 개념도, 어떠한 선지식도, 어떠한 환상도 없다. '나' 와 '당신' 사이에는 어떠한 목적도, 갈망도, 기대도 없다. 모든 매개는 장애이다. 모든 매개가 해체되는 장소에 만남이 생겨난다." [151]

이처럼 대상화와 만남을 가르는 기준은 상대방에 대한 매개로서 어떤 선지식이나 기대가 있느냐의 여부이다. 상대방에 대한 모든 판단을 중지하는 것, 이것이 만남의 첫째 요건이다. 여기서부터 만남이 시작된다. 아무런 매개도 없기 때문에 "당신이라고 말하는 사람은 그 어떤 것도 가지지 않는다." [152] 왜냐하면 그곳에는 아무것도 없기 때문이다. 오직 있는 것은 매개 없이 직접적으로 주어진 '당신' 과 '당신' 이 點하는 실존적 삶의 형태뿐이다. 그리고 직접성은 '나와의 관계' 에서, 내가 點하고 있는 이념적 입장의 소거를 통하여 애매성의 직접적인 타자로서 제시되는 실존적 삶의 형태를 지

---

150) M. Bubber, I and Thou, p.65.

151) ibid., pp.11~12.

152) ibid., p.4.

각케 한다.

새로운 상호주관성을 생산하기 위한 외적 조건으로서의 직접성은 정치공동체 구성원의 정치적 참여에 대한 실제적 이유를 제공한다. 직접성에 의해서 구체화되는 애매성의 직접적인 타자인 다양한 실존적 삶의 형태는 이원적 대립 관계에서 생산되는 주변적 삶의 형태가 아니라, 과잉 결정된 채로 주어지는 기존 사회적 가치와 제도의 (대상화된)경험의 지속성이 생산해내는 타자이다. 이러한 점에서 정치공동체 구성원은 항상 다양한 실존적 삶의 형태라는 공간 속에 위치한다. 직접성에 의한 다양한 실존적 삶의 형태에 대한 정치공동체 구성원의 지각은 기존 사회적 가치와 제도에 대한 타당성을 의문시할 뿐만이 아니라 공적 영역으로의 참여를 유도한다.

새로운 사회적 가치와 제도를 형성하기 위한 직접성은 공적 영역의 물질적 토대(체험적 상호일치)를 형성하기 위해서 이루어지는 체험적 상호관계를 위한 전제이다. 직접성에 의한 타자의 인식은 타자가 위치하고 있는 실존적 삶의 형태에 대한 인식과 연결된다. 이러한 인식은 공적 영역의 물질적 토대를 형성하기 위한 체험적 상호관계가 특정한 실존적 삶의 형태에 위치하고 있는 주체들 간의 대화관계임을 의미한다.

두 번째, (직접성에 근거한)상호성이다. '체험적 공통성'(내지 체험적 상호일치)에서 제시된 직접성은 이념적 매개의 소거에 있었다. 그리고 이는 상호주관성을 위한 보편적 형식으로서 인간—주체에게 판단중지라는 적극적인 면을 요구하였다. 그렇다면, '체험적 공통성'에서 제시하는 상호성이란 직접성에 근거한 주체 대 주체의 상호관계를 지칭한다. 이는 상호주관성을 위한 보편적 형식으로서 소극적인 면을 제시한다. 왜냐하면 직접성은 만나고자 하는 사람에게 상대방에 대한 판단중지를 요구하지만, 상호성은 만나고자 하는 사람에게 기다림을 요구하기 때문이다.

이러한 점에서 직접성에 토대를 둔 상호성은 상호관계를 형성하는 어느 한쪽의 일방적인 요구만으로 이루어지지 않는다. 이를 마틴 부버는 "만남

은 선택됨과 선택함이, 수동과 능동이 하나가 되는 것이다 … 근원어 나-
당신은 오직 전체존재로서만 말해질 수 있는 것이다. 그러나 전체 존재에로
모아지고 녹아지는 것은 결코 나를 통해서 일어나지 않는다. 그렇지만 나
없이도 또한 일어나지 않는다"[153]라고 기술하고 있다. 따라서 상호성 개념
은 상호관계를 형성하는 한쪽의 의지뿐만이 아니라 다른 쪽의 의지 또한 필
요한 것이다.

이러한 맥락에서 새로운 상호주관성을 생산하기 위한 외적 조건으로서의
상호성은 정치공동체 내에 정치공동체 구성원의 상호관계를 형성할 수 있
는 '공적 영역'(public sphere)의 필요성에 대한 근거를 제시한다.[154] '공적
영역' 에 대한 정치공동체 구성원의 정치적 참여는 '직접성' 에 의해서 보장
됨은 물론이요, '공적 영역' 에서 이루어지는 상호관계의 토대 또한 '직접
성' 에 의해서 제시된다. '공적 영역' 에서 정치공동체 구성원은 이념화되기
이전의 다양한 실존적 삶의 형태에 위치하고 있으며, 특정한 삶의 형태에
위치한 주체들간의 상호작용을 통한 상호이해는 세계내 존재로서의 우리
의 '몸의 도식' 에 근거한다. 이렇게 형성된 체험적 상호일치가 공적 영역의
물질적 토대를 형성한다. 이러한 물질적 토대는 다양한 이념들간에 이루어
지는 논증에 자료처의 역할을 한다. 각각의 이념들에 대한 타당성 검증을
위한 자료로서 제시될 뿐만이 아니라 새로운 사회적 가치와 제도를 형성하
기 위한 자료로서 기능한다. 따라서 체험적 상호관계에 의해서 형성된 체험
적 상호일치는 다양한 이념들간의 상호침투와 상호일치의 토대가 된다.

실존철학적 상호주관성이론이 제시하는 공적 영역이 체험적 상호관계에
의해서 형성된 체험적 상호일치에 토대하여 다양한 이념들 간의 상호침투

---

153) ibid., p.11.
154) 이러한 '상호성' 개념이 가지는 공적 영역의 필요성을 한나 아렌트는 다음과 같이 기술하고 있
    다. " 사적 영역과 공적 영역의 가장 근본적인 의미는 한편으로는 숨겨져야 할 것이 존재하고, 다
    른 한편으로는 존재하기 위해서는 반드시 공공적으로 드러나야 할 것이 있다는 사실이다." (H.
    Arendt, Human Condition (Chicago: The University of Chicago, 1998), p.73.)

를 기술한다면, 하버마스의 의사소통이론에서 제시하는 공적 영역은 다양한 이념들 간의 상호 침투를 동질적 배경언어에 의해서 보장된 이념적 차원에서 이를 구하고 있다. 이를 하버마스는 다음과 같이 기술한다.

복잡한 사회에서 공적 영역은 정치체계라는 하나의 극과 생활세계의 사적 부분과 기능적으로 전문화된 행동체계라는 또 다른 극을 매개하는 중간구조를 형성한다. 그것은 고도로 복잡한 네트워크로서 공간적인 측면에서 보면 서로 중첩하는 다수의 국제적, 국가적, 지역적, 공동체적, 하위문화적 영역들로 분화되어 있다. 또한 객관적인 측면에서 보면, 공적 영역은 기능적인 관점들, 주제의 비중, 정치영역 등에 따라 어느 정도 전문화된, 그러나 여전히 일반인들이 접근할 수 있는 공적 영역들(예를 들면, 대중과학적 공적 영역, 문학적 공적 영역 등)로 분화된다. 마지막으로 공적 영역은 그 수준에서도 의사소통의 밀도, 조직의 복합성, 범위에 따라 분화된다. 그리하여 술집이나, 커피하우스 추상적인 공적 영역에 이르기까지 다양한 수준의 공적 영역이 있다. 그러나 이렇게 다양한 분화에도 불구하고 일상언어적으로 구성된 부분적 공론들은 서로 대해서 열려 있다. 마치 햇살이 퍼지듯이 모든 방향으로 뻗어나가면서 계속하여 거듭 쓰이는 공적 영역이라는 하나의 텍스트는 사회의 내부 경계선을 따라 임의의 작은 텍스트들로 잘게 분할된다. 이 작은 텍스트에게 나머지 모든 것들은 하나의 맥락을 형성하게 된다. 그러나 하나의 텍스트와 그 다음 텍스트를 이어주는 해석학적 교량은 항상 세울 수 있다. 달리 말하자면, 정치체계와의 연관에 의해 정의되는 일반적인 공적 영역의 내부의 경계선은 원칙적으로 투과될 수 있는 경계선이다.[155]

실존적 차원에서의 제시되는 공적 영역의 물리적 토대는 '배타적인 영역'(exclusive sphere)으로 제시된다. 공적 영역의 물리적 토대를 배타적인 영역으로 제시됨은 공적 영역의 물리적 토대가 직접성에 토대하고 있음을 의미한다. '어떠한 이념적 매개도 없이 이루어지는 주체 대 주체의 대화적 관계'에 의해서 이루어지는 공적 영역의 물리적 토대는 어떠한 (대상화된) 경험을 불허한다는 것이다. 마틴 부버는 모든 이념적 기준을 배제하는 이 같은 독점적 전체성을 배타성(the exclusive, 排他性)이라고 지칭하였다. "나-당신 관계 그 속에 서서 그 속에서 바라보는 사람에게 상대방은 분산에서 풀려나와 전념이 된다. 착하고 나쁘고, 현명하고 아둔하고, 아름답고 못생긴 이들이 차례로 현실이 되고 '당신'이 된다. 놀랍게도 재차삼차 배타성이 발생한다."[156]

이러한 직접성과 상호성이 상호주관성을 위한 외적 조건으로 기능하지만 결코 정치공동체 구성원들에게 '외재적'이지 않다. 왜냐하면 직접성에 근거한 상호성이라는 개념은 선험적 토대 위에서 구성된 개념이 아니라 일상적인 인간들의 삶 속에 내재된 개념이기 때문이다. 모든 제도나 문화의 원본적 의미를 구성하는 형식으로서 우리의 일상적 삶 속에 내재해 있다. 단지 우리가 이념적 장애물 때문에 그것을 보지 못할 뿐이다.

마틴 부버는 나-당신과 나-그것을 순환적 구조로 설명한다.[157]

"낱낱의 '당신'은 상호관계의 사건이 끝나면 하나의 '그것'이 되지 않으

---

155) J. Habermas, Between Facts and Norms: Contributions to a Discourse Theory of Law and Democracy (Cambridge: MIT Press, 1998), pp.373~374. 이를 『현대성의 철학적 담론』에서 더욱 더 명시적인 용어로 표현하고 있다. "지역적 공적 영역과 초지역적 공적 영역, 문화적, 과학적, 정치적 공적 영역 경계들은 투과성을 가지고 있으며, 모든 공적 영역은 다른 공적 영역들을 향해 열려 있다. 거의 은폐되지 않은 그들의 보편주의적 경향은 담화적 구조들에 기인한다. 모든 부분 공적 영역들은 하나의 포괄적인 공적 영역을 지시한다. 이 공적 영역 속에서 전체 사회는 자신에 관한 지식을 형성한다." J. Habermas, The Philosophical Discourse of Modernity, pp.359~360.

156) M. Buber, I and Thou, p.15.

157) 부버가 기술한 '나-당신'과 '나-그것'의 상관관계는 메를로-퐁티가 기술한 가역성의 논리와 일맥상통하다. 메를로-퐁티의 가역성 논리의 핵심은 인간-주체와 언어와의 순환적 관계이다. 의미 발생의 근원으로서 제시되는 인간-주체 상호관계에서 이루어지는 체험적 공통성, 의미의 표층적 체계로서 언어체계, 그리고 언어체계에 의한 인간-주체의 경직된 구성이다. 이러한 경직된 구성은 그것이 가지는 원래적 의미인 애매성에 의해 다시 환원된다. 여기서 주목해야 할 점은 인간-주체 상호간 형성된 체험적 공통성과 언어체계에 의한 인간-주체의 구성의 차이점이다. 체험적 공통성이 이념적 매개 없이 이루어지는 상호관계라면, 언어체계에 의한 인간-주체의 구성은 이념적 매개에 의한 인간-주체간 상호관계를 지칭한다. 따라서 체험적 공통성은 나-당신에 상응하며, 언어체계에 의한 인간-주체의 구성은 나-그것에 상응한다.

면 안된다."[158]

　아니 오히려 나-그것관계가 일상적이며, 나-당신관계는 예외적이다. "그것들은 인간으로 하여금, '그것'의 세계를 인간이 살아야만 하는 세계로 보게 한다. '당신'이라는 계기는 이 같은 확고하고 유용한 시간내에서 놀랍고 시적이며 극적인 에피소드로써 나타난다."[159] 이처럼 나-그것은 인간이 가진 일상생활 그 자체를 지칭한다. 이념적 매개에 의해 투영된 대상화된 세계에서 인간은 살아가고 있다.

　이처럼 나-그것의 관계가 일상적인 사태임에도 불구하고 "각각의 '그것'은 상호관계의 사건내에 들어감으로써 하나의 당신이 될 수 있다."[160] 왜냐하면, "상호관계의 사건으로부터 떨어져 나가서 자의식을 가지게 된 자아도 자신의 현실성을 잃는 것이 아니고 씨앗이 그 안에 있기"[161]때문이다. 이제 만남의 세계는 경험의 세계가 되고 경험의 세계가 다시 만남의 세계가 되어야 한다면 이들 인간의 두 세계가 상호변환 관계에 놓여있다고 말해야 할 것이다. (대상화된)경험과 연대감의 형식인 '체험적 상호관계'가 상호변환적 관계에 있음은 이들이 '배타적인 순환구조'(exclusive circular structure)에 있음을 의미한다. 이러한 상호 배타적인 순환구조의 타당성은 실제 생활세계라는 차원에서 우리의 일상의 대부분이 (대상화된)경험으로 채워져 있기 때문이다.

---

158) ibid., p.33.
159) ibid., pp.33~34.
160) ibid., p.34.
161) ibid., p.63.
162) 무페의 경합모델에서 제시되는 연대감(solidarity)이라는 개념은 다양한 이데올로기적 담화들의 각각이 가지고 있는 열정(passion)으로 제시된다. 따라서 무페의 연대감은 이념적 차원에서 작동하는 문맥 독립적이고 소유된 감정으로서 연대감으로 개념화된다. 따라서 무페의 경합모델상에서 의견의 일치를 위한 정치공동체 구성원의 공적 영역으로의 정치적 참여는 문맥 독립적이고 소유된 감정으로서의 연대감에 의해서 보장되며, 그리고 의견의 일치에 대한 그것의 실천력은 다양한 이데올로기적 담화내에 자리잡은 열정들의 집합적 동원(mobilization)과 직접적인 관련을 가진다. (Ch. Mouffe, "For an agonistic model of democracy", pp.125~126.)

이러한 맥락에서 하버마스 의사소통이론에서 제시되는 연대감[162] 개념의 토대인 동질성이 보증된 이상화된 생활세계[163]는 바로 '체험적 상호관계'를 구도화한 것이라 볼 수 있다. 하버마스의 연대감 개념은 의식철학이 가지고 있는 주체 개념에 대한 비판적 재구성으로 제시된다. 문맥 독립적인 독백적 주체가 아니라, 이상화된 생활세계의 맥락(context)에 의해서 자기의 정체성을 구성하는 주체로의 재구성을 통해서 연대감을 제시한다.

이러한 연대감 개념은 공적 영역의 물질적 토대로서 기능한다. 사적인 영역에서 문제시 되었던 것이 공적인 영역으로 전환되는 경계선에 바로 연대감이 자리잡고 있다. 이러한 맥락에서, "공적 영역은 생활사의 차원에서 공명을 일으킨 사회적 문제 상황에 대한 사적 가공처리부터 자극과 추진력을 끌어온다."[164] 따라서 "공적 의사소통의 과정이 생활세계로부터 출현하는 시민사회의 고유한 역동성에 맡겨질수록 그 의사소통 과정이 덜 왜곡되면서 이루어질 수 있다."[165]

연대감은 '개별화된 주체 속에 내재하는 시원적 의미의 소유된 감정'으로써 제시된다. 개별화된 이념 속에 묻어 있는 문맥 독립적이고 소유된 감정으로서의 연대감이 새로운 사회적 가치와 제도를 형성하기 위한 정치적 참여의 계기로써 작동하고, 이념적 다원화에 대한 '의견의 일치'를 구하는 동력으로써 작용한다.

---

163) 하버마스의 생활세계 개념은 다음 세 가지 특징적 자질을 가진다. 첫 번째, 생활세계는 동질적이다. 두 번째, 생활세계는 지배로부터 자유롭다. 세 번째, 생활세계는 의사소통(합의)을 촉진시킨다. 물론 이것은 막스 베버(M. Weber), 알프레트 쉬츠(A. Shultz)의 이상형과 비교될 만한 이상화된 생활세계를 가리키고 있다. 실제로 하버마스는 『의사소통행위 이론』에서 생활세계 개념을 정의하기 위해 몇 차례나 현상학적 사회학의 전통에 의존한다. "지금까지 우리는 현상학적 사회학의 연구에 입각해서 논의를 문화주의적인 의미의 생활세계 개념에 한정했다."(J. Habermas, The Theory of Communicative Action (Vol. II.), p.134.) 현상학적 입장에서 볼 때 생활세계는 "의문의 여지가 없는 것" "주체간에 공유된 것" "초월할 수 없는 총체성"으로 간주된다.(ibid., pp.126~140.)

164) J. Habermas, Between Facts and Norms, p.365.

165) ibid., p.375.

따라서 하버마스 의사소통이론에서 보여주는 연대감은 이상화된 생활세계에 근거하여 이념적 차원과의 엄격한 분리를 통한 상호공존(coexistence)의 형식으로 작동된다. "하버마스는 자기결정을 가능하게 하는 권리에 대한 관심이 자기실현을 가능하게 하는 연대의 감정에 의해 균형적으로 보완되어야 한다는 것을 분명히 했다. 즉 '정의'(justice)가 고유하고 자기결정권이 있는 개인들의 동등한 자유와 관련된다면, '연대'는 상호주관적으로 공유된 생활양식 속에 함께 사는 동료들의 복지와, 따라서 또한 생활양식의 통합을 보존하는 것과 연관된다는 것을 분명히 하고 있다."[166] 이념적 차원에서 문맥 독립적이고 소유된 감정으로서 연대감을 개념화하는 것이 가능한가. 물론 하버마스의 생활세계 개념이 유토피아적으로 이상화된 생활세계라는 점에서, 이러한 연대감의 개념화는 가능하다.

그러나 실제적 차원에서, 이념적 차원에서 이루어지는 '세계'에 대한 적극적 해석 작용 내지 대상화와 연대감은 상호 모순적인 개념이 아닌가. 이념적 차원이 (대상화된)경험을 지향한다는 점과 연대감이 이념적 매개 없이 이루어지는 상호관계를 지향한다는 점에서 이들의 관계는 상호모순적이다.

이러한 상호모순적인 이념적 차원과 연대감의 '상호공존'(co-existence)은 실제적 차원에서 새로운 사회적 가치와 제도를 형성하기 위한 정치공동체 구성원의 성찰적·반성적 정치적 참여를 유도하는 것이 아니라, 개별적 이념의 전제화(專制化)를 기획하는 것으로 제시된다. 따라서 이념적 차원에서 (대상화된)경험과 연대감이 표출하는 비대상화된 상호작용은 '배타적인 순환구조'(exclusive circular structure)의 형식을 취한다.[167] 이러한 배

---

166) P. Dew, "Agreeing What's Right: Review of Faktizitat und Geltung by J. Habermas" (Original Source: London Review of Books, 1993) p. vol. 15. 25~26.

167) (대상화된)경험적 상호관계와 체험적 상호관계의 배타적 순환구조는 한나 아렌트의 『인간의 조건』에서 보여주는 기본적인 틀이다. 노동, 작업과 행동, 그리고 사적 영역과 공적 영역의 엄격한 분리 등이 그러하다. 그리고 한나 아렌트의 「정신적인 삶」에서 보여주는 다음의 문구는 (대상

타적 상호관계 때문에 정치공동체 내에 위치하는 공적 영역은 배타적인 영역으로 자리매김한다. 직접성이라는 외적 조건은 공적 영역의 물리적 토대를 형성하기 위한 조건이다. 왜냐하면, 직접성이라는 조건 하에서만 연대감은 발휘되기 때문이다.

직접성에 토대를 둔 상호성 개념은 '개방성'(openness) 개념을 재 기술한다. 직접성에 토대를 둔 상호성 개념에서 기술된 개방성이란 하버마스 의 사소통이론이나 무페의 경합모델에서 보여주는 개방성과는 다른 내용이다. 하버마스 의사소통이론이나 무페의 경합모델에서 제시하는 개방성이란 직접성이 결여된, 즉 이념적 매개를 통한 상호성에 근거한 개방성이다. 이를 다른 말로 표현하자면 직접성이 결여된 '상호인정' 이다. 하버마스 의 사소통이론에서 제시하는 개방성 개념은 인간의 합리성 개념의 근거로서 제시된다. 하버마스에게서 제시되는 인간의 합리성이란 형식적으로 말해 인간이 그 자신의 지금까지의 세계상을 비판가능하고 개선가능하다고 간주하는 그런 개방성 안에 놓여 있다. 이러한 개방성 안에서만 인간은 다른 세계상 역시 마찬가지로 가능한 의미체계로 간주할 수 있게 된다.

따라서 세계상은 그것이 그 자신을 절대적으로 간주하지 않고 그 세계상에 참여하는 인간에게 열려진 태도를 가능하게 하는 한 합리적인 것이라고 말할 수 있다. 반성적 주제화를 그리고 잘못과 수정을 통해 발생하는 것을 하버마스는 '배움' 이라고 칭한다.[168] 오직 배움의 준비가 되어있는 자, 자신이 항상 앎의 과정 중에 있는 것이지 마지막 도착지점에 서 있는 것이 아니

화된) 경험적 상호관계와 체험적 상호관계의 배타적 순환구조를 확인시킨다. "일상의 생활 속에서 생각은 끊임없이 일어나고 끊임없이 일상을 중단시킨다. ─ 일상적 삶이 끊임없이 생각을 중단시키는 것처럼"(H. Arendt, The Life of the Mind (San Diego: Harcourt Brace Jovanovich, 1971), p.166) 그리고 위의 인용문에서 기술되어진 '생각' 이란 체험적 상호관계내에서 이루어짐을 분명히 하고 있다. "생각이란 비인식적, 비특화된 차원에서 인간의 삶이 자연스럽게 필요로 하는 것, 또한 의식 속에 존재하는 차이점들을 실현하는 것으로서 소수의 특권이 아니라 모든 사람이 항상 소유하는 능력이다."(ibid., p.191.)

168) J. Habermas, The Theory of Communicative Action (Vol. I.), p.62.

라는 것을 아는 자, 따라서 진리에 대해 항상 열린 태도를 견지하는 자, 전수된 개념적 틀에 고착되지 않는 자만이 합리적인 자아이다. 따라서 하버마스의 개방성 개념은 이런 의미에서 세계상의 합리성의 문맥독립적인 기준이다.[169]

무페의 경합모델에서 보여주는 개방성 개념은 직접성이 결여된 상호인정의 극단적인 예이다. 경쟁적 다원주의에서 기술되는 개방성은 사회적 가치와 규범에 대한 다양한 해석을 전제로 이러한 해석들에 대한 상호인정을 지칭한다. 무페는 이를 자유민주주의가 가지는 관용(tolerance)의 진정한 의미라고 기술한다.[170]

위에서 제기된 개방성 개념이 직접성이 결여된 상호인정에 있다면 실존적 차원에서 기술되는 개방성은 어떠한가. 실존적 차원에서의 개방성 개념은 하버마스에게서 제시되는 문맥독립적인 개념도 아니고 무페에게서 제시되는 관용도 아니다. 실존적 차원에서의 개방성은 이념적 차이에서 출발하는 것이 아니라 이념적 형성을 구성하는, 이념적 형성에 정당성을 부여하는 다양한 실존적 삶의 형태에 대한 자각에서 개방성을 찾고 있다.

하버마스와 무페의 개방성이 이념적 매개를 통한 새로운 사회적 가치와 제도를 형성하기 위한 조건으로서 개방성을 기술한다면, 실존적 차원에서의 개방성은 이념적 개방성에 주목하는 것이 아니라 이념을 구성하는 다양한 실존적 삶의 형태에 대한 자각에서 개방성을 구하고 있다. 이념을 구성하는 토대로서의 다양한 실존적 삶의 형태에 대한 자각은 이념적 상호인정을 위한 근본적인 관용이다. 따라서 실존적 차원에서의 개방성은 이념적 매개를 소거한 채 지각되는 다양한 실존적 삶의 형태에 대한 인식에서 찾을 수 있다.

---

169) ibid., p.62.
170) Ch. Mouffe, "For an agonistic model of democracy", p.126.

2. 공적 영역의 구성과 역할

하버마스의 의사소통이론에서 제시되는 공적 영역은 시민사회와 국가를 연결시키는 가교적 의미에서 그것의 타당성은 곧 간접민주주의에 대한 하나의 보완적 방식으로 적절하다고 고려된다.

나는 정치적 공적 영역을 다른 곳에서는 해결될 수 없기 때문에 정치체계가 가공해야만 하는 문제들의 공명판(sounding board)으로 기술하였다. 그런 면에서 공적 영역은 비록 전문화되지는 않았지만 사회전체에 걸쳐 민감한 센서를 가진 경고체계이다. 그러나 민주주의 이론적 관점에서 보면, 공적 영역은 경고체계에 그치지 않고 문제의 압력을 증폭시켜야 한다. 다시 말해서, 문제를 지각하고 확인할 뿐만이 아니라 설득력 있고 영향력 있게 주제화하고 가능한 해결책을 제공하고, 또 그 문제를 극화시켜 그것이 의회에 수용되어 처리될 수 있게 만들어야 한다. 그러니까 신호의 기능 외에 효과적인 문제화의 기능이 추가되어야 한다. 나아가 비록 공적 영역이 독자적으로 문제를 해결할 수 있는 능력은 제한되어 있지만, 그 능력은 정치체계 안에서 문제를 계속 처리해 나가는 것을 통제하는 데 사용되어야 한다.[171]

이러한 맥락에서, 하버마스의 정치적 자율성의 실천은 입법자로서의 의회의 입법 행위가 아니다.[172] 하버마스가 제시하는 주권은 소통적 주권으로서 정치적 자율성을 통해 그 정당성을 얻은 의회를 포함한 정치체계와 법체계 등의 사회전체의 토대로서 시민이자 인간들의 자유로운 의사소통체계 전반에 위치하고 있는 것이다.[173] 따라서 하버마스에게서 제시되는 '심의 정치'는 자유주의에서의 국가와 사회의 분리를 최소한의 수준에 따르면서도 양자 사이에서만이 아니라, 각기 그 내부에서의 민주주의를 고취시키고

---

171) J. Habermas, Between Facts and Norms, p.359.
172) ibid., p.150.
173) ibid., pp.298, 486~498.

자 하는 적극적인 특성을 가진다.[174]

그러나 하버마스가 제시하는 공적 영역의 가교적 역할은 갈등과 모순이 상존하는 실제적 생활세계와 정치체계를 연결시키는 것이 아니라, 합의와 통합만을 지향하는 동질적이고 이상화된 생활세계와 정치체계 사이에 존재하는 공적 영역이라는 점에서 부적절하다. 이에, 갈등과 모순이 상존하는 실제적 생활세계와 정치체계 사이에 존재하는 공적 영역을 구성하고자 한다. 기존 사회적 가치와 제도, 그리고 다양한 실존적 삶의 형태에 토대한 다양한 이념들이 병존하는 실제 생활세계에 토대한 공적 영역은 어떻게 구성되어져야 할까.

이를 본 절에서는 실존철학적 상호주관성이론에 근거하여, 공적 영역에서 이루어지는 의견의 일치[175]의 과정, 공적 영역에 참여하는 참여자의 문제, 그리고 공적 영역의 역할로 나누어서 기술해 보겠다. 앞선 정치공동체의 지형에서 언급된 '사회적인 것'의 원본적인 의미와 '정치적인 것'의 원본적 양태에 근거하여 공적 영역을 구성을 보면 두 가지 차원의 공적 영역이 구성된다.

첫 번째 차원은 공적 영역의 물질적 토대로서, 정치공동체 구성원간에 형성된 체험적 상호일치가 그것이다. 체험적 상호일치를 담보하기 위한 외적 조건이 직접성에 토대한 체험적 상호관계이다. 직접성이라는 외적 조건은 다양한 이념들의 원본적인 양태인 다양한 실존적 삶의 형태를 정치공동체 구성원이 인식하기 위한 것과 동시에, 연대감 발휘를 위한 조건이다. 하버마스 의사소통이론에서 제시되는 연대감은 이상화된 생활세계라는 토대 위에서 이루어진 반면에, (대상화된)경험이 일상적인 실제적 생활세계에서는 연대감의 발휘는 반드시 직접성이 담보된 체험적 상호관계에서만 작동

---

174) ibid., pp.296~297, 299~302.
175) 공적 영역에서 이루어진 의견의 일치를 하버마스는 '의사소통적 권력'이라 명명하였다.(ibid., p.432.)

된다. 결국, 체험적 상호관계에 토대한 체험적 상호일치는 다양한 실존적 삶의 형태와 연대감의 조합으로써 주어진다.

두 번째 차원은 체험적 상호일치에 근거하여 기존 사회적 가치와 제도에 대한 반성적 주제화와 다양한 이념들에 대한 타당성 검증이 이루어지는 차원이다. 이를 체험적 상호일치에 근거한 반성적 주제화와 다양한 이념들간에 이루어지는 의견의 일치가 어떻게 이루어지는지를 하버마스, 그리고 무페와의 비교를 통해서 구체적으로 살펴보자. 이를 통해, 실존철학적 상호주관성이 왜 타당한지, 그리고 기존 사회적 가치와 제도와 새롭게 형성된 사회적 가치와 제도간에 가지는 관계에 대해서 고찰해 봄으로써 상호주관성을 위한 보편적 양식이 체험적 상호관계임을 확인한다.

하버마스 의사소통이론, 무페의 경합모델, 그리고 실존철학적 상호주관성이론을 다음의 두 가지 수준에서 고찰하고자 한다. 첫 번째, 주제 선택의 차원이다. 두 번째, 주체−개념−대상의 차원이다.

주제 선택의 차원에서는 기존 사회적 가치와 제도에 대한 그것의 타당성 자체가 문제시되는 영역으로서 위에서 기술된 세 가지 상호주관성이론이 기존 사회적 가치와 제도를 어떻게 문제시하고 있는지에 대해서 고찰할 것이다. 두 번째, 기존 사회적 가치와 제도가 가지는 타당성에 대한 문제제기를 토대로 해서 주체와 대상을 매개하는 개념이 어떻게 구성되어지는지에 대해서 고찰할 것이다.

이러한 두 차원에서 이루어지는 고찰 속에서 상호주관성 문제와 관련하여 하버마스 의사소통이론과 무페의 경합모델이 가지는 공통점과 한계점이 제시되고, 이들의 한계점에 대한 극복으로서 주어지는 실존철학적 상호주관성이론을 제시한다.

첫 번째, 주제 선택의 차원이다. 하버마스 의사소통이론에서 제시하는 주체는 이중적 구조를 가진다. 기존 사회적 가치와 제도의 맥락 속에 자리잡은 주체, 그리고 동질적 배경언어에 자리잡은 주체인 동시에 해방적 관심에 의해 인도되는 주체이다.[176] 그리고 하버마스 의사소통이론에서 제시하는 비담화적 실재의 핵심은 후자에 있다. 해방적 관심에 의해서 인도되는 주체는 대상 영역에 대한 주제화[177]를 이끈다. 반성적 주제화는 기존의 사회적 가치와 제도로서 설명할 수 없는 현상들이 출현할 때, 그리고 이러한 현상에 대한 기존의 사회적 가치와 제도가 실정적 위치를 점할 때 제시된다. 이를 하버마스는 연대감으로 개념화하였다. 공적 영역에서 이루어지는 의사소통 행위를 위한 물질적 토대로서 연대감은 이상화된 생활세계에 근거하여 항상 자연스럽게 표출될 수 있으며, 이러한 표출이 반성적 주제화의 핵심이다.

무페의 경합모델에서 보여주는 주제화는 비담화적 실재를 언급하는 것이 아니라 기존 사회적 가치와 제도에 대한 담화 역학이 보여주는 다양한 해석체계에 근거해 있다. 이러한 다양한 해석체계에 근거하여 기존 사회적 가치와 제도에 대한 주제화가 발생한다. 이러한 과정은 기존 사회적 가치와 제도가 잉태할 수밖에 없는 '배제의 흔적'에 토대를 둔다. 여기서 주목해야

---

176) 하버마스가 제시하는 주체의 이중적 구조는 헤겔(Hegel)에 대한 하버마스의 비판이 이를 명확히 할 것이다. 헤겔은 사회의 분화과정을 이성의 객관화로 파악하고, 동시에 객관화된 실정성들의 분열을 화해시킬 수 있는 힘으로 다시 이성을 절대화하고 있다. 결국 헤겔은 '주체철학의 한계내에서 주체성의 극복'을 사유하는 것이다.(J. Habermas, The Philosophical Discourse of Modernity, p.22.) 그러나 주체성의 절대화는 한편으로 유한한 인간을 무제약자로 확대하는 오류를 저지르며, 다른 한편으로는—만약 우리가 세속화된 사회에 살고 있다는 사실을 인정한다면—결국 주체의 무한한 객관화와 사물화를 의미할 뿐이다.(ibid., pp.33~34.)

177) 해방적 관심에 의해 인도되는 주체가 대상영역에 대해서 가지는 주제화는 그 자체가 반성적 개념이다. 이를 하버마스가 제시한 '현대'(시대적 개념)와 '현대성'(현대가 현대로서 존립할 수 있는 근거에 대한 반성적 개념)의 연관관계 속에서 구체적으로 파악할 수 있다. 현대는 전통과는 완전히 다른 시대의 시작을 의미한다. 현대라는 낱말이 기독교적 전통에서는 본래 최후의 심판과 더불어 도래할 새로운 시대를 의미하였다는 점을 상기하면서, 현대는 바로 미래가 이미 시작하였다는 사실에 대한 확신을 표현한다고 강조한다.(ibid., p.5.) 바로 미래를 향해 열려 있는 시대이기 때문에 현대는 항상 새로운 것을 탄생시키는 현재와 더불어 매순간 반복되고 새롭게 시작한다는 것이다. 이러한 맥락에서 현대성은 전체 역사의 지평으로부터 자신이 처해 있는 지점을 확인하고자 하는 역사철학적 시각을 말한다. 그렇기 때문에 현대는 전통과의 단절을 지속적인 개혁과 혁신으로 이해해야 한다. 다시 말해서 현대는 방향설정을 위한 척도를 다른 시대로부터 차용할 수 없는 까닭에 자신의 규범성을 자기 자신으로부터 스스로 창조해야 한다.(ibid., p.7.)

할 점은 무페는 기본적으로 배제의 흔적에 논의를 출발하는 것이 아니라, 배제의 흔적이 이념화의 과정을 걸쳐 기존 사회적 가치와 제도에 대해서 주제화한다는 점에 주목한다. 따라서 무페의 경합모델에서 보여주는 주제화는 기존 사회적 가치와 제도에 대한 '적대'를 함축한다.

실존철학적 상호주관성이론이 보여주는 반성적 주제화는 기존 사회적 가치와 제도가 가지는 실정성에 대한 반성적 주제화라는 면에서 하버마스 의 사소통이론에서 보여주는 반성적 주제화와 일맥상통한다. 그러나 하버마스 의사소통이론에서 제시되는 반성적 주제화가 동질적 배경언어와 해방적 관심에 의해 인도되는 정치공동체 구성원의 반성적 주제화라면, 실존적 차원에서의 반성적 주제화는 과잉결정된 채로 주어지는 기존 사회적 가치와 제도가 정치공동체 구성원에 가하는 (대상화된)경험의 지속성에 근거한다. (대상화된)경험의 지속성은 다양한 실존적 삶의 형태의 출처가 된다. 다양한 실존적 삶의 형태에 위치지워진 정치공동체 구성원간에 이루어지는 대화적 관계의 결과물인 체험적 상호일치가 기존 사회적 가치와 제도에 대한 반성적 주제화의 물질적 터전이다..

이러한 주제화를 토대로 해서 주체−개념−대상적 차원을 고찰해 보자. 여기서 보여주는 개념이란 '의견의 일치'를 지칭한다. 하버마스 의사소통이론에서 보여주는 주체−개념−대상의 차원은 '주체 대 주체−개념−대상'으로 재구성된다. 여기에서 개념적 재구성은 초월적인 연역 구조를 가진 개념체계로의 전환을 통해서 제시되는 것이 아니라, 주체가 점하고 있는 동질적인 배경언어와의 관계 속에서 개념들이 분석되고 재구성된다. 여기서 주목해야 할 점은 개념적 재구성이 도덕적 개인의 직관에 의존하는 것이 아니라 주체−주체 상호간의 타당성 요구와 타당성 요구에 대한 검증이라는 과정을 통해서 진행된다는 것이다. 이러한 타당성 요구에 대한 검증이 동질적 배경언어라는 전제하에서 일어나기 때문에 문제시된 대상에 대한 주체간 '의견의 일치'는 만들어진다.

　무페의 경합모델에서 보여주는 주체-개념-객체의 차원은 '담화 내적 주체 대 담화 내적 주체-개념-대상'으로 재구성된다. 동질성이 전제된 주체가 아니라, 여기서 보여주는 주체는 다양한 해석체계의 공간적 차원에서 구성되어진 다양한 주체이다. 그리고 이러한 주체를 전제로 이루어지는 무페의 상호관계 역시 인륜적 차원에서 제시되는 선험적이고 동질적인 요소에 의해서 의견의 일치를 구하고 있다.

　실존적 차원에서의 상호주관성이 제시하는 주체-개념-대상의 차원은 '주체 대 주체-개념-대상'으로 재구성된다. 하버마스 의사소통이론에서 주체가 이중적 구조를 가지듯이 실존적 차원의 상호주관성이론에서 보여주는 주체 또한 이중적 구조를 가진다. 기존 사회적 가치와 제도에 얽매인 주체 즉 (대상화된)경험을 유지하는 주체와 세계내 존재로서 구조화된 몸의 도식에 근거한 체험적 상호관계 즉 어떠한 이념적 매개도 없이 주체 대 주체의 대화적 관계를 유지하는 주체로 나누어진다.

　따라서 실존철학적 상호주관성이론이 제시하는 주체 대 주체의 상호관계는 세계내 존재로서 구조화된 몸의 도식에 근거하여, 어떠한 이념적 매개도 없이 이루어지는 주체 대 주체의 대화적 관계 그 자체이다. 이러한 상호관계에 근거하여 상호이해 즉, 서로 다른 나의 의지와 남의 의지가 서로 영향을 주면서 그 같은 영향중에 서로가 일치하는 것이다. 이러한 맥락에서 개념적 재구성은 초월적 연역체계에 의해서도, 동질적 배경언어에 의해서 개념이 재구성되는 것이 아니라 세계내 존재로서 구조화된 몸의 도식에 근거하여 정치공동체 구성원간에 이루어지는 '체험적 상호관계' 속에서 만들어진 체험적 공통성 그 자체가 '의견의 일치'를 위한 물질적 토대가 된다. 다시 말해서, 다양한 이념들에 대한 타당성 검증의 자료가 되는 것이다.

　전통적인 주관주의적 접근법에 대한 비판적 재구성 형식으로 주어지는 하버마스 의사소통이론과 하버마스 의사소통이론의 역담화로서 주어지는 무페의 경합모델이 상호주관성 문제와 관련하여 가지는 방법론상의 특징을 고찰해 보자. 하버마스 의사소통이론과 무페의 경합모델은 기본적으로 상호주관성 문제에 대한 접근을 선험적이고 동질적인 요소에서 의견의 일치를 구하고 있다. 하버마스의 경우에는 보편적인 도덕적 관점에서 의견의 일치를 제시하고 있다. 반면에 무페의 경우에는 다양한 이념들 간의 수평적 관계에 근거한 인륜적 차원에서 제시되는 선험적이고 동질적 요소에 의해 의견의 일치를 구하고 있다.

상호주관성 문제와 관련하여 실존철학적 상호주관성이론이 가지는 타당성은 다음의 세 가지로 제시된다. 첫 번째, 정치공동체 구성원에게 새로운 사회적 가치와 제도를 형성하기 위한 실제적 이유를 제공한다. 기존 사회적 가치와 제도에 의해 야기되는 (대상화된)경험의 지속성이 결과하는 다양한 실존적 삶의 형태에 대한 정치공동체 구성원의 인식은 기존 사회적 가치와 제도에 대한 타당성 요구 그 자체임과 동시에 정치공동체 구성원의 정치적 참여에 대한 실제적 이유를 제공한다.

두 번째, 새로운 사회적 가치와 제도를 형성하기 위한 세계내 존재로서 구조화된 몸의 도식 개념이나 보편적 형식으로 주어지는 체험적 상호관계 개념이 비선험적 조건이라는 점이다. 세계내 존재로서 구조화된 몸의 도식은 세계에 대한 경험으로부터 획득된다는 점에서 실질적이다. 체험적 상호관계는 우리의 일상생활에서 접하는 사랑, 우정, 동료애, 연대감 등의 토대로서 작용한다는 점에서 결코 정치공동체 구성원에게 외재적이지 않다.

세 번째, 세계내 존재로서 구조화된 몸의 도식에 근거하고, 다양한 실존적 삶의 형태라는 물질적 터전에 근거한 정치공동체 구성원의 체험적 상호관계는 새로운 사회적 가치와 제도의 토대가 되는 체험적 공통성을 구성한다는 점에서 의견의 일치가 정치공동체 구성원에게 가지는 그것의 정당성이 확보된다.

실존철학적 상호주관성이론은 기존 사회적 가치와 제도에 대한 분석 즉, 기존 사회적 가치와 제도가 가지는 의미와 그것이 가지는 실천력에 대한 분석에서 시작한다. 이러한 분석 하에서 기존 사회적 가치와 제도가 가지는 의미와 그것의 정당성이 세계내 존재로서 구조화된 몸의 도식에 근거한 정치공동체 구성원 간에 이루어진 '체험적 상호관계' 에 의해서 형성된 '체험적 공통성' 에 있음을 앞선 절에서 살펴보았다. 우연성에 의해서 지배되는 정치공동체 구성원과 기존 사회적 가치와 제도와의 관계가 정치공동체 구성원 간에 이루어진 체험적 공통성에 근거함은 지각 차원의 본질인 애매성에 근거함을 제시한다. 애매성 그 자체가 가지는 역학은 통시적 관점에서 정치공동체 구성원의 정치적 행동을 우연성과 합리성의 변증법적 합으로 제시한다. 따라서 기존 사회적 가치와 제도에 대한 정치공동체 구성원이 가지는 우연성과 기존 사회적 가치와 제도에서 새로운 사회적 가치와 제도를 형성하기 위한 정치공동체 구성원의 합리성이 '애매성' 의 정치철학을 상징한다.

이제, 기존 사회적 가치와 제도, 그리고 새로운 사회적 가치와 제도가 가지는 상관관계에 대해서 고찰해 보자.[178] 실존철학적 상호주관성이론상에

---

178) 기존 사회적 가치와 새로운 사회적 가치와 제도와의 상관성에 대한 고찰은 다문화주의 (multiculturalism)에 대한 고찰과 연결된다. 다문화주의에 대한 기존의 연구가 가지는 취약점은 다문화주의라는 현상을 존재론적·이념적 차원에서 이루어지는 인식론 상의 문제로 접근한다는 것이다.(김비환은 '포괄적 보편주의' (comprehensive universalism)나 상대주의도 아닌 실용—신중주의적(pragmatic-prudential) 보편주의를 제시한다. (김비환, "포스트모던 시대에 있어 합리성, 다문화주의 그리고 정치."『사회과학』제35집 제1호(1996)) 이는 곧 상호주관성 문제에 대한 주관주의적 접근법과 포스트구조주의적 접근법이 가지는 불충분성과 맥을 같이 한다. 다문화주의에 대한 주관주의적 접근법의 경향은 다문화주의에 대한 공통된 본질 탐구이다. 이는 분명히 이념적 공통성을 찾으려는 경향이다. 이러한 맥락에서 하버마스의 상호주관성이론은 유럽 중심적이다. 즉, 그의 이론이 근대화가 서양 생활세계의 식민화 과정에 미친 영향만을 검토한다는 점에서 그러하다. 이러한 하버마스의 상호주관성이론이 가지는 경향성에 대해서 톰슨(J. S. Thomson)는 다음과 같이 기술하고 있다. "세계관에 대해서 발전론적 논리를 재건하려 했던 하버마스의 시도는 사실상 피아제가 개체발생론적 단계를 계통발생론적 단계 위에 투영시키려고 했던 것과 매우 흡사하다. 즉 많은 독자들은 하버마스의 이론이 헤겔의 야심적 구상에 인식론적이고 발전론적 수단을 첨가시킨 것으로서 헤겔사상의 계승일 뿐이라는 사실에 실망을 금치 못할 것이다. 또한 독자들은 하버마스의 사회진화론을 유럽외부 사회의 발전과정에 적용할 수 있는지에 대해서, 그리고 대부분의 진화론저 연구들에서 나타나는 자민족중심주의와 과대단순화를 하버마스 이론은 피할 수 있을 것인가에 대해서 의심을 품지 않을 수 없다." (J. B. Thomson, Studies in the Theory of Ideology (Berkeley: University California Press, 1984), p.298.) 포스트구조주의적

서 분석된 기존 사회적 가치와 제도가 세계내 존재로서 구조화된 몸의 도식에 근거한 체험적 상호관계에 의한 체험적 공통성에 근거해 있다면, 새로운 사회적 가치와 제도는 세계내 존재로서 구조화된 몸의 도식에 근거한, 그리고 다양한 실존적 삶의 형태에 근거한 체험적 상호관계에 의한 체험적 공통성에 근거한다. 이러한 점에서 기존 사회적 가치와 제도, 그리고 새로운 사회적 가치와 제도에서 보여주는 원형적 구조는 바로 세계내 존재로서 구조화된 몸의 도식에 근거한 체험적 상호관계에 있음을 알 수 있다. 이는 곧 세계내 존재로서 구조화된 몸의 도식에 근거하여 '어떠한 이념적 매개도 없이 이루어지는 주체 대 주체의 대화관계'가 사회적 가치와 제도의 근거임을 보여준다. 이러한 맥락에서 기존 사회적 가치와 제도, 그리고 새로운 사회적 가치와 제도가 보여주는 차이점이란 단지 이념화 과정에서 보여주는 차이점으로 제시된다. 세계내 존재로서 구조화된 몸의 도식에 근거한 체험적 상호관계를 통하여 이루어지는 정신적·반성적·추상적 차원에서의 차이가 그것이다.

따라서 기존 사회적 가치와 제도에서 새로운 사회적 가치와 제도로 변형은 기존 사회적 가치와 제도가 가지는 유용성 내지 생산성이 세계내 존재로서 구조화된 몸의 도식에 근거한 체험적 상호관계를 매개로 하여 강화 내지 확장된 것임을 알 수 있다. 이러한 강화 내지 확장 속에서 사회적 가치와 제도가 가지는 개방성을 인식할 수 있다. 기존 사회적 가치와 제도, 그리고 새로운 사회적 가치와 제도가 가지는 상관관계는 비트켄슈타인이 제시한 '가

접근법은 다문화주의 자체가 가지는 인식론적인 '통약불가능성'을 제시한다. 다문화주의에 대한 이러한 주관주의와 포스트구조주의의 흐름은 결국, 상호주관성문제에 대한 그들의 접근법이 가지는 불충분성과 마찬가지로 취약하다. 실존적 차원에서 다문화주의를 탐구함은 다문화주의를 존재론적·이념적 차원에서 이루어지는 인식론상의 문제로 고찰하는 것이 아니라, 다양한 문화들의 일정한 구조적 연관성에 주목한다. 이는 곧 세계내 존재로서 구조화된 몸의 도식에 근거한 체험적 상호관계에 주목해야 함을 의미하는 동시에 이러한 토대에서만 보편언어로의 가능성이 열려 있음을 시사한다. 따라서 세계내 존재로서 구조화된 몸의 도식에 근거한 체험적 상호관계는 상호주관성을 이루기 위한 '보편적 형식'으로 자리매김한다.

족 유사성'(family resemblance)이라는 개념과 일맥상통한다. 비트켄슈타인은 놀이 개념을 설명하면서 흔히 놀이라고 부르는 바에 해당하는 모든 것에 공통된 놀이의 어떤 본질이 있을 것이라는 생각이 잘못되었음을 비판하면서 오히려 그것들은 어떤 공통된 본질을 갖고 있다기보다는 '가족 유사성'을 가질 뿐이라고 기술한다.[179]

여기서 주의해야 할 점은 위의 언급이 주관주의적 접근법에 대한 비판이기도 하지만 다른 한편 포스트구조주의의 접근법과도 무관하다는 점이다. 가령 놀이라는 것에 본질이 없다고 해서 그것들이 같은 이름에 의해 자의적으로 불려지는 잡다하고 연계성 없는 사물이나 사태의 집단에 불과한 것이라고 추론해서는 안된다. 오히려 비트켄슈타인은 '가족 유사성'에 대해서 다음과 같이 기술하고 있다. "우리는 겹치고 엇갈린, 때로는 전체적이고 때로는 세부적인 유사성의 복잡한 그물망을 보게 된다. 나는 '가족 유사성'보다 더 잘 이 유사성을 특징짓는 표현을 생각할 수 없다…예를 들면 수의 종류들도 같은 방식으로 하나의 가족을 형성한다…우리는 실을 잣을 때 우리가 섬유와 섬유를 꼬듯이 우리는 수에 대한 우리의 개념을 확장시킨다. 그리고 실의 강도는 어떤 하나의 섬유가 그 실 전체를 관통하는 것에 있는 것이 아니라 많은 섬유들의 겹침에 있는 것이다."[180]

여기서 중요한 점은 가족 유사성이라는 것이 모든 것에 공통된 하나의 분모가 존재하는 것이 아니기 때문에 모든 것은 서로 무관하다는 귀결에 이르는 것이 아니라는 점이다. 바로 이러한 점에서 기존 사회적 가치와 제도에서 새로운 사회적 가치와 제도로의 변형이 '가족 유사성'의 형태를 띤다는 것이다. 다시 말해서 기존 사회적 가치와 제도에서 새로운 사회적 가치와 제도로의 변화는 개방적이면서도 세계내 존재로서 구조화된 '몸의 도식'에 근거한 '체험적 상호관계'(겹쳐짐으로 해서 나타나는 일정한 구조적 연

---

179) L. Wittgenstein, Philosophical Investigation, p.66절, 67절.
180) ibid., p.66절, 67절.

관성)를 지닌 방식으로 사회적 가치와 제도가 상호 연관되기 때문에 역사적 과정 전체는 불균등하지만 일정한 법칙적 연관을 형성하면서 개방되어 있다는 사실을 확인할 수 있다.

이제, 공적 영역에 참여하는 참여자에 대해서 살펴보자. 제 4장 3절에서 기술된 다양한 실존적 삶의 형태는 집단적 양태로 표출됨을 살펴보았다. 기존 사회적 가치와 제도가 가지는 (대상화된)경험적 상호관계의 지속성과 반복성이 결과하는 다양한 실존적 삶의 형태는 개별적 차원이 아닌 집단적 양상으로 표출된다. 따라서 공적 영역에 참여하는 참여자는 정치공동체의 개별 구성원이 아닌 특정 대상에 대한 기존 사회적 가치와 제도가 생산해 내는 실존적 삶의 형태를 공유하는 대표자가 된다.[181]

공적 영역이 다양한 실존적 삶의 형태를 대표하는 대표자의 모임이라는 점에서 정치체계의 입법자들과 비슷하지만, 공적 영역에 참여하는 대표자의 역할을 고려할 때에는 전자와 후자는 상이하다. 전자가 법의 정당성을 확보하기 위한 모임이라면, 후자는 단순히 공적 영역에서 수렴된 의견적 합의를 기술적으로 구성하는 기술관료적 성격이 짙다.

그러면 공적 영역에 참여한 대표자들은 어떠한 방식으로 체험적 상호일치를 이루는가. 특정한 실존적 삶의 형태를 대표하는 대표자들은 과잉 결정된 채로 주어지는 기존 사회적 가치와 제도가 가지는 지속성과 반복성이 결

---

181) 이러한 점에서 본 논문의 실존철학적 상호주관성이론은 아렌트와 다르다. 아렌트의 정치이론이 정치공동체 구성원 각각의 개별성에 근거하였다면, 본 논문은 집단의 요인을 고려한다. 아렌트의 경우, 집단의 요인에 대한 고려가 없음은 그녀 역시 의식철학적 관점에서 정치적 현상을 고려했음을 입증시키는 증거이다. 하버마스의 경우에는 어떠한가. 하버마스의 경우에는 의사소통의 문제를 개개인간의 상호주관성의 문제로 환원시키는 개인주의적 태도와 맞물려 있다. 하버마스의 경우에는 심지어 집단 사이의 관계를 개인 사이의 관계로 간주한다. 하버마스는 "보편성에 대한 해석학의 권리"에서 "다른 집단에 대해서 마치 개인처럼 행동"하는 집단이 있다고 주장한다. "이렇게 될 경우 집단들은 상호주관적으로 결부되고, 집단의 차원에서 개인간의 관계와 동일한 형태의 관계가 수립된다."(J. Habermas, "Der Universalitatsanspruch der Hermeneutik," in ders, Kultur und Kritik (Frankfurt: Suhrkamp, 1973). 페터 지마, 『이데올로기와 이론』, p.188에서 재인용.) 따라서 하버마스는 하나의 집단내의 의사소통과 이질적인 집단간의 의사소통의 차이를 논외로 밀어낸다.

과한 실존적 삶의 형태에 대해 '진솔한 이야기'[182]의 상호 교환을 지향한다. 진솔한 이야기 방식이란 무엇인가. 우리의 일상의 다양한 실존적 삶의 형태를 어떤 이념적 입장에서 해석하는 것이 아니라, 기존 사회적 가치와 제도에 대한 내재적 탐험이다. 따라서 진솔한 이야기의 지향점은 이상이나 일반적 원칙 혹은 특화된 하나의 인식론적 틀 속에서 기존 사회적 가치와 제도를 바라보는 것이 아니라 기존 사회적 가치와 제도의 내재성을 수행하는 것이다. 이는 진솔한 이야기 방식이 직접성, 즉 판단 중지에 입각해 인간의 존재 위상과 정치적 성격을 고찰하고자 함이다. 이는 어떤 이념에 의해서도 왜곡되지 않는 눈으로 기존 사회적 가치와 제도가 생산해낸 직접적인 타자인 다양한 실존적 삶의 형태를 고찰하고자 함이다.

이러한 고찰 속에서 새로운 사회적 가치와 제도를 형성하기 위한 귀한 자료를 획득할 수 있다. 이는 마치 한나 아렌트가 『어두운 시대의 사람들』이라는 책에서 기술한 진주조개를 캐는 잠수부와 유사하다. "이야기꾼으로서의 이론가는 진주조개를 캐는 잠수부와 유사하다. 진주조개를 캐는 잠수부로 비유되는 이론가는 역사적 해석의 침전층에 가려진 현상들의 본질적인 의미를 발굴해야 한다. 따라서 역사는 침전물에 은폐된 것은 오랜 역사의 세찬 변화 속에서 새로운 형태로 자신의 존재를 부각시켜 줄 사람을 기다린다."[183]

이렇게 구성된 공적 영역에서의 의견의 일치는 기존 사회적 가치와 제도를 변경하기 위한 토대일 뿐만이 아니라 새로운 사회적 가치와 제도, 다시말해서 법 제정의 내용을 규정한다. 공적 영역의 역할은 구체적으로 법의

---

182) '진솔한 이야기' 방식은 한나 아렌트의 '이야기하기'와 일맥상통한다. 아렌트는 미래란 단순히 과거의 연속이라는 논리에 입각해 예측 가능성을 강조하는 역사철학을 부정하고, 상실된 전통의 부활을 통한 왜곡된 정치를 지양하기 위해 사회과학의 전통적인 방법들보다 이야기하기를 통해서 경험의 의미를 이해할 수 있는 연구방법을 채택하였다. 홍원표, "한나 아렌트의 정치철학의 아이러니," 『한국정치학회보』제29권 제4호(1995), p.166.

183) H. Arendt, Men in Dark Times (New York: Harcourt Brace Jovanovich, 1968), p.193.

정당성을 지향한다. 이념적 차원에서 이루어지는 전략적 수렴의 형식으로 제정되는 법이 아니라, 공적 영역에서 이루어진 의견의 일치에 근거한 법의 제정이 그것이다.

그러나 이러한 공적 영역과 법제정과 관련된 일련의 흐름을 행정 권력과의 관계 속에서 파악하는 하버마스의 공적 영역 개념과 오해하면 안 된다. 하버마스의 공적 영역 개념은 '공적 영역－법－행정 권력' 도식 속에 그것의 위상이 자리매김한다.[184] 이는 공적 영역의 지향점이 애초에 행정 권력을 규제하기 위한 공적 영역으로서 제기된다. 이를 하버마스는 법을 통해 양자의 관계를 매개한다. 따라서 하버마스 상호주관성이론에서 제시되는 법 개념은 생활세계－공적 영역－의사소통적 권력과 체계(행정과 경제)－행정 권력 사이에 놓인다. 법은 이렇게 양자의 영역에서 서로에게 영향을 미친다. 그래서 하버마스는 법을 정의할 때, 변환기(transformer)[185]라는 용어를 사용한다. "민주주의가 참여의 보장과 동시에 민주적인 사회규범을 형성함으로써 인간적인 사회로의 이행을 의미한다는 점에서 볼 때, 실제적인 현실의 필요로서 최소한의 규범 창출 및 준수의 기준으로서 그리고 민주주의라는 이상으로서의 진전을 추구하는 희망을 연결시켜 주는 매개물로서 자리하게 된다. 곧 법은 사회통합을 달성하면서 동시에 민주주의 이상을 담지하기에 언어의 본질과도 상통한다."[186] 이상화된 생활세계를 한 축으로, 그리고 체계 자체의 진화론적 양상을 다른 축으로 해서 전개되는 하버마스 의사소통이론의 궁극적인 지향점은 결국, 체계가 생활세계의 규범적 요구를 구속력 있게 수용하는 데 있다.

실존철학적 상호주관성이론에서 제시되는 법의 정당성을 위한 공적 영역

---

184) 이동수, "하버마스에 있어서 두 권력." 『정치사상연구』 제5권(2001), pp.153~177. 여기에서 하버마스의 이러한 두 개의 권력(의사소통적 권력과 행정 권력)을 한나 아렌트의 권력 개념과 비교하고 있다.
185) J. Habermas, Between Facts and Norms, p.81.
186) ibid., 18.

의 위상은 부차적인 문제이다. 실제적 생활세계를 토대로 한 공적 영역의 구성이 지향하는 목표는 정치공동체 구성원의 원활한 의사소통에 있다. 체험적 상호관계에 근거한 정치공동체 구성원간의 원활한 의사소통이 실존적 상호주관성의 지향점이다. 실존철학적 상호주관성이론 입장에서 하버마스의 '체계에 의한 생활세계의 식민화' 논리는 정치공동체 구성원간의 원활한 의사소통 부재에 근거한다. 실제적 차원에서 사회적 가치와 제도의 지속성 내지 경직성이 담보되는 상황에서만 체계(자본과 권력)에 의한 생활세계의 식민화는 일어나는 것이다. 이는 결국 '기술' 은 '정치' 에 종속될 수밖에 없으며, '정치' 가 원활히 진행되지 않을 때, '기술' 은 정치·사회 전반을 장악한다.

따라서 실존철학적 상호주관성이론에서 문제시되는 것은 체계에 의한 생활세계의 식민화가 아니라, 정치공동체 내에서의 원활한 의사소통의 부재에 있다. 이러한 부재의 원인을 크게 두 가지로 기술하면 다음과 같다.

첫 번째, 시민사회와 국가의 단절이다. 이것의 토대가 간접민주주의에 있다면, 이것의 극대화는 국가 주도의 시민사회에 대한 장악에 있다. 정치공동체 구성원의 정치적 자율성에 대한 심각한 침해로써 나타나는 국가 주도의 시민사회에 대한 개입은 정치공동체 구성원의 공적 이성의 쇠락을 가속화시키고 있다.

두 번째, 이러한 국가 주도에 대한 공적 영역의 부활을 외치는 현 정치학의 지향점이 이념적 차원에서 제시되고 있다는 점이다. 의사소통 과정상에서 나타나는 논증의 차원이나 의견의 일치를 담보하기 위한 연대감의 개념 등이 이념적 차원에서 이루어지고 있다는 사실이다. 논증의 과정이 이념적 차원에서 이루어짐은 반드시 의견의 일치를 위한 선험적이고 동질적인 전제를 제시할 수밖에 없고, 그리고 이념적 차원에서 연대감을 제시함은 실제적 차원에서 이념적 전제화(專制化)를 기획할 뿐이라는 사실이다.

3. 정치적 행동의 의미

이제 제4장 1절과 2절에서 논의된 내용을 매개로 하여 정치공동체 구성
원간에 행하여지는 '정치적 행동' (political action)의 의미에 대해서 고찰해
보자.

기존 사회적 가치와 제도의 원본적 의미인 애매성의 직접적인 타자인 다
양한 실존적 삶의 형태는 기존 사회적 가치와 제도가 가지는 타당성에 대한
문제제기이자 동시에 새로운 사회적 가치와 제도를 형성하기 위한 물질적
터전이다. 이러한 토대 위에서 새로운 사회적 가치와 제도를 형성하기 위한
정치공동체 구성원간의 상호성이 자리잡는다. 따라서 정치공동체 구성원
의 정치적 행동은 세계내 존재로서 구조화된 '몸의 도식' 에 근거한 '다양
한 실존적 삶의 형태' 를 매개로 하여 이루어지는 정치공동체 구성원간의
'체험적 상호관계' 에 의해서 형성된 체험적 상호일치와 이것에 토대한 의
견의 일치로 제시된다.

하버마스 의사소통이론에서 보여주는 정치공동체 구성원의 정치적 행동
은 이상화된 생활세계하에서 이루어지는 정치적 행동으로서, 그것의 반성
적 수준은 문맥독립적인 개방성과 연대감에 놓여 있다. 이상화된 생활세계
라는 조건하에서 이루어지는 정치공동체 구성원의 정치적 행동은 항상 이
상화된 생활세계에 의해 보증되는 초술화적인 관점에로의 귀결에 있다. 따
라서 정치공동체 구성원의 반성은 초술화적인 관점의 자명성과 관련된다.
과연 이상화된 생활세계에 의해 보증되는 초술화적인 관점이 정치공동체
구성원에게 자명한가. 만일, 그렇게 자명하다면 체계에 의한 생활세계의 식
민화가 어떻게 일어나겠는가. 결국, 하버마스 의사소통이론에서 보여주는
정치적 행동 개념은 정치공동체 구성원의 정치적 행동을 소멸시키거나 축
소시키는 결과를 초래한다.

무페의 경합모델에서 보여주는 정치적 행동 개념 또한 선험적 조건에 의

해서 이루어진다. 무페는 이상화된 생활세계가 아니라 실제적 생활세계 속에서 논의를 시작하고 있지만 상호주관성 문제를 이념적 차원에서만 고찰함으로써 무페 역시 의견의 일치를 위한 선험적이고 동질적인 요소를 전제한다. 이러한 맥락에서 무페의 경합모델 또한 정치공동체 구성원의 정치적 행동을 축소 내지 소멸시킨다.

실존철학적 상호주관성이론은 '사회적인 것'의 원본적 의미와 '정치적인 것'의 원본적인 양태에서 논의를 시작한다. 기존 사회적 가치와 제도가 '애매성'에 근거해 있다 함은 과잉결정된 채로 주어지는 (대상화된)경험의 지속성이 가져다주는 결과물 혹은 자유의 운동성이 표면화시키는 결과인 '이질성'에 주목함을 의미한다. 배제되어져야 할 것으로서의 '이질성'이 아닌, 새로운 질서를 구성하기 위한 재료로서의 이질성 즉 반성의 계기로서의 '이질성'이 제시된다. 따라서 실존적 차원에서 상호주관성을 분석함은 기존 사회적 가치와 제도의 원본적 의미인 '애매성'에 주목함이요, 정치공동체의 장 속에서 표면화되는 이념화되기 이전의 다양한 '이질성'에 주목함이다. 따라서 실존적 차원에서 상호주관성을 분석함은 인간—주체의 정치적 행동을 제한시키거나, 소거시키지 아니한다.

다양한 이질성에 주목함은 정치공동체 구성원이 직접성에 근거하여 다양한 실존적 삶의 형태를 지각함이다. 정치공동체 구성원에 의한 다양한 실존적 삶의 형태에 대한 지각은 기존 사회적 가치와 제도가 가지는 타당성에 대해서 의문시함을 나타낸다. 다양한 실존적 삶의 형태라는 것이 과잉결정된 채로 주어지는 (대상화된)경험에 의해서 산출된 결과물이라는 점에서 이념화되기 전의 삶의 형태 그 자체이다. 다양한 실존적 삶의 형태가 이념화되기 전의 삶의 형태라는 점에서, 다양한 실존적 삶의 형태와 기존 사회적 가치와 제도와의 관계는 적대적 관계가 아니라 대화적 관계를 형성한다. 그리고 이러한 대화적 관계 속에서 다양한 실존적 삶의 형태는 기존 사회적 가치와 제도가 가지는 타당성을 의문시 한다. 따라서 다양한 실존적 삶의 형태에 대한 정치공동체 구성원의 주목은 정치적 행동의 출발점이자, 그것의 계기이다.

하버마스 의사소통이론에서 보여주는 상호관계가 이상화된 생활세계에 의해 보증된 연대감과 초술화적인 관점을 전제로 하여 구성되어졌다면, 무페의 경합모델은 실제적 생활세계에 근거하여 상호주관성 문제에 접근하고 있다.

실존철학적 상호주관성이론에서 보여주는 상호관계는 과잉결정된 채로 주어지는 기존 사회적 가치와 제도의 (대상화된)경험의 지속성이 생산해 내는 다양한 실존적 삶의 형태에 의해서 구성되어진다. 기존 사회적 가치와 제도의 직접적인 타자로서 주어지는 다양한 실존적 삶의 형태는 세계내 존재로써 구조화된 '몸의 도식'에 근거한 체험적 상호관계가 이루는 체험적 상호일치의 물질적 터전이다. 새로운 상호주관성을 형성하기 위한 체험적 상호관계라는 공적 영역의 외적 조건은 직접성에 근거한 상호성이라는 점에서 즉, 어떠한 이념적 매개도 없이 이루어지는 주체 대 주체의 대화적 관계라는 점에서 과잉결정된 채로 주어지는 (대상화된)경험의 지속성이 생산해 내는 다양한 실존적 삶의 형태에 위치지워진 정치공동체 구성원간의 대화적 관계를 의미한다.

이러한 대화적 관계는 타인의 입장에서 대상을 고려하기 위한 토대를 마련한다. 기존 사회적 가치와 제도에 대한 타당성 요구 그 자체가 다양한 실존적 삶의 형태 그 자체이고, 이러한 다양한 실존적 삶의 형태에 위치한 정치공동체 구성원이 일반화된 실존의 흔적인 '몸의 도식에 근거하여, 지각의 가역성이라는 상호작용에 의해 형태지워질 때, 산출되는 체험적 공통성은 정치공동체 구성원간의 '상호이해'(mutual understanding)를 형성하기 위한 토대이다. 이러한 상호 이해는 곧 서로 다른 나의 의지와 남의 의지가 서로에게 영향을 주면서도 그 같은 영향중에 서로가 일치함을 의미한다. 따라서 세계내 존재로서 구조화된 '몸의 도식'에 근거한 체험적 상호관계에 의해서 생산되는 상호일치는 이념적 차원에서 이루어지는 의견의 일치가 아니라 상호 행동의 형식 하에 이루어지는 '체험적 상호침투'(experienced inter-penetration)에 의해서 이루어진다. 이것이 새로운 사회적 가치와 제도를 형성하기 위한 공적 영역의 토대인 '체험적 공통성'이다. 이러한 대화적 관계 속에서 형성되는 상호일치는 정치공동체 구성원의 반성과 사유의 토대로서 기능할 뿐만이 아니라 새로운 사회적 가치와 제도의 수립을 가능케 한다. 따라서 세계내 존재로서 구조화된 몸의 도식, 다양한 실존적 삶의 형태, 그리고 체험적 상호관계는 자유와 반성의 조합(調合)으로서 제시되는 정치적 행동을 범주화한다.

이렇게 범주화되어진 정치적 행동(political action)은 단순히 외부의 목적이나 결과를 지향하는 행위가 아니라 정치적 행함(doing)이 된다. 이런 종류의 정치행동에 대한 오크쇼트(M. Oakeshott)와 아렌트(H. Arendt)의 논의는 타당하다. 우선 오크쇼트에 의하면 인간은 어떤 정치 이데올로기를 갖고 정치적 행동을 하는 것이 아니라 오히려 정치적 행동 속에서 정치 이데올로기는 생긴다. 또한 정치행동은 일시적 욕구나 일반적인 원칙에서 생기는 것이 아니라 현존하는 전통(tradition) 그 자체로부터 생긴다. 이때 전통은 내재된 것을 탐험하면서 현재의 것으로 각색된다. 요컨대 정치에서 모든 행동은 이상이나 일반적인 원칙에 대한 추구가 아니라 이전의 내재성을 수행하는 것이다. 오크쇼트는 또한 기술적 앎과 실천적 앎을 나누어 정치세계의 앎을 후자에 포함시킨다. 기술적인 앎이 규칙으로 공식화되고, 의식적인 카테고리에 의존하며 기억될 수 있는 것임에 비해 실천적 앎은 규칙으로 공식화될 수 없고, 반추되지 않으며 오직 실천적 행함 속에서만 존재하는 것이다. 전자는 가르침을 통해 알 수 있지만 후자는 행함 속에서 전해지고 습득될 뿐이다. 결국, 오크쇼트에 의하면, 행동은 행위자가 상상하고, 원하고, 이상으로 생각하는 것을 추구하는 것이 아니라 행동은 순수하게 사적이나 주관적인 것이 아니라 전통으로 이어온 실천들의 거대한 망 속에서 상호주

관적으로 행하는 것이다.[187]

　아렌트 역시 오크쇼트와 마찬가지로 행동을 반사적 형태나 단순한 생리적 삶의 과정과 구별한다. 특히 아렌트는 현대사회에서 근대과학의 영향으로 형태(behavior)가 인간관계의 최고 양식인 행동(action)을 대체했다고 비판한다. 『인간의 조건』에서 아렌트는 인간의 행위를 노동, 작업, 행동으로 나눈다. 노동은 인간의 성장, 신진대사, 노쇠 등의 필요를 위한 행위로써 이 행위의 산물들은 소비된다. 작업은 물질을 생산하여 인공적인 세계를 가능하게 해주는 행위로 이 행위의 산물은 사용된다. 행동은 사물이나 물질의 매개 없이 인간들 사이에서 직접적으로 이루어지는 유일한 행위이다. 이 행위는 인간의 자유를 추구한다. 인간은 노동을 하면서 단지 자연 속으로 함몰될 뿐이며, 작업을 통해서는 단지 생산자 밖에 못되는 데 비해, 행동은 완전한 인격이 된다.[188] 이는 곧 (대상화된)경험적 상호관계와 체험적 상호관계간의 차이점과 맥을 같이 한다.

　노동과 작업이 사적, 사회적 영역에서 이루어지는 데 반해, 행동만이 유일하게 공적이고 정치적인 영역에서 이루어진다. 공적 영역에서 이루어지는 정치적 행동에 대한 아렌트의 기술은 세계내 존재로서 구조화된 몸의 도식에 근거하여 다양한 실존적 삶의 형태를 물질적 터전으로 해서 이루어지는 체험적 상호관계와 상응한다.[189] 아렌트는 공론의 영역에서 이루어지는

---

187) F. Dallmayr, Polis and Praxis, pp.62~65.

188) H. Arendt, Human Condition , pp.7~8.

189) 본 논문이 한나 아렌트의 정치적 행동 개념을 실존철학적으로 재해석하려는 의도(서유경, "아렌트 정치적 실존주의의 이론적 연원을 찾아서." 『한국정치학회보』제36집 제3호(2002), pp.71~87.에서 한나 아렌트의 정치철학을 실존철학적으로 재해석하고 있다. 그리고 홍원표, "한나 아렌트 정치철학의 아이러니." 『한국정치학회보』제29집 제4호(1995), pp.153~175.에서 홍원표는 이러한 한나 아렌트의 실존철학적 경향성을 낙관적 탈근대 정치이론으로 규정하고 있다.)는 정치적 동물로서의 인간의 본원적 특징에 대한 입증(立證)이 모더니즘이나 포스트모더니즘적 접근법으로는 수용할 수 없음을 보여주기 위함이다. 한나 아렌트는 『인간의 조건』에서 그녀의 정치적 행동에 대한 포스트모더니즘적 접근 가능성을 여러 군데 보여주고 있다. 본질주의에 대한 그녀의 비판(H. Arendt, Human Condition, pp.10~11.)이나 인간의 조건으로 주어지는 '인간의 복수성'(ibid., p.7.) 이라는 용어 등이 이를 입증한다. 그러나 한나 아렌트의 『정신의 삶』에서 보여주

정치적 행동을 다음과 같이 기술한다. "공중 앞에 나타나는 모든 것은 누구나 볼 수 있고 들을 수 있으며, 그러므로 가능한 가장 폭넓은 공공성을 가진다는 것을 의미한다. 우리에게는 현상―우리 앞에 나타나 있으며, 그것이 나뿐만이 아니라 다른 사람에 의해서도 하나의 현상으로 지각되는 것―이 실제를 구성한다. 우리가 보는 것을 보고 우리가 듣는 것을 듣는 타자의 현존으로 인하여 우리는 세계와 우리의 실재를 확인한다."[190]

이는 곧 이념적 매개의 소거 속에서, 그리고 세계내 존재로서 구조화된 몸의 도식에 근거하여, 다양한 실존적 삶의 형태에 위치지워진 정치공동체 구성원간에 이루어지는 체험적 상호관계가 기존 사회적 가치와 제도에 대한 정치공동체 구성원의 반성적·성찰적 계기를 마련한다. "공적이라는 용어는 세계가 우리 모두에게 공동의 것이고, 우리의 사적인 소유지와 구별되는 세계 그 자체를 의미한다…공동세계가 모두에게 공동의 집합장소를 제공할지라도, 여기에 모이는 사람들의 위치는 상이하다. 두 대상의 위치가 다르듯이 한 사람의 위치와 다른 사람의 위치는 일치할 수 없다. 타자에 의해서 보여지고 들려진다는 것이 의미가 있는 것은 각자 다른 입장에서 보고 듣기 때문이다. 이것이 공적 삶의 의미이다…공동세계의 실재성을 보증하는 것은 이 세계를 구성하는 사람들의 공통적 본성이 아니라, 다양한 입장과 관점에도 불구하고 모든 사람들은 언제나 같은 대상에 대해 관심을 갖는다는 사실이다."[191]

는 '생각' 개념이나, 『인간의 조건』에서 보여주는 공적 영역에서의 상호관계에 대한 기술은 그녀의 정치적 행동에 대한 포스트모더니즘적 접근법을 허용하지 않는다. 그녀가 제시하는 '인간의 복수성'이라는 개념은 공적 영역에서 이루어지는 상호관계의 맥락에서 볼 때, 기존 사회적 가치와 제도에서 산출된 다양한 실존적 삶의 형태에 토대한 개별성(個別性)으로 봄이 적절하다. 노동과 제작이 가지는 (대상화된)경험의 지속성이 필연적으로 생산하는 이질성이 바로 한나 아렌트가 기술하는 인간의 조건으로서의 '인간의 다수성'의 토대인 것이다. 인간의 다수성에 대한 이러한 재해석만이 공적 영역에서 이루어지는 정치공동체 구성원간의 상호관계를 제대로 해석할 수 있다.

190) H. Arendt, Human Condition, p.50.
191) ibid., pp.50~57.

　인간-주체의 정치적 행동이 세계내 존재로서 구조화된 '몸의 도식'에 근거한 '다양한 실존적 삶의 형태'를 매개로 하여 이루어지는 '체험적 상호관계' 속에 자리매김함은 무엇을 의미하는가. 이는 정치를 진리개념 안에 기초하는 것을 포기함이요, 도덕 철학에 기초한 정치철학을 포기함이다. 이는 곧 인간-주체를 세계 앞의 최고 입법자의 위치에 자리매김하는 것에 대한 반대이다. 인간-주체가 실천이성에 의하여 스스로에 대하여 도덕법칙을 부여하고, 동시에 스스로 이 도덕법칙에 따라서 의지를 결정할 수 있는 것으로 기술되는 작금의 주권 개념에 대한 거부이다.

　결국, 인간-주체의 정치행동이란 애매성과 다양한 실존적 삶의 형태의 관계망 속에서 행하여지는 정치적 반성을 지칭한다. 이는 정치적 반성을 문맥초월적인 인간-주체의 사고에 토대를 두는 것이 아니라, 인간-주체의 사고 이전의 살아있는 두께(epaisseur), 수동성(passivite), 그리고 불투명성(opacite)[192] 속에 뿌리내리게 함이다. 이는 곧 정치적 반성이 현실의 두께 곧 우연성의 차원을 고려함을 의미한다. 다시 말해서, 실존적 차원에서 이루어지는 정치적 행동은 궁극적으로 정치공동체 구성원의 정치적 행동을 손상시키는 추상적 도덕주의[193]를 거부하는 데 있다. 실존적 차원에서의 정치는 인간성을 고양함으로써 가치있는 것과 실제로 존재하는 것의 적절한 조화를 가능케 한다. 이에 비해 도덕정치는 일체의 폭력을 거부함으로써 모든 정치에 존재하기 마련인 폭력과 타협하지 못하는 결과를 낳는다.

　메를로-퐁티에 의하면 "우리의 선택은 폭력상태와 비폭력상태 중 어느 하나를 고르는 데 있는 것이 아니라, 정당화될 수 있는 폭력과 정당화될 수

---

192) 불투명성이란 지성의 차원인 관념성과 상상력이 나타나는 장소이다. 실제로 이성과 정념, 이상과 현실, 초월과 내재는 밀접한 조화와 긴밀한 앙상블을 이룬다.

193) 이러한 추상적 도덕주의를 표출하는 시초를 우리는 플라톤(Plato)에서 찾을 수 있다. 그러나 철학자의 지배가 순수하게 정신적일 것이라는 플라톤의 편견은 본능적 충동과 물질적인 욕구에서 떨어져 나온 순수한 사상가에 대한 관념에 그 기원을 두고 있다. 충동이나 욕구 따위는 정치 사회에 소속된 다른 집단의 몫이라는 것이다.

없는 폭력 중에서 하나를 고르는 데 있다."[194] 그리고 "몸을 가진 존재로서 우리는 폭력으로부터 벗어날 수 없다. 폭력이 모든 정권의 공통적 기원을 이루는 것도 사실이지만 정치적 선택은 폭력이라는 배경에 대항해서만 이루어진다는 것도 사실이다."[195] 실존적 차원에서의 정치는 양심의 윤리와 결과의 윤리 중에서 어느 하나를 선택해야 하는 것이 아니다. 결과야 어쨌든 간에 처음의 의도와 목적이 무엇인가를 중시하는 양심의 추상적인 도덕주의나 의도와 상관없이 결과에 따라서 행동을 판단하는 결과의 윤리 중에서 어느 하나를 선택해야 하는 것은 아니다. 어떤 정책에 대해서 그것의 의도만 가지고 판단할 수 없다. 따라서 성공한 정책이 반드시 좋은 것이고 실패한 정책이 반드시 나쁘다고 할 수 없다.

이러한 맥락에서 메를로-퐁티는 다음과 같이 기술한다. "정치를 비난하는 것은 가치의 문제를 사실의 문제로 옮기는 것이며 따라서 어떤 정책을 수립할 때 원칙에만 입각해 있어서는 안된다. 상황적 사실들이 함께 고려되어야 한다. 예부터 정치는 가능성에 대한 기술이라는 말이 있었다."[196]

실존적 차원에서 제기되는 정치적 행동을 보다 명확하기 위해 객관주의적 분석틀에서 보여주는 정치의 행동의 지향점에 대해서 살펴보자. 객관주의적 분석틀 속에서 보여주는 정치적 행동의 범주는 동질성이 담보된 선험적 토대에 있다. 따라서 객관주의적 분석틀에서 보여주는 정치의 지향점은 항상 추상적인 도덕 원칙에 있다. 이는 객관주의적 분석틀 속에 항상 자리 잡고 있는 이원적 대립 구도에서 확인할 수 있다. 이러한 점을 하버마스 의 사소통이론에서 어떻게 나타나는지에 대해서 고찰해 보자. 이상화된 생활세계와 실제적 생활세계, 이상적 담화 상황과 실제적 담화 상황, 그리고 규

---

194) M. Merleau- Ponty, Humanism and Terror, tr. J. O'Neill (Boston: Beacon Press, 1969), p.109.
195) ibid., p.109
196) ibid., pp.xxxiv-xxxv. 이러한 맥락에서 최상용의 '중용의 정치' 는 우연성과 합리성의 변증법적 합으로 주어지는 실존철학적 정치 개념과 맥을 같이 한다. (최상용, 『중용의 정치』 (서울: 나남, 2004))

범과 가치의 엄격한 분리는 하버마스 의사소통이론의 핵심적인 요소들이다.[197] 특히 규범과 가치의 이분법은 이상적 담화 상황과 실제적 담화 상황의 구분에 상응한다. 하버마스에 따르면 이상적 담화 상황의 보편성은 보편화용론에 의해서 보장된다. 이상적 담화 상황은 보편화용론을 통해서 모든 가치판단 및 이데올로기적 담화의 요인들에서 벗어난 순수하게 절차적인 의미에서 규범적인 것으로 정의되는 것이다.

보편화 원칙은 '좋은 것'과 '정당한 것', 가치평가적 진술과 규범적 진술을 칼처럼 양단한다. 문화적 가치 역시 어느 의미에서는 주체간 타당성을 가질 수 있는 것이 사실이다. 그러나 문화적 가치는 특수한 생활세계 전체와 너무나 긴밀하게 얽혀 있기 때문에, 그 본성상 엄격한 의미에서 규범적인 효력을 발휘할 수 없다—문화적 가치는 다만 보편적인 관심을 끌어들이기 위해서 규범이 되려고 애쓴다.[198]

---

197) 이러한 맥락에서 하버마스 의사소통이론과 한나 아렌트의 정치철학에 대한 유사성에 대해 주목하는 일련의 시도(정연식, "아렌트의 행동하기와 생각하기," 『부산정치학회보』제8집 제2호(1998. pp.47~63.)는 피상적 분석수준에 머물러 있다고 하겠다.

198) J. Habermas, *Moral Consciousness and Communicative Action*, pp.64~68.

소통의 정치학

VI. 결론

VI. 결론

민주주의라는 정치체제가 보편화되고 있는 현상황에서, 시급히 요청되는 바는 '정치적 동물'로서의 인간의 본원적 특징을 복원시키는 데 있다. 기존 사회적 가치와 제도에 대한 정치공동체 구성원간의 타당성(validity, 妥當性) 요구와 그것에 대한 구성원 상호간의 타당성 검증, 그리고 이를 통한 새로운 사회적 가치와 제도의 형성이 정치공동체를 구성하는 구성원들에 의해서 원활히 진행될 때, 다원적 가치와 사회적 통합(social integration)에 대한 요구가 상충(相衝)하는 민주주의 정치체제에서, 정치공동체 구성원은 정치적 꽃을 피울 수 있을 것이다.

그러나 지금의 정치(학)의 상황은 이러한 시대적 요청에 제대로 대응하지 못하고 있다. 정치공동체 구성원의 기능화내지 도구화를 가속화시키는 현 정치(학)의 경향을 정리해 보면 다음과 같다.

첫 번째, 정치 개념이 기능화하면서 기존 사회적 가치에 대한 반복성과 지속성을 보증하는 도구적 개념으로 정치 개념이 변질되었다. 이러한 점은 국가와 시민사회라는 이분법적 분립에 근거해 있다. 정치적인 모든 문제는 사적 이성(private reason)으로 대별되는 시민사회 구성원의 이익 상충으로 제시되며, 정치의 지향점은 이익 상충의 원활한 해결을 목표로 한다. 그리고 이러한 이분법적 분립에 근거하여 조직된 기능적 관료체계는 인간의 사회적·정치적 활동을 '목적 합리적 행동'을 강조하는 방향으로 한층 더 가속화시켰다. 따라서 이러한 점들이 정치공동체 구성원들의 본원적 특징인 공적 이성(public reason)의 쇠락을 가속화시키고 있다.

두 번째, 기존 사회적 가치와 제도의 반복성과 지속성이 결과할 수밖에 없는 특정 사회집단의 소외와 정치적 과정에서 나타나는 특정 집단의 배제가 전략적 이데올로기적 담화(ideological discourse) 생산의 물질적 터전으로 자리매김하고 있다. 정치공동체 구성원 상호간의 화합과 상호이해를 불허하는 전략적 이데올로기적 담화의 생산은 정치공동체내 존재하는 다원적 가치의 공존(coexistence)을 다원적 가치의 갈등으로 내몰고 있다. 겉으로 보면 세계관의 갈등으로 볼 수 있는 전략적 이데올로기적 담화는 실은 특정 집단의 이해(利害)가 반영된 사적 이성의 집단화인 것이다.

세 번째, 이러한 상황에서 정치공동체 구성원에게 규범적·실천적 방향을 제시해야 할 정치학의 역할 또한 비생산적인 방향으로, 그리고 소모적인 논쟁으로 일관하고 있다. 주관주의적 정치학은 전통적으로 의식과 물질의 이분법적 대립 구도 속에서, (혹은 생활세계와 체계(system)의 이분법적 대립 속에서) 의식(혹은 생활세계)을 이상화함으로써 사회적 가치와 제도의 생산과 재생산과 관련된 정치공동체 구성원의 정치적 행동을 제한시키고 있다. 그리고 포스트모더니즘은 애초에 주관주의의 역담화로써 비담화적 실재를 기본적으로 부정(否定)한다. 이러한 부정은 정치공동체 구성원의 본원적 특징인 정치적 행동 그 자체를 소거시키고 있다. 이에 덧붙여, 모더니즘과 포스트모더니즘라는 이분법적 대립의 틀 속에서 제시되는 정치학의 경향은 스스로를 정당화시키기 위해 상대방을 필요로 하는 소모적인 논쟁으로 치닫고 있다. 모더니즘의 한계점이 곧 포스트모더니즘의 정당화이며, 포스트모더니즘의 한계점이 모더니즘을 정당화시키고 있다.

네 번째, 상호주관성 문제에 대한 기존 상호주관성이론의 소극적인 경향은 정치 개념을 역시 기능화 내지 도구화시킨다. 사회의 다원적 가치를 기존 사회적 가치에로 수렴시키는 것을 지향하는 기존 상호주관성 이론은 정치학을 사회학으로, 정치적인 제문제를 사회적인 제문제로 전환시켰다. 비성찰적이고, 비반성적인 기존의 상호주관성 문제에 대한 논의들은 정치

(학)의 본질을 외면하고 있다. 민주주의 정치체제하에서 정치(학)의 기능화와 도구화에 대한 정치(학)의 복원문제는 정치공동체 구성원이 본원적으로 지니고 있는 공적 이성의 부활을 의미하며, 이는 바로 상호주관성 문제에 대한 논의로 제시된다. 상호주관성 문제에 관한 논의 그 자체는 정치적 동물로서 인간의 본원적 특징을 대변할 뿐만이 아니라 다원적 가치의 공존을 토대로 하는 민주주의 정치체제에서 사회적 통합을 이루기 위해서 시급히 요청되는 것이다.

이러한 맥락에서 본 논문은 상호주관성 문제에 대한 해법으로 제시되는 하버마스 의사소통이론과 무페의 경합모델이 가지는 타당성 검토를 통하여, 이들이 가지는 상호주관성 문제에 대한 한계점을 검토하였다. 동질성이 보장된 이상화된 생활세계에 토대하여 재구성된 하버마스 의사소통이론은 정치의 이상화 내지 정치의 철학화를 주장한다. 무페의 경합모델 역시 사회통합에 대한 불충분성으로 나타난다. 포스트구조주의의 담화 개념에 근거한 '사회적인 것'과 '정치적인 것'에 대한 개념화는 결국, 공적 역역에서 이루어지는 다양한 이념들 간의 논증 과정에서 동질적이고 선험적인 조건을 요구한다.

이에 본 논문은 무페가 제시하는 '사회적인 것'의 원본적인 의미와 '정치적인 것'의 원본적 양태를 실존철학적 입장에서 재고찰해 봄으로써, 다양한 이념들 간에 이루어질 수 있는 상호침투의 물질적 토대, 다시 말해서 공적 영역의 물질적 토대를 고찰해 보았다. 연대감과 다양한 실존적 삶의 형태에 근거한 체험적 상호일치는 바로 공적 영역의 물질적 토대로서, 기존 사회적 가치와 제도에 대한 반성적 주제화인 동시에 다양한 이념들에 대한 타당성 검증의 자료로서 기능한다. 또한 공적 영역의 물질적 토대로서 제시되는 체험적 상호일치는 새로운 사회적 가치와 제도가 가지는 정당성의 토대를 형성한다. 다양한 실존적 삶의 형태에 위치지워진 정치공동체 구성원 간에 이루어진 체험적 상호일치는 기존 사회적 가치와 제도에 대한 '저항'

으로써 표면화되고, '조화'로써 새로운 사회적 가치와 제도를 형성하기 위한 토대로써 기능한다.

기존의 사회적 가치와 제도가 '세계내 존재로서 구조화된 몸의 도식'에 근거해 있음은 기존 사회적 가치와 제도의 원본적 의미가 '애매성'에 근거함을 의미한다. 이러한 애매성은 다양한 이질성의 필연성과 다양한 이질성에 대한 관대함을 근본적으로 내포함을 의미한다. 이러한 맥락에서 인간의 정치적 행동은 기존 사회적 가치와 제도, 그리고 이로부터 산출되는 다양한 이질성간에 형성된 긴장 속에 자리매김하고 있는 것이다. 이는 곧 인간이 정치적일 수밖에 없음을 입증시킨다.

기존 사회적 가치와 제도의 원본적 의미인 애매성과 애매성의 직접적인 타자인 다양한 실존적 삶의 형태는 자유와 반성의 조합인 프락시스(praxis) 개념을 범주화한다. 실존적 애매성이 산출해내는 역사의 운동은 자유라는 개념을 동력으로 지속된다. 이러한 자유 개념은 절대이성에 근거한 것도, 인간의 정념에 근거한 것도 아니다. 실존적 차원에서의 자유는 인간의 체험에 근거한 자유이며, 이는 곧 애매성이 자유의 본질임을 기술한다. 따라서 자유(정신)는 필연(물질)의 대칭점이 아니라 필연과의 변증법적 상호작용을 하는 한 요소로써 자리매김한다.

실존철학적 상호주관성이론은 주관주의의 추상적 도덕주의나 포스트모더니즘의 정치적 허무주의에서 탈피하여, '일상의 정치'로의 전환을 주장한다. '정치적인 것'의 원본적 양태인 이념화되기 이전의 다양한 실존적 삶의 형태에 주목해야 함을 의미한다.

그러나 우리의 일상은 (대상화된)경험적 상호관계로 채워져 있기 때문에 이념화의 토대인 다양한 실존적 삶의 형태를 지각하기 어렵다. 이에 요구되는 것이 '체험적 상호관계'로의 복귀를[199] 요구한다. 이것은 하버마스 의사소통이론에서 제시되는 '체계에 의한 생활세계의 식민화'에서 '생활세계의 복귀'라는 테제와 맥을 같이한다.

  그러나 하버마스의 생활세계의 복귀가 이상화된 생활세계로의 복귀라
면, 체험적 상호관계로의 복귀는 유토피아(utopia)를 지향하지 않는다. 단
지 우리의 일상의 토대인 세계내 존재로서 구조화된 몸의 도식에 근거한 체
험적 상호관계로의 복귀를 지시할 뿐이다. 이러한 체험적 상호관계로의 복
귀는 또한 우리의 신체 속에 묻어있는 '연대감' 분출을 위한 전제이다. 다
양한 실존적 삶의 형태에 위치지워진 정치공동체 구성원의 상호관계를 이
루기 위한 동력으로서의 연대감은 공적 영역의 물질적 토대인 체험적 상호
일치를 형성하는 계기이다. 이념적 차원에서 우리의 일상에 자리잡고 있는
실존적 삶의 형태를 재해석하는 것이 아니라, 이념적 차원의 토대로서 주어
지는 다양한 실존적 삶의 형태를 기존 사회적 가치와 제도가 산출할 수밖에
없는 이질성이라는 차원에서 재조명함으로써, 정치공동체 구성원의 자유
와 반성의 토대를 재구축할 수 있다.

  하버마스의 공적 영역의 물질적 토대가 연대감이지만, 하버마스는 연대
감 표출을 위한 조건을 동질적이고 이상화된 생활세계에 근거함으로써 결
국, 실제적 차원에서 공적 영역의 공간을 소모적인 이념적 논쟁의 공간으로
변모시키는 가능성을 항시 가지고 있다. 무페의 경우에도 사정은 그리 나아
보이지 않는다. 정치공동체 구성원의 민주주의에 대한 실천적 경험이 각각
의 이념 속에 묻어 있는 연대감을 용인할 수 있을지는 몰라도, 공적 영역에
이루어지는 다양한 이념들 간의 논증 과정을 생산적으로 전환시키지는 못
한다.

---

199) '체험적 상호관계'로의 복귀는 자연스럽게 일어나지 않는다. (대상화된)경험의 상호관계가 우
    리의 일상 대부분을 차지하기 때문이다. 한나 아렌트(H. Arendt)의 『예루살렘에서의 아이히만:
    악의 평범성에 대한 보고서』는 이러한 예의 극단적인 경우를 제공한다. 즉 (대상화된)경험의 상
    호관계의 지속성이 결과하는 의사소통 불가능성을 극단적으로 보여준다. 이 책에서 아렌트는 다
    음과 같이 결론을 짓는다. " 아이히만과 어떤 의사소통을 하는 것은 불가능했다. 그가 거짓말을
    해서가 아니라 말이나 다른 사람의 존재로부터 그를 막아내는, 그래서 현실로부터도 그를 차단
    시키는 튼튼한 방호벽에 의해 그는 둘러싸여 있기 때문이다." (H. Arendt, Eichmann in Jerusalem
    (New York: Penguin Books, 1977), p.49.)

　이에, 실존철학적 상호주관성이론은 실제적 생활세계에서 표출되는 다양한 이념들의 출처에 대한 재고찰을 통하여, '정치적인 것' 의 원본적 양태를 인식함으로써, 공적 영역의 물리적 토대가 바로 다양한 실존적 삶의 형태에 토대한 정치공동체 구성원간에 형성되는 상호일치에 있음을 확인하였다. 이럼으로써 새로운 사회적 가치와 제도는 정치공동체 구성원에게 항상 정당한 것으로 인식될 뿐만이 아니라, 정치공동체 구성원의 자발적인 실천력까지 담보할 수 있다.

참고문헌

[국외문헌]

Agger, E. 1991. "Critical Theory, Poststructuralism, Postmodernism: Their Sociological Relevance." Annual Review of Sociology. 17.

Arendt, H. 1998. Human Condition. Chicago: The University of Chicago Press.

Arendt, H. 1971. The Life of the Mind. San Diego: Harcourt Brace Jovanovich.

Arendt, H. 1982. Lectures on Kant's Political Philosophy, ed. by R. Beiner. Chicago: The University of Chicago Press.

Arendt, H. 1977. Eichmann in Jerusalem. New York: Penguin Books.

Arendt, H. 1968. Men in Dark Times New York: Harcourt Brace Jovanovich.

Benhabib, S. 1996. Democracy and Difference: Contesting the boundaries of the political. New York: Princeton University Press.

Berlin, I. 1958. Two Concepts of Liberty. Oxford: Clarendon Press.

Bernstein, R. 1983. Beyond Objectivism and Relativism. Philadelphia: University of Pennsylvania Press.

Brown, P. I. 1975. "Epistemology and Method: Althusser, Foucault, Derrida." Cultural Hermeneutics. No. 3.

Dallmayr, F. 1984. Polis and Praxis. London: Cambridge MIT Press.

Dallmayr, F. 1978. From Contract to Community. New York: Marcel Dekker.

Dallmayr, F. 1981. Twilight of Subjectivity. Amherst: The University of Massachusetts Press.

David Hoy. 1979. "Taking History Seriously: Foucault, Gadamer, Habermas." Union Seminary Quarterly Review. 34.

Derrida, J. 1982. Margin of Philosophy, tr. A. Bass. Chicago: University of Chicago.

Derrida, J. 1979. "Structure, Sign, and Play in Discourse of Human Science." The Structualist Controversy. Eds. Mackey and Donato. Baltimore: John Hopkins University Press.

Derrida, J. 1976. Of Grammatology, tr. G. C. Spivak. Baltimore: John Hopkins University Press.

Derrida, J. 1973. "Differance." Speech and Phenomena. tr. David B. Allison. Evanstone: Northwestern UP.

Dew, P. 1993. "Agreeing What's Right: Review of Faktizitat und Geltung by J. Habermas." Original Source: London Review of Books.

Dewey, J. 1966. Democracy and Education. New York: Macmillan.

Elster, J. 1998. "The Market and the Forum: Three Varieties of Political Theory." Deliberative Democracy. Ed. J. Elster. Cambridge: Cambridge University Press.

Foucault, M. 1979. "Truth and Power", Working Papers.

Foucault, M. 1972. The Archeology of Knowledge, tr. A. M. Sheridan-Smith. New York: Pantheon.

Foucault, M. 1971. L' Ordre du discours. Paris: Gallimard.

Foucault, M. 1977. Discipline and Punish. tr. A. Sheridan. New York:

Vintage Books.

Foucault, M. 1990. The History of Sexuality (Vol. I.): An Introduction, tr. R. Hurley. London: Penguin Books.

Gadamer, H-G. 1976. Hegel's Dialectic. New Haven: Yale University Press.

Gadamer, H-G. 1975. Truth and Method. tr. W. Glen-Doepel. London: Sheed and Ward.

Gauthier, D. 1986. Morals by Agreement. Oxford: Clarendon Press.

Gutman, A and Thompson, D. 1996. Democracy and Disagreement. Boston: Harvard University.

Habermas, J. 1984. The Theory of Communicative Action(Vol. I.): Reason and The Rationalization of Society, tr. T. McCarthy. Boston: Beacon Press.

Habermas, J. 1979. "What is Universal Pragmatics?" Communication and the Evolution of Society. tr. T. McCathy. Boston: Beacon Press.

Habermas, J. 1984. "Wahrheitstheorien," Vorstudien und Erganzungen zur Theorie des kommunikativen Handelns. Frankfurt: Suhrkamp.

Habermas, J. 1970. "Toward a Theory of Communicative Competence." Inquiry 13.

Habermas, J. 1971. Knowledge and Human Interest, tr. Shapiro. Boston: Beacon Press.

Habermas, J. 1990. Moral Consciousness and Communicative Action. trs. C. Lenhardt and S. W. Nicholsen. Cambridge: Polity Press.

Habermas, J. 1987. The Philosophical Discourse of Modernity. tr. F. Lawrence. Cambridge: Polity Press.

Habermas, J. 1987. The Theory of Communicative Action (Vol. II.): Lifeworld and System. tr. T. McCarthy. Boston: Beacon Press.

Habermas, J. 1982. "A Reply to my Critics." Habermas: Critical Debates.
    Eds. Thompson & Held. Cambridge: MIT Press.

Habermas, J. 1998. Between Facts and Norms: Contributions to a Discourse
    Theory of Law and Democracy. Cambridge: MIT Press.

Heidegger, M. 1927. Sein und Zeit. Halle: Niemeyer.

Hirst, P. 1990. Representative Democracy and It's Limits. London: Polity
    Press.

Husserl, E. 1970. The Crisis of European Sciences and Transcendental
    Phnomenology. tr. David Carr. Evanston: Northwestern University
    Press.

Huyssen, A. 1990. "Mapping the Postmodern." Feminism/Postmodernism.
    Ed. L. Nicholson. London: Routledge.

Laclau, E & Mouffe, S. 2001. Hegemony and Socialist Strategy: Towards
    Rational Democratic Politics. New York: verso.

Lukes, S. 1990. Individualism. Oxford: Basil Blackwell.

Lyotard, J. F. 1988. The Differend: Phrases in Dispute. tr. Georges Van
    Den Abbeele. Minneapolis: University of Minnesota Press.

Macdonell, D. 1986. Theories of discourse: an introduction. New York:
    Blackwell.

MacIntyre, A. 1984. After Virtue. Notre Dame: University of Notre Dame
    Press.

Merleau-Ponty, M. 1969. Humanism and Terror, tr. J. O' Neill. Boston:
    Beacon Press.

Merleau-Ponty, M. 1962. The Phenomenology of Perception. London:
    Routledge,

Merleau-Ponty, M. 1977. La Struture du comportement. Paris: P.U.F.

Merleau-Ponty, M. 1982. "Resumes de cours", Gallimard, Tel.

Merleau-Ponty, M. 1968. The Visible and The Invisible. Evanston: Northwestern UP.

Merleau-Ponty, M. 1964. The Primacy of Perception. Ed. J. M. Edie. Evanstone: Northwestern UP.

Merleau-Ponty, M. 1973. Adventure of the Dialectic. tr. J. Bien. Evanston: Northwestern University. Press.

Miklitsch, S. 1995. "Rhetoric of Post-Marxism" Social Text, No. 45.

Mouffe, C. 2000. "For an agonistic model of democracy." Political Theory in Transition. Ed. Noel O' sullivan. London and New York: Verso.

Mouffe, C. 1988. "Hegemony and new political subject." Marxism and nterpretation of Culture. Eds. Nelson, C & Grossberg, L. London: Macmillan.

Mouffe, C. 1993. The Return of the Political. London: Verso.

Mouffe, C. 1996. "Democracy, Power, and the "Political"," Democracy and Difference. Ed. S. Benhabib. New York: Princeton University Press.

Piaget, J. 1977. "Growth of Logical Thinking from Childhood to Adolescence." The Essential Piaget. New York: Basic Books,.

Poster, M. 1982. "Foucault and history." Social Research. Vol. 49, No. 1.

Rawls, J. 1991. A Theory of Justice. Cambridge: Harvard University Press.

Sandel, M. J. 1982. Liberalism and the Limits of Justice. Cambridge: Cambridge University Press.

Sartre, J. P. 1956. Being and Nothingness. tr. Hazel Barnes. New York: Philosophical Library.

Searle, J. 1969. Speech Acts. Cambridge: Cambridge University. Press.

Soussure, F. 1983. Course in General Linguistics. tr. Roy Harris. London:

Duckworth.

Taylor, Charles. 1975. Hegel. Cambridge: Cambridge University Press.

Thatcher, M. 1986. In Defence of Freedom. Speeches on Britain's Relations with the World(1976~1986). London: Aurum Press,.

Thevenaz, P. 1962. What is Phenomenology? and Other Essays. trs. J. M. Edie, C. Countney, and P. Brockelman. Chicago: Quadrangle Books.

Thomson, J. B. 1984. Studies in the Theory of Ideology. Berkeley: University California Press.

Weber, M. 1969. Economy and Society (Vol. 3). New York: Bedminster Press.

Wolin, S. 1996. "Fugitive Democracy," Democracy Difference. Ed. S. Benhabib. New York: princeton University Press.

Wittgenstein, L. 1958. Philosophical Investigations. London: A Blackwell Paperback.

Wittgenstein, L. 1969. On Certainty. Oxford: Basil Blackwell.

[국내문헌]

강내희. 1991. "담론의 안팎: 몇가지 담론 이론에 관한 소고." 인문학 연구. Vol. 17.

김병곤. 1999. "신자유주의 국가론의 이념적 정체성과 정치철학적 기원." 사회경제평론. No. 13.

김비환. 1996. "포스트모던 시대에 있어 합리성, 다문화주의 그리고 정치." 사회과학. Vol. 35, No. 1.

김선욱. 2001. "한나 아렌트의 판단이론과 의사소통 합리성." 사회와 철학.

Vol-No. 2.

김홍우. 1999. 현상학과 정치철학. 서울: 문학과 지성사.

보비오, N. 1992. "대의제 민주주의와 민주주의의 확장." 한국정치연구회 사상분과 편저. 현대민주주의론 II. 서울: 창작과 비평사.

서규환. 1991. "리오따르와 하버마스의 논쟁에 대하여." 포스트모더니즘의 쟁점. 서울: 터 출판사.

서유경. 2000. "한나 아렌트의 정치 행위 개념 분석." 정치사상연구. Vol. 3.

서유경. 2002. "아렌트 정치적 실존주의의 이론적 연원을 찾아서." 한국정치학회보. Vol. 3. No. 3.

신인섭. 2003. "메를로-퐁티와 시뮐라크 현상학." 철학. Vol. 77.

심광현. 1992. "언어비판과 철학의 새로운 실천." 문화과학 제 2호.

윤평중. 1992. 푸코와 하버마스를 넘어서. 서울: 교보문고.

윤평중. 1992. "상호주관성과 담화의 논리: 탈현대의 실천철학을 위한 시론." 철학. Vol. 37. No-.

이남선. 2001. 차이의 정치 이제 소수를 위하여 . 서울: 책세상.

이동수. 2004. "탈현대사회 대안공동체." 한국정치학회보. 제 38집 1호

이동수. 2001. "하버마스에 있어서의 두 권력." 정치사상연구. 5집.

이성화. 2004. "또 다른 근대의 사회학과 문화이론: 생활세계의 문화적 전환과 일상에서의 초월." 정치사상연구. Vol. 10, No. 2.

이종은. "민주시민의 덕성: 그 지성적 토대에 관한 연구." 한국정치학회보. Vol. 34. No. 1. 2000.

이지은 편. 1986. 지식과 권력. 서울: 한울.

임성호. 1998. "민주주의와 관료제: 관료제의 비대화 및 병폐의 정치적 원인." 한국과 국제정치. Vol. 14. No. 2.

정연식. 1998. "아렌트의 행동하기와 생각하기: 하버마스를 통한 이해." 부산 정치학회보 Vol. 8, No. 2.

정화열. 2000. 몸의 정치. 서울: 민음사.

최상용. 2004. 중용의 정치. 서울: 나남.

페터 V. 지마. 1996. 이데올로기와 이론. 서울: 문학과 지성사.

한상진. 1983. "생활세계의 문제의식과 사회과학." 현상과 인식. Vol. 7. No.
1.

홍원표. 1995. "한나 아렌트 정치철학의 아이러니." 한국정치학회보 Vol.
29, No. 4.

홍원표. 1997. "정치적 탈근대성과 정치공동체: 배제·과잉·균형의 정치."
한국정치학회보. Vol. 31, No. 1.

소통의 정치학

부록

질서와 진보의 교차적 동학으로로서의 실존철학적 변증법

I. 서론

 정치에 대한 비변증법적 고려는 인간과 세계를 매개하는 구조적 차원—언어, 생활세계, 문화, 사회공동체의 사회적 가치 등—을 철저히 무시하거나 배제한 채로 (인간과 세계와의 이분법적 틀을 전제로)인간과 세계와의 직접성을 강조한다. 반면에 정치에 대한 변증법적 고려는 인간과 세계와의 관계를 매개하는 구조를 강조한다. 인간과 세계와의 관계는 구조라는 매개체를 통해서 서로 연결된다. 변증법에 기초한 정치는 비역사적이거나 교조적(dogmatic)인 것이 아니라, 구조를 매개로 한 세계에 대한 인간의 역사성으로 나타난다. 하지만 구조라는 매개를 강조하는 변증법적 고려 역시 인간과 세계라는 이분법적 틀을 크게 벗어나지 못했다. 헤겔(G. W. Hegel)의 변증법에서 구조의 반성과 재생산 문제는 궁극적으로 절대 이성에 토대하고 있다. 마르크스(K. Marx)의 변증법은 경제적 차원의 지배와 피지배라는 틀에 토대하고 있다. 결국 이들에게 구조의 반성과 재생산 문제는 헤겔에게 있어서 특권화된 선험적인 '이성적인 존재'의 몫으로, 마르크스에게 있어서는 특권화된 물질적 토대인 계급관계로 환원된다.

 그렇다면 현대의 변증법론자들은 어떠한가? 현대의 변증법론자들의 변증법적 도식은 구조의 반성과 재생산을 (선험적이지만)실질적 요소 즉 (경험적이면서 선험적인)실천이성에 근거해 있다. 이들 입장은 구조의 반성과 재생산과 관련하여 어떠한 선험적 토대도 허용하지 않을 뿐만이 아니라, 인간과 세계에 앞서는 구조의 선재성을 강조하는 구조주의 입장에 대해서도 비판적이다. 이들에게 구조란 인간과 세계의 긴밀한 상호관계를 전제로 한 상호주관적 세계일 따름이다. 구조의 반성과 재생산 문제는 인간과 세계와의 내적인(internal) 상호관계로써 제시된다.

그러나 여전히 이들의 입장은 시민사회의 구성원에게 '도덕적 전체주의'로 여겨질 수 있는 과도한 시민의 덕(civic virtue)을 요구한다. 왜 그런가? 이들은 구조의 반성과 재생산 문제를 통시적 차원에서만 고려하기 때문이다. 이들의 변증법적 정치는 공시적 차원에서 이루어지는 '구조 그 자체의 운동성'을 의식적으로 배제시키고 있다. 특히, 이러한 배제에 기초한 하버마스(J. Habermas)의 소통 개념은 소통 불가능한 정치적 입장을 소통 가능한 것으로 재구성함으로써 소통을 위한 규범적 술어로 가득 채워져 있다.

본고는 세계−내−존재(being in the world)로서 인간의 필연적 세계 귀속성뿐만이 아니라 세계에로의 존재(being to the world)로서 인간의 개방성을 강조하는 메를로-퐁티(M. Merleau-Ponty)의 실존철학적 입장에서 변증법적 틀을 재구성하고자 한다. 실존철학적 입장에서 재구성된 변증법은 다음의 두 가지 '실존적 사실'(the existential fact)의 교차적 분석에 기초해 있다. 첫 번째 실존적 사실은 구조−밖에는 특권화된 인간의 선험적 주관성이나 물질적 토대가 존재하는 것이 아니라, 인간과 세계와의 치밀한 체험적 상호관계가 존재한다.[200] 이 실존적 사실이 구조의 원래적 의미(the original meaning)뿐만이 아니라 구조의 반성과 재생산에 대한 당위론적 측면을 제시한다.

두 번째 실존적 사실은 '제약(constraint)으로서의 구조'이다. 구조라는 것이 인간과 세계와의 체험적 상호관계의 결과물이라는 점에서, 구조는 인간과 세계와의 체험적 상호관계를 전제로 한다. 하지만 구조는 가역적으로 제도라는 틀 속에서 인간과 세계와의 특정한(particular) 체험적 상호관계를

---

200) 여기서 기술되는 '체험'은 18세기 경험론에서 제시하는 경험 개념 즉, 주체와 객체의 엄격한 분리를 전제로 하여 감각기관을 통한 사물의 단편적인 관념(idea)과 인상(impression)에 의하여 경험이 성립된다고 보는 그런 개념이 아니다. 경험 개념과 달리, 체험은 주체와 객체의 구분 없이 두 요소가 통일된 전체 속에서 작용함으로써만 의미를 가진다.

지속시킨다. 이러한 세계에 대한 인간의 특정한 체험적 작용의 지속이 '정치적인 것' (the political)의 출처이다. 다시 말해서 제약으로서의 구조는 한편으로 특정한 체험적 상호관계의 지속을 담보한다는 점에서 '제약' 이지만, 다른 한편으로 정치적인 것을 산출한다는 점에서 '계기' (momentum)이다.

　본고는 실존철학적 입장에서 변증법적 틀을 재구성해 봄으로써, '정치적인 것' 과 '정치적 행동' 을 새롭게 다루고자 한다. 첫째, 정치적인 것의 의미를 재고찰한다. 특히 '정치적인 것' 은 위에서 언급된 두 가지의 실존적 사실의 교차 지점에서 형성된다. 공시적 차원에서 이루어지는 구조의 운동성에 대한 고려는 정치공동체 구성원의 '정치적 삶' (political life)과 '정치적 입장' (political position)을 구분시킬 뿐만이 아니라, 양자의 상호관계를 명확히 한다. 둘째, 정치적 행동의 의미를 재고찰한다. 정치적인 것에 기초하여 정치적 행동(political action)의 범위와 조건을 기술한다. 특히 이것은 소통을 위한 공적 영역의 구성과 관계한다.

II. 실존철학적 입장에서 변증법적 틀의 재구성

구조—밖의 특권화된 선험적 주관성이나 물질적 토대의 배제로써 제시되는 세계—내—존재로서 인간의 필연적인 세계 귀속성은 무엇을 의미하는가? 메를로-퐁티는 이를 그의 「지각의 현상학」에서 "몸의 감각작용은 세계에 대한 일종의 교류(communication)이며 '지향' 이다. 감각이 지향적이라 말하는 것은 감각적인 것에서 어떤 실존의 리듬을 발견할 수 있기 때문이다"(Merleau-Ponty 1962, vii) 라고 기술하고 있다.

이처럼 세계—내—존재로서의 인간의 필연적 세계 귀속성은 구조—밖에 선험적 주관성이나 물질적 토대를 전제하지 않는다. 구조—밖에는 신체주관과 세계간의 조건적이고 상황적인 상호작용, 즉 교차 혹은 얽힘만이 있을 뿐이다.

그렇다면 신체주관과 세계간의 조건적이고 상황적인 상호작용이란 구체적으로 무엇을 의미하는가? 이는 의식이 발동하기 전에 몸의 감각이 몸 밖에 무언가 존재한다는 것을 애매하게 감지하고 몸이 일정한 방식으로 정립작용을 한다는 것이다. 이러한 정립작용을 통해서 몸은 '구조화된 지각' (a structured perception)을 지니게 된다.

구조화된 지각을 가진 몸은 의식의 명령에 복종하는 수동적 반응체가 아니다. 의식이 작동하기 전에 몸은 구조화된 지각에 의해서 몸이 직면하고 있는 상황이 요구하는 형식들을 이미 몸이 자기 자신 속에 구조화하고 있다.

세계의 구체적인 상황에 대한 이러한 몸의 구조화는 경험 이전의 것이지

만 세계에 대한 체험으로부터 획득된다는 점에서 실질적이다.[201]

　시각적 체험과 청각적 체험이 서로 함축되어 있는 구조화된 신체-주체의 '몸의 도식'(the scheme of body)은 세계에 대한 선술어적 통일성으로 나타난다. 우리의 술어적 표현은 몸의 도식에 근거해 있고, 몸의 도식은 우리가 세계와 소통할 수 있게 해 준다. 세계에 대해서 우리가 이해한다는 것은 우리가 보고 있는 것과 주어진 것 사이에서, 의도와 실천 사이에서 조화를 체험하는 것에 따름 아니다. 이러한 몸의 도식의 선-술어적 성격은 비트켄슈타인(L. Wittgenstein)이 「지식의 확실성」에서 언급한 '펀더멘탈'(the fundamental) 개념과 유사하다. 비트켄슈타인은 펀더멘탈을 언어게임(language game)의 본질[202]이라고 규정한다.

　　"우리가 어려서부터 배워 오고 사용한 언어게임의 실행적 결과는 우리로 하여금 경험적 명제들에 대해서 되물을 가능성을 원천적으로 배제하도록 만들었다. 결국, 우리는 우리가 사용하는 무수히 많은 문장들 중의 일부에 대해서 더 이상 의심을 할 수 없는 확실성을 지니게 되었고, 그러한 확실성을 가져다주는 것은 곧 언어게임의 본질에 속하는 문제이다." (Wittgenstein 1969, 370절)

　메를로-퐁티는 이러한 구조화된 몸의 도식을 '일반화된 실존의 흔적'(the track of generalized existence)(Merleau-Ponty 1962, 347)이라고 하였다. 일반화된 실존은 자아(I)와 타자(Others)가 완전히 분리되지 않은 선-소여적 세계이며, 선-개인적 세계이다. 이를 메를로-퐁티는 "타자의 몸과 나의 몸

---

201) 메를로 퐁티는 이를 '실질적 선험성'(material a priori) 혹은 선험적 구조(the structure of a priori)라고 하였다.(Merleau-Ponty 1967, p.172)
202) 비트켄슈타인은 펀더멘탈을 "의심을 넘어서는 일종의 규칙과 같은 것"(Wittgenstein 1969, 519절)이라고 하면서 이때의 규칙이란 "논리학의 명제와 같은 것이다"(Wittgenstein 1969, 319절)라고 기술하고 있다.

은 유일한 하나의 전체이고, 현상의 안과 밖이다. 내 몸은 순간마다 익명적인(anonymous) 실존의 흔적이 되는데, 이 익명적인 실존은 두 몸이 동시에 거주한다"(Merleau-Ponty 1962, p.354)라고 기술하고 있다. 이제 세계에 대한 인간의 최초 관계는 세계에 대한 자기와 타자와의 '체험적 통일성', 즉 '상호신체성(intercorporeity)에 의한 상호주관성(intersubjectivity)' [203]으로 기술된다.

세계에 대한 상호주관성이 상호신체성에 토대한다는 것은 구조의 원래적 의미를 제시한다. 그것은 지각차원의 본질이라 할 수 있는 '애매성'(ambiguity)이다. 애매성에 기초한 구조란 특권화된 의식에 기초하여 세계를 해석하는 교조적 방식의 산물도 아니고, 특정한 물질적 입장에서 세계를 해석하는 기회주의적 방식의 산물도 아니다. 구조란 세계에 기존(旣存)하는 로고스(이성)와 의미를 전제로 하여 이루어지는 인간과 세계와의 조건적이고 상황적인 지각―체험에 기초한 신체―주관들 간의 상호호혜성을 의미한다.[204]

그렇다면 '구조의 애매성'은 통시적 차원에서 어떻게 해석될 수 있을까? '제도화된 구조의 친숙함' ―습관화된 몸― 에 대한 물음과 반성을 요구한다. 물론, 세계에 대한 인간의 이러한 물음과 반성은 칸트(I. Kant)나 데카르트(R. Descartes)의 주체와는 결별한 지각―주체에 의해서 실행된다. 이것

---

203) 메를로-퐁티의 상호신체성에 의한 상호주관성 개념은 비트켄슈타인의 소통 가능성 테제 즉 "의견의 일치(the agreement of the opinions)는 삶의 형태의 일치(the agreement of life-forms)에 토대한다"(Wittgenstein 1958, 241절)와 일맥상통한다. 이러한 두 학자의 견해는 상호주관성을 단지 '의견의 일치'(the agreement of opinions)에만 국한시키는 접근 방법이 가지는 한계점―구조 혹은 언어가 사회공동체 구성원에게 가하는 실천적 측면을 설명하지 못함―을 극복한다.(Harris 1988: 최재식 1999, pp.212~213) 그리고 이것은 담론적 실재만을 강조하는 반토대주의 입장 특히 테리다의 입장에 대해서 담론의 토대로서의 비―담론적 실재를 강조한다. 물론 이들의 비―담론적 실재는 토대주의가 지시하는 특권화된 선험적 토대와는 다르다. 이와 관련하여 데리다와 비트켄슈타인을 비교한 책인 「데리다와 비트켄슈타인」에서 자세히 다루어지고 있다.(Garver 1994)

204) 신인섭은 이러한 메를로-퐁티의 상호신체성에 의한 상호주관성 개념이 주관주의와 객관주의를 극복할 수 있는 제3의 사유 방식이라고 기술하고 있다.(신인섭, 2004)

은 선험적이고 투명한 의식에 기초하여 주어진 것에 대한 반성이나 회의가
아니라 주어진 것과의 체험적인 상호교류를 통해서 던져지는 반성과 회의
이다. 이러한 맥락에서 구조의 애매성에 근거한 실존철학적 변증법은 체험
의 변증법이요, 목적론적(teleological) 변증법이 아닌 부정의 변증법이다.[205]

"우리가 선(先) 구성된 어떤 세계나 논리를 인정하려고 하는 것도 오로
지 이들이 본연의 존재에 대한 우리의 체험으로부터 나타나는 것을 보았
기 때문이다. 그래서 이 체험이야말로 우리의 앎의 탯줄이며, 우리에게
있어 의미의 원천이 되는 것이다…(그래서) 우리는 우리의 체험을 캐묻는
다. 다시 말해서 체험이 어떻게 우리를 우리가 아닌 (어떤)것(what is not
ourselves)으로 나아가게 하는지를 알기 위해 우리는 체험을 캐묻는다. 이
러한 캐물음을 통해 우리는 본래 모습으로 나타나지 못하는 어떤 것을 향
해 가는 체험의 운동성을 지각할 수 있다."(Merleau-Ponty 1968, pp.157
~159)"

이제 구조는 선험적 주관성에 의해 제시되는 진리의 표현 수단도 아니고
물질적 입장에 토대한 우연한 산물도 아니다. 구조는 인간과 세계와의 체험
적 상호관계를 전제로 하여 언제나 인간이 고안하고 수정할 수 있는 제도화

---

205) 가다머(H. Gadamer)가 그의 책 『진리와 방법』에서 논의한 체험 개념은 실존철학적 변증법의
동력으로서 세계에 대한 인간의 체험 개념을 구체화 한다. 가다머에 의하면 체험에는 세 가지가
있다. 귀납적 요인, 변증법적 요인, 실존적 요인이 그것이다. 체험의 귀납적 성격이란 누적되고
반복될 수 있는 특성을 말한다. 어떤 체험이 다른 증거에 의해 부인되거나 다른 체험에 의해서 모
순되지 않는 한 유효하다는 의미에서 귀납적이다. 그러나 체험의 반복적인 성격만을 강조하게
되면 체험의 놀라움과 당황스러운 측면들을 놓치게 된다. 체험한다는 것은 한편으로는 기대에
부응하고 그것을 확인하는 것이지만 다른 한편으로는 기대하지 못했던 새로운 것과 조우하고 겪
게 된다는 것이다. 이때 후자는 부정적인 함의를 갖는다. 왜냐하면 체험 속에서 우리의 통상적인
기대는 흩어지고 수정되기 때문이다. 체험은 새로운 것을 낳는다. 이런 점에서 체험은 확인과 부
정의 변증법적 성격을 가진다. 그리고 체험은 인식적 성장의 결과가 아니라 체험은 실존적 습득
의 과정이다. 누구도 그 이전의 체험으로부터 면제되지 않으며, 체험은 인간 조건의 역사적 성격
속에 내재되어 있다. 이런 점에서 체험은 실존적이다.(Dallmayr 1984, pp.51~53에서 재인용.)

의 차원이다. 이러한 맥락에서 실존철학적 변증법의 입장에서 기술되는 정치의 개념은 듀이(J. Dewey)가 언급한 '당하는 일'(undergoing)에 대비되는 '시도하는 일'(trying)(Dewey 1966, p.139)로서, 혹은 한나 아렌트(H. Arendt)가 언급한 행위(behavior)에 대비되는 행동(action)(Aredndt 1998, pp.7~8)으로서 해석될 수 있다. 이를 메를로-퐁티는 '구조화된 친숙성'에 대비되는 자유와 반성의 조합으로서 '프락시스'(praxis) 개념으로 제시한다.

그러나 (앞의 두 학자를 포함해서)메를로-퐁티의 프락시스(praxis) 개념은 구조에 대한 무조건적인 자유를 의미하지 않는다. 그의 프락시스 개념은 구조에 의해서 조건지워진 혹은 구조에 의해서 매개된 자유이다.[206] 그의 프락시스 개념은 이미 제도화된 것과 관련하여 항상 다시 나타나는 정신의 이질성(heterogeneity) 혹은 이미 주어진 세계의 명증성과 관련해서 볼 때도 언제나 새롭게 태어나는 이질성(Merleau-Ponty, 1968, p.230)을 끌어들이는 상호주관성 개념이다.

따라서 실존철학적 변증법의 맥락에서 정치적 고찰은 '제약(constraint)으로서의 구조'와 자유의 공간인 '구조의 애매성'을 동시에 고려한다.

'구조의 애매성'이 세계에 대한 인간의 체험적 관계의 통시적 차원을 기술한다면, '제약으로서의 구조'는 세계에 대한 인간의 체험적 관계의 공시적 차원을 기술한다. 제도화된 구조의 제약적·계기적 측면을 강조한다. 한편으로, 공시적 차원에서 구조의 물질화로서의 제도화된 구조는 세계에 대한 인간의 체험적 관계를 특정한 방향으로 지속시킨다.

다른 한편으로, 제도화된 구조에 의한 특정한 체험적 관계의 지속은 '정

---

206) 찰스 테일러(Ch. Taylor)는 헤겔에 대한 그의 해석에서 다음과 같이 메를로-퐁티의 생각에 찬동한다. "완전한 자유란 공허한 것이다. 거기에는 행동할 만한 것도 없다. 모든 외적인 장애물이나 충동을 제치고 자유에 도달하는 자아는 거기에 아무리 명백한 용어들, 즉 합리성이나 창조성이니 하는 말을 감추어둔다 할지라도 특징 없고 뚜렷한 목적 없는 자아에 불과하다." (Taylor 1975, p.561)

치적인 것'을 산출하는 계기가 된다. '구조의 애매성'이라는 구조의 불완전성은 이제 공시적 차원에서 제도화된 구조에 의해서 그것의 불완전성이 표면화된다.

본고는 '제약으로서의 구조'의 제약적·계기적 측면을 분석하기 위해서 푸코(M. Foucault)의 구조적 권력 개념을 차용한다. 푸코의 구조는 구조주의에서 기술하는 정태적 구조나 하버마스의 생활세계, 즉 '(상대적으로) 동질적이며, 지배로부터 자유로우며, 의사소통(합의)을 촉진시키는'(Habermas 1987, pp.124~135) 그런 구조가 아니다.

푸코의 구조는 '세계에 대한 인간의 특정한 체험적 관계의 지속'이라는 '비의도적 의도'(unintended intention)를 지닌 하나의 운동체[207]로써 기술된다. 공시적 차원에서 제도화된 구조는 그것의 원래적 의미인 애매성이 탈화된 채로 '과잉결정화'(excessive determination)된다. 제도화된 구조는 사회공동체 구성원에게 참 혹은 진리인양 제시됨으로써 자명하고 명확한 형식으로 사회공동체 구성원을 포획한다. 이것은 허용과 금지의 실천체계로, 혹은 현상에 대한 명확한 개념화로 사회공동체 구성원에게 주어진다. 이렇게 제도화된 구조는 세계에 대한 인간의 체험적 관계를 특정한 방향으로 지속시킨다.

특히, 푸코의 권력과 지식테제는 제도화된 구조의 틀 속에서 작동하는 과

---

207) 푸코는 죽은 것, 고정적인 것, 비변증법적인 것, 그리고 움직이지 않는 것으로 다루어져 왔던 공간에 대해서 긍정적이다. 푸코 자신은 특히 그의 권력과 지식의 테제에 대한 탐구를 공간적인 집착에서 찾는다. "일단 인식이 종교, 영토, 이식, 대체, 전이 등의 용어로 분석되어질 수 있다면, 우리는 그것에 의해서 지식이 권력의 형식을 취하여 권력을 행사하는 과정을 지켜볼 수 있다." (Foucault 1980, pp.68~70).

208) 푸코는 그의 책 『지식의 고고학』에서 담론의 네 가지 차원인 대상(object), 양태(modality), 개념(concept), 전략(strategy)이 어떻게 형성되고 출현하게 되는가를 분석하고 있다.(Foucault 1972, pp.40~70) 어떤 지식에서 어떤 특정한 것이 그 대상으로 부각되고 허용되도록 만들어질 수 있는 조건 및 그 과정의 메커니즘과 그런 과정이 진행되는 일정한 방식, 거기에서 시용되는 특정한 개념, 특정한 이론, 그리고 주제가 제기되는 조건과 가능성의 메커니즘이 지식의 지평하에서 분석된다.

잉결정 메커니즘의 생산적인 측면을 잘 보여준다. 제도화된 구조의 구조적 권력은 지식의 형태로 세계에 대한 인간의 체험적 작용을 특정한 방향으로 재생산한다. 권력과 지식의 연계는 세계에 대한 인간의 특정한 체험적 작용의 지속성을 담보하기 위한 전략적 입장의 총체이다. 하지만 제도화된 구조의 구조적 권력은 지식의 구체적인 내용을 지시하지는 않는다. 다만 구조적 권력은 지식의 구체적인 내용을 형성하는 데 필수적인 요소들인 지식형성주체의 위치 선정, 대상영역의 규정, 이론적 주제의 선택에 관여한다.[208]

III. 정치적인 것: 정치적 삶과 정치적 입장

제도화된 구조의 구조적 권력은 한편으로 구조의 애매성이라는 구조의 불완전성을 지속시킨다. 다른 한편으로 이러한 지속은 구조의 애매성이라는 구조의 불완전성을 표면화시키는 계기가 된다. 본고는 구조적 권력이 산출하는 이질성을 '정치공동체 구성원의 정치적 삶' 과 '정치공동체 구성원의 정치적 입장' 이라는 두 가지로 나누어서 제시한다. 이 둘은 제도화된 구조의 구조적 권력이 산출할 수밖에 없는 ' 자연스러운 타자들' (natural others)이다.

자연스러운 타자들로서 정치적 삶이나 정치적 입장은 제도화된 구조와 모순적이거나 대립적인 관계가 아니다. 기존의 모순 개념이나 대립 개념이 실정성(positivity)에 근거한 개념인데 반하여, 자연스러운 타자로서의 정치적 삶과 정치적 입장은 실정성의 한계로써 제시된다. 모순의 개념이 완전하게 주어진 A에 대한 비A가 모순이다. 대립의 경우에는 완전하게 주어진 A에 대한 상반적인 관계로서의 B이다. 그러나 자연스러운 타자들로서의 정치적 삶이나 정치적 입장은 A가 전적으로 A 자신이 되는 것을 방해하는 '흔적' (trace)일 뿐이다. 이는 정치적 삶이나 정치적 입장이 객관적인 관계가 아니라 모든 객관성의 한계를 보여주는 관계임을 의미한다. 다시 말해서 자연스러운 타자들로서 정치적 삶이나 정치적 입장은 제도화된 구조의 불완전성에 대한 증인으로서 제도화된 구조의 구조적 권력에 의해서 형성되는 '순응적 삶' (conformable life)에 대한 한계적 경험이다.

그러나 자연스러운 타자들로서 정치적 삶과 정치적 입장은 명확히 구별된다. 전자가 구조적 권력을 계기로 해서 산출되는 구조의 애매성에 대한 '직접적인 타자'(the direct Other)라면, 후자는 구조적 권력과 정치적 삶의 부단한 상호작용에 의해서 산출되는 '헤게모니적 타자'(the hegemonical Other) 즉 권력 관계의 틀 속에서 형성되는 이질성이다.

제도화된 구조의 과잉결정 메커니즘을 통해서 산출되는 '정치공동체 구성원의 정치적 삶'은 구조의 애매성과 제도화된 구조의 과잉결정간에 형성될 수밖에 없는 '긴장'(tension)의 직접적인 산물이다. 이는 세계에 대한 인간의 특정한 체험적 작용의 지속성이 유발할 수밖에 없는 세계에 대한 인간 체험의 놀랍고 당황스러운 예들이다. 이러한 맥락에서 정치적 삶은 구조의 애매성에 대한 '직접적인 한계적 체험'(a direct and critical experience) 혹은 '직접적인 한계적 예'(a direct and critical instance)로서 기술할 수 있다.

자연스러운 타자로서 정치적 삶은 제도화된 구조에 대한 반성적 자료이다. 순응적 삶의 지속이 산출할 수밖에 없는 직접적인 한계적 흔적으로서의 정치적 삶은 제도화된 구조의 구조적 권력이 지속적으로 산출하는 순응적 삶에 대해서 부단한 물음과 의문을 제기케 하는 물질적 토대이다. 하지만 이러한 물음과 의문이 순응적 삶에 대해서 모순적이거나 대립적 의미를 지니지는 않는다. 자연스러운 타자이면서 헤게모니적 타자인 정치적 입장이 순응적 삶에 대해서 결과적으로 모순적 혹은 대립적 관계를 형성하는데 반하여, 정치적 삶은 통시적 관점에서 제도화된 구조와 상호 의존적인 관계를 형성한다. 다시 말해서 반성적 자료로서의 정치적 삶은 헤게모니적 틀 속에서 제도화된 구조와 전략적 관계를 형성하는 정치적 입장과는 달리 제도화된 구조와 본원적인 대화적 관계를 형성한다.

순응적 삶의 지속성이 결과하는 한계적 흔적으로서 혹은 구조의 애매성에 대한 직접적인 타자로서의 정치적 삶은 구조를 단지 지배와 피지배의 틀 속에서 해석할 때 결과하는 특권화된 특정 집단의 계급적 삶이 아니다. 제도화된 구조의 구조적 권력이 '소유로서의 권력'(the power as possession)

이 아니라 구조의 원래적 의미인 애매성이 탈화되면서 과잉결정화될 때 발생된다는 점에서, 제도화된 구조의 구조적 권력이 산출하는 정치적 삶은 구조의 포괄적 적용을 받는다. 정치적 삶은 특정한 제도화된 구조의 실행과 관련된 집단 모두에게서 산출된다.

존 스튜어트 밀(J. S. Mill)은 그의 『여성의 종속』이라는 책에서 가부장적 지배의 '지속'이 산출하는 그것의 흔적을 포괄적으로 기술하고 있다.(Mill 2007, pp.78~82) 가부장적 지배의 지속은 한편으로 남성을 폭력적이고 비도덕적인 것으로, 다른 한편으로 여성을 편집중 혹은 히스테리화로 귀착시킨다. 이러한 밀의 분석은 특정한 삶의 지속이 산출할 수밖에 없는 한계적 흔적으로서의 정치적 삶에 대한 좋은 예가 된다.

특히 밀의 분석에서 다음의 두 가지에 주목할 필요가 있다. 첫째, 밀은 가부장적 지배가 아니라 가부장적 지배의 '지속'을 강조한다. 둘째, 밀은 특정한 삶의 지속이 산출하는 한계적 흔적들에 대한 어떠한 특권화도 배제하고 있다.

따라서 제도화된 구조에 대한 반성적 자료로서의 정치적 삶들간에 이루어지는 소통은 문제가 되지 않는다. 세계에 대한 인간의 특정한 체험적 작용의 지속이 결과하는 직접적인 한계적 흔적으로서의 정치적 삶은 '공유된 언어체계의 연약한 파손'(weak failure)으로 주어지기 때문에 열린 구조와 반성적 체계를 특징으로 한다.

영(I. M. Young)이 지적한 것처럼 제도화된 구조의 반성적 자료로서의 정치적 삶은 '대화 지향적이고 이해 지향적이기 때문에, 그 자체가 하나의 공평무사한 '집단적 사회적 지혜'(collective social wisdom)를 구성할 수 있다' (Young 1996, pp.131~133) 이렇게 형성된 사회적 지혜는 구조의 재생산을 위한 반성적 주제화의 토대 혹은 자료처의 기능을 한다.

그러나 순응적 삶에 대한 직접적인 한계적 체험으로서 정치적 삶은 연약(weak)하다. 제도화된 구조의 구조적 권력은 지식의 형태로 끊임없이 정치적 삶을 왜곡(distortion)한다. 이러한 왜곡을 통하여 정치적 삶은 해체(deconstruction)되거나 재구성(reformation)된다. 물론 이러한 해체와 재구성은 정치적 삶 그 자체를 물질적으로 해체하거나 재구성하는 것은 아니다. 단지 구조적 권력이 지식의 형태로 제도화된 구조에 대한 반성적 자료로서의 정치적 삶을 재해석할 뿐이다. 이러한 재해석을 통해서 정치적 삶은 의식적인 차원에서 무의미한 것으로 재생산되거나 제도화된 구조에로 편입된다.

제도화된 구조의 구조적 권력의 이러한 전략을 푸코는 그의 책『성의 역사 1』에서 자세하게 기술하고 있다. 푸코는 이 책에서 구조적 권력 개념에 근거하여, 소원과 욕망의 구조를 형태짓고 담론적으로 나타나게 하는, 그리고 이 소원과 욕망을 지배 테크닉의 체계로 끌어들이는 기능 구조를 분석하고 있다.[209]

순응적 삶에 대한 직접적인 한계적 체험으로서 정치적 삶에 대한 구조적 권력에 의한 해체와 재구성 전략은 필연적 작용, 즉 의식적 차원에서 일어나는 '관성'(inertia)과도 같은 것이다. 제도화된 구조의 구조적 권력은 항상 제도화된 구조의 직접적인 한계적 체험으로서의 정치적 삶을 경계한다. 바로 이러한 경계가 정치적 삶을 물질적으로 '지층화'(laying)시킨다. 제도

---

209) 푸코는 성의 분석 시 '억압'을 테마의 중심부에 놓는 대신, 18세기말부터 나타나는 성에 관한 '담론폭발'(Foucault 1990, p.18)적인 현상을 발견한다. 성에 관한 '담론폭발'은 중세시대에 실시된 고해성사의 고백강요에서 시작되었고 이 고해성사는 "모든 욕망으로부터 담론을 만드는"(Foucault 1990, pp.20~21) 지상명령과 함께 고백강요를 보편화시킨다. 성의 담론화는 욕망과 소원구조의 구성과 지배를 지향하며 성에 관한 대화의 검열과는 전혀 다른 것이다. 오히려 성의 "관리"(Foucault 1990, pp.24~25)라고 생각할 수 있으며, 이 성의 관리는 시민사회 탄생의 주변조건내에서 성을 효율적으로, 그리고 기술적으로 통제할 수 있는 실기를 보장하는 것이라 생각할 수 있다. 현대적 성의 담론을 고착시키는 결정적인 진행과정은 중세시대의 고백강요를 학문적 담론의 절차로 전이시킨 종합적 진행으로 성격지울 수 있다. 성에 관한 학문적 절차에 의해 나타난 것은 '성의 학문성'이며, 성의 학문은 고백의 강요와 학문적 과정을 성을 중심으로 이루어진 "주체에 대한 새로운 지식"(Foucault 1990, pp.71~72)으로 조화 연결시켰다. 이러한 성담론은 "네 가지 큰 전략의 복합체(Foucault 1990, pp.104~105)로 결정체를 이루는데, 여성 신체의 히스테리화, 미성년자 성의 교육화, 종족번식본능의 사회화, 그리고 변태적인 욕구의 정신이상화이다.

화된 구조는 한편으로 지식의 형태로 끊임없이 정치적 삶을 왜곡적으로 재해석하지만 다른 한편으로 정치적 삶을 물질적으로 끊임없이 재생산한다. 제도화된 구조의 구조적 권력과 정치적 삶간에 이루어지는 이러한 부단한 상호 작용이 결국 정치적 삶을 지층화시킨다. 이러한 정치적 삶의 지층화가 연약한 의미(soft meaning)의 정치적 삶을 경직된 의미(hard meaning)의 정치적 입장으로 전환시킨다.

물질적으로 정치적 삶의 지층화가 반드시 정치공동체 내에서 정치적 입장으로 표면화되는 것은 아니다. 푸코와 그레이마스(A. J. Greimas)의 논의는 정치적 삶의 지층화가 정치적 입장으로 전환되는 것에 대한 회의(skepticism)와 보수적인 견해를 피력한다. 푸코의 권력과 지식의 테제는 지층화된 정치적 삶이 정치적 입장으로 전환되는 것에 대한 계속적인 '연기'(delay)를 주장한다. 모든 저항의 기점들을 의식적 차원에서 해체 내지 재구성해 버리는 구조적 권력의 강인함(strongness)을 강조한다. 그레이마스는 그의 '기호학적 사각형'에서 "금지된 것은 욕구되지 않는다"(Greimas 1997, p.198)라고 언급을 하고 있다. 이것은 공시적 차원에서 정치적 삶의 지층화가 정치적 입장으로 전환하는 것에 대한 분명한 한계를 시사한다.

정치적 삶이 제도화된 구조와 대화적 상호관계를 형성하는데 반하여, 자연스러운 타자로서의 정치적 입장은 제도화된 구조에 대해서 대화적 관계가 아니라 갈등적 관계를 형성한다. 결과적으로 제도화된 구조와 정치적 입장은 헤게모니라는 틀 속에서 제시되는 중심과 주변이라는 대립적 상호 관계를 형성한다. 이러한 갈등과 대립 관계를 무페(C. Mouffe)는 '적대'(antagonism)[210]로써 기술하였다.

"적대는 부분적이고 불안정한 객관화로써 노정되는 모든 객관성의 한

---

210) 포스트－마르크시즘 계열의 무페의 정치이론은 자연스러운 타자로서 정치적 삶이 가지는 의미를 탈화한 채로 단지 정치적 입장만을 유의미한 것으로 받아들인다.

계들을 구성한다. 만일 언어가 차이의 체계라면, 적대는 차이의 파손 (failure)이다. 이러한 의미에서 적대는 언어의 한계 내에 위치하며, 언어의 분열로써 존재할 수 있을 뿐이다. ··· 이러한 맥락에서 모든 언어와 사회는 그것들을 관통하는 불가능성에 대한 의식의 억압으로써 구성된다. 적대는 언어를 통해 파악될 수 있는 가능성을 벗어난다. 왜냐하면 언어는 적대가 전복하는 것을 고정시키려는 시도로써만 존재할 뿐이다." (Laclau & Mouffe 1985, p.125)

순응적 삶에 대한 적대적 삶으로서 정치적 입장의 존재는 사회공동체를 헤게모니 구성체로 전환시킨다. 제도화된 구조의 구조적 권력이 담론의 형태로써 정치적 삶을 해체 내지 재구성하는 것과 같이 정치적 삶의 지층화로서의 정치적 입장 또한 담론의 형태로 구조적 권력에 대처한다. 완전한 진리이자 완전한 현실임을 자처하는 제도화된 구조의 과잉결정 메커니즘에 효과적으로 대항하기 위해서 정치적 입장에서 산출되는 담론 역시 세계를 선과 악, 친구와 적, 진리와 허위로 구분하는 의미론적 이원론을 동원하지 않을 수 없을 뿐만이 아니라, 담론 그 자체가 대상 자체에 내재하는 자연스럽고 필연적인 것으로 내세워야 한다. 이러한 담론들의 동일화 전략이 결국 어떠한 반대도 참지 못하는 독백을 산출한다.[211]

이사야 벌린(I. Berlin)이 지적했듯이 두 개의 상이한 자유의 개념이 있다. 그 하나는 '강요로부터의 자유', 또는 개인행동의 자유 공간 등을 뜻하는 소극적 자유의 개념이고, 다른 하나는 집단적 조건에 따라 좌우되는 '적극적 자유', 즉 개인에게 부여된 가능성으로서의 자유 개념이다.(Berlin 1958, pp.7~9) 이 두 개념은 물론 서로 충돌할 수 있겠지만 반드시 충돌하는 것은 아니다. 자유주의가 무의미하다고 여기는 적극적 자유가 만약 개인의 자

---

211) 지마(P. V. Zima)는 텍스트—사회학적 관점에서 담론의 일반적인 형식인 의미론적 이원론과 독백주의를 기술하고 있다.(Zima 1996, pp.436~475)

유를 위한 기본 전제라고 한다면 어떨까? 어떠한 양가성도 허용하지 않는 양자택일에 의존하고 있는 의미론적 이원론은 이러한 종류의 물음을 무시할 수밖에 없다. 다시 말해서 담론의 일반적 형식인 의미론적 이원론과 독백주의는 현상에 대한 개념들의 중의성(重義性)에 대한 비판적 성찰을 방해한다.

담론의 형식적 특성인 이원론적 대립 구조와 독백주의는 정적인 것이 아니다. 특정한 시점에서 담론이 수행해야 하는 정치적 기능에 따라 이 특성의 강도와 급진성도 변하게 된다.

다시 말해서, 담론의 이원론과 독백주의는 정치적·사회적 갈등이 첨예화되는 정도에 비례해서 강화된다. 집단과 계급이 폭력적으로 대결하는 정치적 상황에서는 선과 악, 친구와 적을 날카롭게 구분짓는 전형적인 형태의 담론이 생겨난다. 물론 이원론적 대립 구도가 비교적 약화된 담론[212]도 있다.

이러한 담론은 적어도 겉으로나마 애매성이 인정되며, 상대의 논거도 존중되고 있다. 하지만 이 약화된 담론의 경우에도 갈등이 첨예화되고, 어떤 정치적·사회적인 사건이 사람들을 자극하면, 이원론적 도식이 즉각 가동된다.

그렇다면 실존철학적 변증법의 맥락에서 자연스러운 타자로서 정치적 입장은 어떤 역할을 하는가? 구조적 권력이 지식의 형태로 정치적 삶을 해체 내지 재구성하려고 한다면, 정치적 삶의 지층화의 결과물로서 정치적 입장은 제도화된 구조에 대한 반성적 자료로서 정치적 삶을 보존시킨다. 제도화된 구조의 과잉결정 메커니즘이 가지는 이중성 즉 한편으로 구조적 권력은

---

212) 자유주의와 공동체주의의 논쟁에서 롤스(J. Rawls)의 '정치적 자유주의' 나 찰스 테일러의 '진정성의 윤리' 는 약화된 담론의 예들로서 간주될 수 있다. 롤스는 합리성(the rational)과 상반되는 합당성(the reasonable)이라는 개념으로 자유주의 입장에서 공동체주의의 관점을 수용하고 있다.(Ralws 1993) 찰스 테일러는 목적론적 사유에서 '해방된 합리성의 개인주의' (individualism of disengaged rationality)를 진정성의 윤리의 원천으로 기술하고 있다.(Ch. Taylor 2001, pp.40~46)

의식적 차원에서 정치적 삶을 부단히 재해석하여 정치적 삶을 해체 내지 재구성하는 동시에 다른 한편으로 구조적 권력은 실질적으로 정치적 삶을 부단히 지층화한다. 이러한 정치적 삶의 지층화의 결과물로서 정치적 입장은 제도화된 구조의 반성적 자료로서 정치적 삶을 '복원'(revival)시킬 수 있는 유일한 담보물이다.

IV. 정치적 행동

　정치적인 것에 대한 이상의 분석은 정치적 행동에 대한 다음의 두 가지 입장을 부정한다. 물론 이 두 가지의 입장은 공히 제도화된 구조의 불완전성에 기초해 있다. 첫 번째 입장은 정치적 행동을 규범적 차원에서만 기술하는 입장이다. 공시적 차원에서 제도화된 구조의 운동성을 배제하는 이 입장은 소통 불가능한 정치적 입장을 소통 가능한 것으로 재구성한다.

　이러한 배제에 기초한 재구성 전략은 담론에 대한 하버마스의 분석에서 명확하게 나타난다. 그는 담론의 비언표적 힘 중에서 '언표 효과적 행위'(perlocutionary act)를 배제시킨 채로 '비언표적 행위'(illocutionary act)만을 고려한다. 그의 보편화용론(universal pragmatics)은 바로 이러한 전제하에서 기술된 것이다. (Habermas 1998, pp.41~46)

　이러한 맥락에서 하버마스가 문제시하는 것은 정치적 입장들 간의 소통 불가능성에 있다. 파편화(fragment)에 대한 그의 입장은 분명 소통 가능성과 소통 불가능성이라는 틀 속에서 해석될 수 있는 규범적 개념이다. 정확히 이것은 앞서 언급되어진 하버마스의 변증법의 특징—공시적 차원에서 제도화된 구조의 운동성 배제, 통시적 차원에서 구조 재생산에 대한 규범적 측면의 강조—에 근거한다. 하버마스에게 있어 파편화의 원인은 이데올로기의 몰락과 문화적 합리성의 결여(Habermas 1987, pp.355~356)에 있다. 이로써 하버마스는 파편화의 극복 혹은 다원주의의 극복과 관계된 정치적 행동을 항상 규범적 술어로 가득 채우고 있다.

"도덕적 판단의 추정적 비편파성과, 의무적 규범들의 범주적 타당성 주장을 고려하고자 한다면, 우리는 상호 인격적 관계를 규제하는 수평적 관점을 각자의 고유한 생활기획들의 수직적 관점으로부터 분리시키고 진정으로 도덕적 물음의 답변들을 독립시켜야 한다. 만인에게 균등하게 관심거리가 되는 추상적 물음은 우리에게 무엇이 최선인지를 묻는 물음, 즉 맥락에 구속된 물음을 뛰어 넘는다."(Habermas 1998, p.52)

두 번째 입장은 정치적 행동을 전략적 상호작용으로 기술한다. 정치적 삶의 의미를 배제한 채로 정치적 입장이 가지는 헤게모니적 틀만을 강조한다. 이 입장은 소통 불가능성을 전제로 다원주의 그 자체를 지향할 뿐만이 아니라, 구조의 재생산을 다양한 정치적 입장들간의 우연한 접합으로 기술한다.

여기서 민주주의 운동에 대한 무페의 '전략적 연대'(Mouffe 1988, pp.98~99) 개념을 정확히 이해할 수 있다. 무페에게 있어 정치적인 것은 단지 소통 불가능한 정치적 입장만을 지칭한다. 포스트-구조주의자인 무페는 정치적 입장의 물질적 토대가 되는 정치적 삶의 의미를 배제한 채로, 제도화된 구조의 구조적 권력에 적대적인 정치적 입장만을 강조한다. 무페에게 있어 구조의 재생산 문제는 소통의 문제로 귀결되는 것이 아니라, 단지 중심과 주변의 전략적 상호관계로 귀착된다. 바로 여기서 무페는 제도화된 구조에 대한 적대적 삶들간의 전략적 연대를 주장한다.[213]

그렇다면 실존철학적 변증법의 맥락에서 정치적 삶과 정치적 입장의 명확한 구분은 정치적 행동을 어떻게 개념화하는가? 실존철학적 변증법의 맥락에서 정치적 행동이란 이미 제도화된 것과 관련하여 항상 다시 나타나는 정신의 이질성 혹은 이미 주어진 세계의 명증성과 관련해서 볼 때도 언제나

---

213) 포스트-구조주의자인 무페에게 있어 전략적 연대라는 개념은 이론적으로 정합적이다. 하지만 최근의 무페의 논문인 경합이론(Mouffe 2000)은 이론적으로 정합적이지 않다. 민주주의라는 초-담론(ultra-discourse)을 전제로 중심과 주변의 적대적 상호관계를 재구성해 버리는 무페의 시도는 일견 도덕적 전체주의의 시도라고 볼 수 있다.

새롭게 태어나는 이질성을 끌어들이는 상호주관성 개념이다. 물론 이러한 정치적 행동이 하버마스의 정치적 행동과 일맥상통하지만, 실존철학적 변증법의 맥락에서 정치적 행동은 정치적 삶과 정치적 입장의 명확한 판별 속에서 제시된다.

이러한 명확한 구별 속에서 재구성된 정치적 행동은 정치적 행동을 위한 '조건들'을 창출한다. 첫 번째 조건은 정치적 삶에 토대한 정치적 입장을 정치공동체 내에 표면화시키는 것이다. 정치공동체 내에서 정치적 입장의 표면화는 한편으로 제도화된 구조에 대해서 공명판(sounding board)으로서 민감한 센스를 가진 경고체계라는 점에서 소극적 기능을 행사하고, 다른 한편으로 정치적 입장의 표면화는 제도화된 구조에 대해서 효과적인 문제화 기능을 담당한다는 점에서 적극적인 기능을 행사한다. 하지만 실존철학적 변증법의 맥락에서 정치적 입장의 표면화는 궁극적으로 제도화된 구조의 반성적 자료로서의 '정치적 삶의 복원'에 있다.

정치적 입장의 표면화의 의미를 고려할 때, 근대 자유주의 헤게모니화는 하나의 '역사적 사건'(a historical accident)이다. 이론적으로 구조의 배제—구조의 배제는 구조적 권력의 배제까지 포함한다—에 기초한 자유주의는 정치적 삶의 지층화로서 정치적 입장을 정치공동체 내에 표면화하는 제도적 계기를 마련하였다. 전체주의(totalitarian)에 대한 반—테제로서의 자유주의가 다원주의를 지향한다는 점에서, 그리고 정치적 행동을 위한 정치적 삶의 복원이 정치공동체 내에 정치적 입장의 존재와 관계한다는 점에서, 자유주의 헤게모니화는 정치적 행동을 위한 제도적 토대를 마련하였다.

그러나 정치적 삶을 정치적 입장으로 전환하는 데 있어서 자유주의 헤게모니화만으로는 불충분하다. 자유주의 헤게모니화는 사회적 권리—표현의 자유, 사상의 자유 등—에 대한 헌법적 보장만을 지시하기 때문에 이러한 전환에 있어서 소극적(negative) 기능만을 담당할 뿐이다. 실질적으로 정치적 삶을 정치적 입장으로 표면화시키기 위한 시민사회 구성원들의 적극적인 정치적 참여가 요구된다. 하지만 시민사회의 구성원들의 적극적인 정치적 참여가 직접적으로 정치적 입장을 발현시키지는 못한다. 정치적 입장의 발현은 시민사회 구성원들의 '자율적 용인'(autonomous acceptance)에 의해서 이루어진다. 정치적 입장의 발현에 대한 시민사회 구성원들의 자율적 용인은 이중적(twofold)이다. 한편으로 정치적 입장의 발현에 대한 시민사회 구성원들의 자율적 용인은 사적인 삶과 대비되는 시민사회 구성원의 '공적인 삶'(public life)에 기초해 있다. 정치적 입장의 발현과 관계된 공적인 삶은 정치적 입장 그 자체보다는 정치적 입장의 물질적 토대인 정치적 삶에 대한 다양한 시민사회 구성원들의 관심 혹은 공감[214](common sense)에 기초한다.

"공적이라는 용어는 세계가 우리 모두에게 공동의 것이고, 우리의 사적인 소유지와 구별되는 세계 그 자체를 의미한다. … 공동세계가 모두에게 공동의 집합장소를 제공할지라도, 여기에 모이는 사람들의 위치는 상이하다. 두 대상의 위치가 다르듯이 한 사람의 위치와 다른 사람의 위치는 일치할 수 없다. 타자에 의해서 보여지고 들려진다는 것이 의미가 있는 것은 각자 다른 입장에서 보고 듣기 때문이다. 이것이 공적 삶의 의미이다. … 공동세계의 실재성을 보증하는 것은 이 세계를 구성하는 사람들의 공통적 본성이 아니라, 다양한 입장과 관점에도 불구하고 모든 사람들은 언제나 같은 대상에 대해 관심을 갖는다는 사실이다."(Arendt 1998, pp.50~57)

다른 한편으로 정치적 입장에 대한 시민사회 구성원들의 자율적 용인은

---

214) 공감 즉 공동 감각에 대해서 한나 아렌트는 "누구나 다 나와 같을 것이다."(Arendt 1982: p.69)
이라는 느낌이라고 기술하고 있다. 그리고 이러한 느낌을 한나 아렌트는 "우리로 하여금 공동체에 어울리게 해주는 … 별개의 감각이다"라고 기술하였다.(Arendt 1982, p.70)

정치적 입장의 발현에 대한 무제한적인 허용을 의미하지 않는다. 정치적 입장에 대한 무조건적 용인이 급진적 방식이라면, 자율적 용인은 보수주의적인 색채를 띨 수밖에 없다. 앞선 그레이마스의 언급, 즉 '금지된 것은 욕구되지 않는다'는 정확히 정치적 입장의 발현에 대한 시민사회 구성원들의 자율적 용인의 범위를 지시한다. 다시 말해서 정치적 입장의 발현은 통시적 차원에서 점진적으로 그것의 공간을 넓혀 간다.[215]

두 번째 조건은 공적 영역 구성과 관련된다. 정치적 행동이 정치적 삶과 직접적으로 관계한다는 점에서, 그리고 정치적 삶이라는 것이 헤게모니 틀 속에서 이루어지는 순응적 삶과 적대적 삶―정치적 입장―과의 관계 속에서 끊임없이 재해석 내지 재구성된다는 점에서, 정치적 행동을 위한 공적 영역의 구성은 '정치적 입장의 배제'(the exclusion of political position)와 관계한다. 이러한 배제만이 제도화된 구조에 대한 우리의 물음과 의문의 직접성을 담보할 수 있다.

특히, '정치적 입장의 배제'라는 조건은 롤스의 '무지의 베일'(the veil of ignorance)과 후설(E. Husserl)의 '현상학적 판단중지'와 유사하지만 다르다. 롤스의 무지의 베일이 상호무관심한 합리적 개인 혹은 집단으로 귀결되는 것(Rawls 1999, pp.118~123)과 달리, 정치적 입장의 배제는 제도화된 구조의 직접적인 타자로서 혹은 그것의 반성적 자료로서의 정치공동체 구성원의 정치적 삶으로 귀결된다. 그리고 후설이 현상학적 판단중지를 통하여 다양한 체험적 삶들간의 소통 문제를 선험적 자아의 의식적 자기 동일성의 논리로 전개(Husserl 1970, p.168)하였다면, 실존철학적 변증법의 입장은 정치적 입장의 배제를 통하여 다양한 정치적 삶들간의 소통 문제를 지각적 차원에서 일어나는 공감으로 전개한다.

---

215) 여성 운동이 남자와 여자라는 이종적(heterogeneous) 관계를 전제로 제시되었다면, 지금은 이종적 관계라는 전제 그 자체가 배제시키는 주변적 집단으로 정치적 입장의 발현이 확장되었다.(Bryson 1992, pp.213~216 참조.) 이처럼 정치적 입장의 발현에 대한 시민사회의 자율적 용인은 급진적이지 않고 점진적인 형태로 나타난다.

  정치적 입장이 담론에 기초한 '논증' (argument)의 형식을 요구하는데 반하여, 공적 영역을 구성하는 정치공동체 구성원의 정치적 삶은 '진솔한 이야기'[216)]의 상호 교환으로 나타난다. 진솔한 이야기 방식은 정치공동체 구성원의 정치적 삶을 특정한 정치적 입장에서 해석하는 것이 아니라, 제도화된 구조에 대한 내재적 탐험이다. 이는 왜곡되지 않는 눈으로 제도화된 구조와 제도화된 구조가 산출한 직접적인 타자인 정치적 삶간에 형성된 대화적 관계를 복원시키는 것이다. 다시 말해서 진솔한 이야기 방식은 구조-밖에 존재하는 세계에 대한 인간의 체험적 관계가 지시하는 그것의 의미를 캐내는 것이다.

  정치적 삶과 정치적 입장에 대한 명확한 구별 없이 제시되는 공적 영역 구성은 하버마스의 예에서 볼 수 있듯이 규범적 술어로 채워질 수밖에 없다. 물론 하버마스는 공적 영역 구성과 관련하여 돈과 권력의 배제라는 조건을 제시하지만[217)], 공적 영역 구성과 관련된 이러한 하버마스의 조건은 단지 정치적 입장들간의 외부적 상호관계만을 지칭할 뿐이다. 정치적 입장들간의 외부적 상호관계보다 더 중요한 것은 정치적 입장의 내재적 구성 방식에 대한 인식이다. 제도화된 구조의 구조적 권력에 의한 정치적 삶의 지층

---

216) '진솔한 이야기' 방식은 한나 아렌트의 '이야기하기'와 일맥상통하다. 아렌트는 미래란 단순히 과거의 연속이라는 논리에 입각해 예측 가능성을 강조하는 역사철학을 부정하고, 상실된 전통의 부활을 통한 왜곡된 정치를 지양하기 위해 사회과학의 전통적인 방법들보다 이야기하기를 통해서 경험의 의미를 이해할 수 있는 연구방법을 채택하였다. (홍원표 1995, p.166) 같은 맥락에서 영과 샌더스(L. M. Sanders) 같은 이들도 정치적 입장들간의 논증이 가지는 한계점, 즉 정치적 입장들간의 화해 불가능성에 대한 명확한 인식을 전제로 다양한 정치적 입장들간의 상호 이해 혹은 화해를 위한 또 다른 의사소통 형식—이야기하기(narrative), 고백(testimony)—을 대안으로서 제안한다.(Young 1996, p.129: Sanders 1997, pp.370~371)

217) 하버마스는 공적 영역의 구성과 관련된 이러한 조건을 제시하면서 찰스 테일러의 입장이 너무 규범적 측면만을 강조한다고 비판한다. "공화주의 모델의 장점은 그것이 단합된 시민들에 의한 사회의 자율적 조직이라는 급진 민주주의적 의의를 고수하고 집단적 목표를 단지 대립하는 사적 이해관계들 간의 '거래' (deal)로만 축소하지 않는다는 데 있다. 단점은 그것이 너무 이상주의적이며 민주적 과정을 공공복지 지향적인 시민들의 덕성에 의존하는 것으로 만든다는 데 있다. 왜냐하면 정치는 윤리적 자기이해의 문제로 이루어지는 것이 아니며, 더구나 그러한 문제들이 일차적인 문제인 것도 아니기 때문이다. 공화주의의 오류는 정치적 논의의 윤리적 협소화에 있다." (Habermas 1998, p.244)

화로서의 정치적 입장은 제도화된 구조에 대해서 내적으로 적대적 관계를 형성할 수밖에 없다.

찰스 테일러 역시 제도화된 구조적 권력을 배제함으로써 그의 공적 영역도 하버마스의 공적 영역과 같이 소통을 위한 규범적 술어로써 가득 채워져 있다. 다만 하버마스에 대해서 찰스 테일러의 입장이 가지는 다른 점은 합의의 차원에 있다. 그는 다양한 정치적 입장들간의 강한 동질성을 폐기한다. 배경 언어의 동질성에 대한 자명성 문제에 대해서 보여준 찰스 테일러의 비판적 입장은 다양한 담론들간의 약한 합의-중첩적 합의(overlapping consensus)-를 지향한다.(Ch. Taylor 1994, pp.70~72) 이러한 맥락에서 그의 입장은 선험적 도덕적 틀을 전제하고 있지 않다는 점에서 실질적인 성격을 가진다.(Ch. Taylor 1989, pp.72~73)

다원주의의 극복이라는 점에서 가족적 유사성을 보여주는 하버마스와 찰스 테일러에 대해서 다원주의 그 자체를 지향하는 프랑스 신-니체주의자들이 있다. 특히, 포스트-구조주의자인 무페는 하버마스 담론윤리학의 강한 합의 지향을 비판한다.(Mouffe 2000, pp.114~118) 하지만 하버마스 담론윤리학에 대한 무페의 비판 역시 정치적 삶의 의미를 배제한 채로 권력과 적대라는 틀 속에서 제시되는 정치적 입장만을 고려한다. 이로써 무페에게 있어 정치는 전략적인 것으로만 기술된다.

V. 결론

　정치에 대한 대표적인 두 가지 입장이 있다. 정치의 철학화 내지 이상화로서 정치를 윤리적 문제로만 협소화하는 입장과 정치의 현실화로써 정치를 전략적인 문제로만 다루는 입장이다. 전자는 세계에 대한 인간의 관계를 진리에로의 내재적 탐험으로 기술하고, 후자는 세계에 대한 인간의 관계를 승리자의 해석만으로 기술한다. 이들 각각은 선택과 배제에 기초한 의미론적 이원론과 독백주의에 기초해 있다.

　한편으로 헤겔의 후예들은 정치적 입장의 전략적 측면을 배제함으로써 정치를 과도한 시민의 덕성에 기초한 상호주관성의 문제로 제시하고 있다. 다른 한편으로 니체의 후예들은 정치적 입장의 토대로서 정치적 삶의 의미를 배제함으로써 정치를 '적과 동지'에 기초한 헤게모니 투쟁으로 기술하고 있다.

　그러나 두 가지 실존적 사실의 교차적 분석으로 제시되는 실존철학적 변증법은 정치를 규범적인 것으로 협소화하려는 시도들에 대해서 비판적일 뿐만이 아니라, 정치를 전략적이고 기술적인 것으로 기술하려는 시도들에 대해서도 비판적이다.

　실존철학적 변증법은 세계에 대한 인간의 통시적 차원과 세계에 대한 인간의 공시적 차원을 동시에 고려한다. 제도화된 구조의 원래적 의미인 애매성은 통시적 차원에서 세계에 대한 인간의 당위론적 측면을 지시하고, 제도화된 구조의 과잉메커니즘은 공시적 차원에서 세계에 대한 인간의 전략적 측면을 지시한다.

특히, 실존철학적 변증법은 추상적 도덕주의[218]를 거부하는 데 있다. 추상적 도덕주의는 일체의 폭력을 거부함으로써 모든 정치에 존재하기 마련인 폭력과 타협하지 못하는 결과를 낳는다. 반면에 실존철학적 변증법에서 정치는 가치 있는 것과 실제로 존재하는 것 사이의 적절한 조화를 지향한다.

"우리의 선택은 폭력상태와 비폭력상태 중 어느 하나를 고르는 데 있는 것이 아니라, 정당화될 수 있는 폭력과 정당화될 수 없는 폭력 중에서 하나를 고르는 데 있다. … 몸을 가진 존재로서 우리는 폭력으로부터 벗어날 수 없다. 폭력이 모든 정권의 공통적 기원을 이루는 것도 사실이지만 정치적 선택은 폭력이라는 배경에 대항해서만 이루어진다는 것도 사실이다."(Merleau-Ponty 1969, p.109)

이처럼 실존철학적 변증법은 선택과 배제에 기초한 재구성 전략에 의해서 정치를 구도화하는 것이 아니라 인간 실존 그 자체에 토대하고 있다. 인간 실존이 폭력과 비폭력 중에서 어느 하나를 선택하는 것이 아니라 폭력과 비폭력의 교차적 구조 속에 있다는 점에서, 인간 실존에 토대한 정치란 폭력과 비폭력의 교차적 구조 속에서 발휘되는 인간의 탁월한 능력이라 할 수 있다. 이를 본고는 권력과 적대라는 헤게모니적 틀 속에서, 자유와 반성의 조합으로써 정치적 행동을 개념화하였다. 특히 정치적 입장과 정치적 삶에 대한 명확한 구분 속에서 정치적 행동을 제시하고 있다.

이러한 정치적 행동은 정치적 행동을 위한 두 가지 조건—정치적 입장의 발현과 정치적 입장의 배제—으로 제시된다. 만일 이러한 조건들 속에서 정치적 행동을 개념화하지 않는다면, 정치는 공허한 메아리로 끝나거나 시민

---

218) 이러한 추상적 도덕주의의 시초를 플라톤(Plato)에게서 찾을 수 있다. 그러나 철학자의 지배가 순수하게 정신적일 것이라는 플라톤의 편견은 본능적 충동과 물질적인 욕구에서 떨어져 나온 순수한 사상가에 대한 관념에 그 기원을 두고 있다. 충동이나 욕구 따위는 정치 사회에 소속된 다른 집단의 몫이라는 것이다.

사회 구성원들간의 선호들을 보완하고 이들간에 일어날 수 있는 이해관계의 상충을 적절히 균형 잡아주는 것으로 끝날 것이다. 특히, 실존철학적 변증법의 맥락에서 정치적 입장은 한편으로 시민사회 구성원들을 권력과 적대라는 헤게모니 틀 속으로 가두어 버리지만, 다른 한편으로는 정치공동체 내에서 정치공동체 구성원들의 정치적 삶을 복원시킬 유일한 담보물이다. 이러한 정치적 입장의 이중성이 우리가 처한 현실을 기술할 뿐만이 아니라, 정치적 행동을 위한 조건들을 창출한다.

결국 정치적 행동을 위한 두 가지 조건은 정치의 개념을 추상적 도덕주의나 전략적이고 기술적인 것에서 탈피하여 '일상 정치'(the politics on political life)로의 전환을 요구한다. 일상 정치란 제도화된 구조의 직접적인 한계적 예이자 정치적 입장의 물질적 토대인 정치공동체 구성원의 정치적 삶에로의 복귀를 의미한다. 이는 구조의 재생산 문제를 정치적 입장의 배제를 통한 정치적 삶에 토대한 소통, 즉 지각적 차원에서 일어나는 공감에 위치지우는 것이다. 이러한 맥락에서 헤게모니 지향적인 현대 민주주의 국가의 정당들은 제도화된 구조의 반성적 자료로서의 정치적 삶을 담아낼 수 없다. 헤게모니 지향적인 정파들은 제도화된 구조가 산출하는 우리의 순응적 삶에 대한 반성과 재구성 문제를 당파들간의 타협으로 귀결시키기 때문이다.

참고문헌

노양진. 1995. "체험주의의 철학적 전개." 범한철학 Vol. 10.

신인섭. 2004. "현상학적 프락시스를 위한 메를로-퐁티의 선험공동체." 철학 연구 Vol. 67.

최재식. 1999. "하버마스의 '생활세계' 와 '체계' 이론 및 이에 관한 사회·문화 현상학적 비판." 문화와 생활세계, 한국현상학회 편, 서울: 철학과 현실사.

홍원표. 1995. "한나 아렌트 정치철학의 아이러니." 한국정치학회보 Vol. 29, No. 4.

Arendt, H. 1998. Human Condition. Chicago: The University of Chicago Press.

Arendt, H. 1982. Lectures on Kant's Political Philosophy, ed. R. Beiner. Chicago: The University of Chicago Press.

Berlin, I. 1958. Two Concepts of Liberty. Oxford: Clarendon Press.

Bryson, V. 1992. Feminist Political Theory, London: Macmillan.

Dallmayr, F. 1984. Polis and Praxis. London: Cambridge MIT Press.

Dewey, J. 1966. Democracy and Education. New York: Macmillan.

Foucault, M. 1990. The History of Sexuality (vol. I): An Instruction. London: Penguin Books.

Foucault, M. 1980. Power/Knowledge, Selected Interview and Other Writings 1972~1977, edited by C. Gordon. Brighton: Harvester

Press.

Foucault, M. 1971. L' Ordre du discourse. Paris: Gallimard.

Foucault, M. 1972. The Archaeology of Knowledge, tr. A. Sheridan, New York: Pantheon.

Habermas, J. 1998. The Inclusion of The Others. Cambridge: MIT Press.

Habermas, J. 1996. Between Facts and Norms: Contributions to a Discourse Theory of Law and Democracy. Cambridge: MIT Press.

Habermas, J. 1987. The Theory of Communicative Action (vol. II): Lifeworld and System. Boston: Beacon Press.

Harris, R. 1988. Language, Saussure and Wittgenstein: How to play games with words. London: Routledge.

Husserl, E. 1970. The Crisis of European Science and Transcendental Phenomenology: An Introduction to Phenomenological Philosophy, tr. D. Carr. Evanston: Northwestern Univ Press.

Garver, N & Seung-Chong Lee. 1994. Derrida and Wittgenstein. Philadelphia: Temple University Press.

Greimas, A. J. 1997. "기호학적 제약의 놀이." 의미에 관하여, 김성도 역. 서울: 인간사랑

Merleau-Ponty, M. 1968. The Visible and The Invisible. Evanston: Northwestern UP.

Merleau-Ponty, M. 1962. The Phenomenology of Perception. London: Routledge.

Merleau-Ponty, M. 1969. Humanism and Terror, tr. J. O' Neill. Boston: Beacon Press.

Merleru-Ponty, M. 1967. The Structure of Behavior, tr. A. L. Fisher. Beacon Press.

Mill, J. S. 2007. 여성의 종속, 서병훈 역. 서울: 책세상.

Mouffe, C. 2000. "For an agonistic model of democracy." Political theory in Transition. Ed. Noel O'sullivan. London: Verso.

Mouffe, C. 1988. "Hegemony and new political subject." Marxism and Interpretation of Culture. Eds. Nelson, C & Grossberg, L. London: Macmillan.

Laclau, E & Mouffe, C. 2001. Hegemony and Socialist Strategy: Towards Rational Democratic Politics. New York: verso.

Rawls, J. 1993. Political Liberalism. New York: Columbia UP.

Rawls, J. 1999. A Theory of Justice. Cambridge: Harvard University Press.

Sanders, L. M. 1997. "Against Deliberation" Political Theory, vol. 25. no.3(June. 1997, Sage)

Taylor, Ch. 2001. 불안한 현대사회. 송영배 역. 서울: 이학사.

Taylor, Ch. 1994. "The Politics of Recognition", Multiculturalism. Ed. Gutmann. A. Princeton: Princeton UP.

Taylor, Ch. 1989. Sources of The Self: The Making of the Modern Identity. Cambridge: Harvard UP.

Taylor, Ch. 1975. Hegel. Cambridge: Cambridge University Press.

Young, I. M. 1996. "Communication and the Other", Democracy and Difference. Ed. Benhabib, S. Princeton: Princeton UP.

Wittgenstein, L. 1969. On Certainty. Oxford: Basil Blackwell.

Wittgenstein, L. 1958. Philosophical Investigations. London: A Blackwell Paperback.

Zima, P. V. 1996. 이데올로기와 이론. 허창운 역. 서울: 문학과 지성사.

소통의 정치학

·

지은이 / 정병화
펴낸이 / 김재엽
펴낸곳 / **한누리미디어**
디자인 / 지선숙

·

121-840, 서울시 마포구 서교동 395-13 서원빌딩 2층
전화 / (02)379-4514, 379-4519
Fax / (02)379-4516
E-mail/hannury2003@hanmail.net

·

신고번호 / 제300-2006-61호
등록일 / 1993. 11. 4

·

초판발행일 / 2012년 5월 25일

·

ⓒ 2012 정병화 Printed in KOREA

값 15,000원

·

※잘못된 책은 바꿔드립니다.

·

ISBN 978-89-7969-424-6   93340